Ökonomie und soziales Handeln

herausgegeben von
Adelheid Biesecker und Klaus Grenzdörffer

Band 2

Kooperation, Netzwerk, Selbstorganisation

Elemente demokratischen Wirtschaftens

Adelheid Biesecker
Klaus Grenzdörffer (Hg.)

Centaurus Verlag & Media UG 1996

Die Deutsche Bibliothek – CIP-Einheitsaufnahme

Kooperation, Netzwerk, Selbstorganisation :
Elemente demokratischen Wirtschaftens /
Adelheid Biesecker ; Klaus Grenzdörffer (Hg.). –
Pfaffenweiler : Centaurus Verl.-Ges., 1996
   (Ökonomie und soziales Handeln ; 2)
   ISBN 978-3-8255-0073-3   ISBN 978-3-86226-509-1 (eBook)
   DOI 10.1007/978-3-86226-509-1
NE: Biesecker, Adelheid [Hrsg.] ; GT

ISSN 0948-6178

Alle Rechte, insbesondere das Recht der Vervielfältigung und Verbreitung sowie der Übersetzung, vorbehalten. Kein Teil des Werkes darf in irgendeiner Form (durch Fotokopie, Mikrofilm oder ein anderes Verfahren) ohne schriftliche Genehmigung des Verlages reproduziert oder unter Verwendung elektronischer Systeme verarbeitet, vervielfältigt oder verbreitet werden.

© *CENTAURUS-Verlagsgesellschaft mit beschränkter Haftung, Pfaffenweiler 1996*

Satz: Vorlage der Herausgeber
Umschlaggestaltung: DTP-Studio, Antje Philippi-Käfer, Bad Krozingen; Centaurus-Verlag

Vorwort

Mit diesem Band liegt eine Sammlung von Vorträgen vor, die auf dem nunmehr dritten Workshop des Instituts „Ökonomie und Soziales Handeln" unter dem Titel „Kooperation, Netzwerk, Selbstorganisation – Elemente demokratischen Wirtschaftens" am 24. und 25. Februar 1995 in Bremen gehalten wurden.

Allmählich festigt sich das zunächst lose Netzwerk, aus dem heraus 1993 der erste Workshop entstand, zu einer kleinen Institution. Das zeigen sowohl das rege Interesse an dem Workshop selbst als auch die große Bereitschaft, zu dessen Gelingen mit einem eigenen Vortrag beizutragen. Daß sich auch diesmal eine anregende, offene und gegenseitig wertschätzende Diskussionsatmosphäre entwickeln konnte, beruht auf dem kooperativen Handeln all derer, die sich am Workshop beteiligt haben. Sein Ergebnis ist daher mehr als die Summe der vielfältigen, die Disziplingrenze der Ökonomik immer wieder überschreitenden Beiträge.

Auch dieses Jahr befinden sich unter den Texten wieder eher grundsätzlich konzeptionelle und konkreten Handlungsfeldern zugewandte Beiträge sowie solche, die die Grenze zwischen beiden Bereichen überschreiten.

Überraschenderweise ergab sich ein Schwerpunkt Gesundheitsökonomie, dem organisatorisch durch drei parallel stattfindende Foren Rechnung getragen wurde, für deren Moderation bedanken wir uns bei den KollegInnen Holger Heide, Ulrich Mergner und Dorothea Schmidt. In allen drei gesundheitsökonomischen Diskussionen spielten Selbsthilfegruppen eine Rolle, was die Frage nahelegt, ob diese Art von Gemeinschaft auch für Kooperation in anderen Bereichen Beispiel sein kann.

Dem Fachbereich Wirtschaftswissenschaft und dem Kanzler der Universität Bremen danken wir für die Unterstützung des Workshops und dieser Veröffentlichung. Unser besonderer Dank gilt den vielen Helferinnen und Helfern, die an der Organisation des Workshops mitgewirkt haben sowie Holger Ruge und Stefan Kesting für ihre redaktionelle Arbeit an diesem Band.

Adelheid Biesecker und Klaus Grenzdörffer

Inhalt

Adelheid Biesecker
KOOPERATION, NETZWERK, SELBSTORGANISATION –
PRINZIPIEN FÜR EINE FAIRE UND VORSORGENDE ÖKONOMIE   9

Reinhard Pfriem
SELBSTORGANISATIONSPROZESSE IN UNTERNEHMEN –
ZU DEN PERSPEKTIVEN DEMOKRATISCHEN WIRTSCHAFTENS   22

Martin Büscher
DEREGULIERUNG, SELBST-REGULIERUNG, REREGULIERUNG –
ZU KONSTITUTIVEN GESTALTUNGSAUFGABEN DER WIRTSCHAFTS-
UND ORDNUNGSPOLITIK   40

Dieter Grunow
ORGANISATORISCHE ASPEKTE DES HANDELNS IN GESUNDHEITS-
BEZOGENEN SELBSTHILFEGRUPPEN   58

Adalbert Evers
INSTITUTIONALIZING THE PLURAL ECONOMY –
LESSONS FROM THE AREA OF CARE AND PERSONAL SOCIAL SERVICES 78

Hans Peter Widmaier
INDIVIDUELLE GENESUNG DURCH GEMEINSCHAFT –
EIN BEITRAG ZUR BEGRÜNDUNG DEMOKRATISCHER SOZIALPOLITIK   87

Klaus Grenzdörffer
KOOPERATIVE PROZESSE VON WEITERBILDUNG   111

Babette Scurrell
SELBSTORGANISATION IN DER REGIONALENTWICKLUNG –
DAS BEISPIEL DER REGIONALENTWICKLUNGSAGENTUR
AM BAUHAUS DESSAU   131

Christiane Busch-Lüty
NACHHALTIGE ENTWICKLUNG ALS ZIEL UND SELBST-
ORGANISIERENDER VERSTÄNDIGUNGSPROZESS   141

Ortwin Renn
MÖGLICHKEITEN UND GRENZEN DISKURSIVER VERFAHREN
BEI UMWELTRELEVANTEN PLANUNGEN   161

Ulrich Kazmierski
DER HOMO ACADEMICUS ZWISCHEN STRATEGISCHER UND
VERSTÄNDIGUNGSORIENTIERTER KRITIK   198

Kooperation, Netzwerk, Selbstorganisation – Prinzipien für eine faire und vorsorgende Ökonomie

Adelheid Biesecker

Kooperation, Netzwerk, Selbstorganisation – das klingt zunächst wie ein zufälliges Aneinanderreihen von Begriffen. In diesem einführenden Beitrag soll dagegen gezeigt werden, daß das nicht so ist, sondern daß diese Begriffe in einem Verhältnis zueinander stehen, welches diese Reihenfolge erklärt. Außerdem soll verdeutlicht werden, daß diese Organisationsprinzipien das ermöglichen, worauf es in den nächsten Jahrzehnten ankommt: die Entwicklung einer fairen und vorsorgenden Ökonomie. Das soll in 10 Punkten skizziert werden.

1. Vor nun mehr als 200 Jahren setzte Adam Smith bei der Begründung der ökonomischen Wissenschaft auf die Konkurrenz. Die Konkurrenz unter eigennützigen Individuen sollte die größtmögliche gesellschaftliche Wohlfahrt hervorbringen. Das war die Idee. Mehr als 200 Jahre später sind wir mit den Ergebnissen der Praxis dieses Prinzips konfrontiert und wissen heute: Smith hatte die Wohlfahrtseffekte der Konkurrenz im Auge, aber er hat ihre Kosten übersehen. Diese bestehen im Ausschluß der Menschen, die im alltäglichen Gegenseitigkeitshandeln des „Gibst Du mir, geb ich Dir" nichts anzubieten haben und daher aus der Konkurrenz-Gesellschaft herausfallen. Und sie bestehen im Ausschluß unserer natürlichen Mitwelt, von der die Konkurrenzgesellschaft zwar vieles nimmt, aber nichts für die natürliche Mitwelt Nützliches, d.h. kein Äquivalent, zurückgibt.

Die im Konkurrenzprinzip unterstellte Symmetrie besteht somit nicht. Wird dennoch so getan, bedeutet das für die nicht-symmetrischen Teile in der Konkurrenz Beschädigung bis hin zur Zerstörung. Für die in den nächsten Jahrzehnten anstehenden ökonomischen Probleme (z.B. die Gesundung und Erhaltung der natürlichen Mitwelt, die gleichberechtigte Teilhabe aller am gesellschaftlichen Wohlergehen) sind andere Wirtschaftsprinzipien als das der Konkurrenz erforderlich. Die gemeinsamen ökonomischen Aufgaben sind nur durch Gemeinsamkeit zu lösen. Ökonomisch heißt Gemeinsamkeit: Kooperation.

2. Das ist zunächst nichts Neues – der Begriff der Kooperation ist heute gängiger denn je, sowohl in der wirtschaftlichen Praxis als auch in der Wirtschaftstheorie (vgl. z.B. Axelrod 1984, Vanberg 1987, Belzer 1993). Kooperation wird hierbei verstanden als „strategische Kooperation" und ist die Form, in der eigennützige Wirtschaftsmenschen „sozial" miteinander umgehen. In ihren Handlungsplänen sind Andere Mittel zur Erreichung ihrer eigenen Ziele – und sie sind bemüht, Strategien zu entwickeln, mit deren Hilfe über solche strategische Kooperation die eigenen Ziele maximiert werden. Daß dabei die gesellschaftliche Wohlfahrt gerade nicht ihr Maximum findet, hat die Diskussion um das Gefangenen-Dilemma hinlänglich deutlich gemacht (vgl. dazu Weise [1985] 1993, S. 81-83 sowie Poundstone 1992).

Die moderne Kooperationsforschung bemüht sich zwar, mit Hilfe iterativer Spiele deutlich zu machen, daß auch in einem strategischen Modell mit eigennützigen, maximierenden Individuen Vertrauensnormen entstehen können. Das geschieht, wenn die Wiederholung des „Spieles" häufig genug erfolgt (vgl. Axelrod 1984). Diese Vertrauensnormen entstehen als Ausdruck des „Gibst Du mir, geb ich Dir"-Prinzips, das jetzt als längerfristige Reziprozität interpretiert wird (zum Begriff vgl. Polanyi [1944] 1987, Vanberg 1987. Zu den Grenzen siehe Kohn 1990, S. 225 ff. sowie Ulrich [1986] 1993, S. 278 und S. 300). Leistung und Gegenleistung fallen auseinander, jedoch erfolgt eine Leistung nur in Erwartung einer äquivalenten Gegenleistung. Das Symmetrieprinzip bleibt erhalten, strategische Kooperation ist das „soziale Pendant" zur Konkurrenz. Wie immer die gesellschaftliche Wohlfahrt definiert wird, sie bezieht nur die an der strategischen Kooperation Beteiligten ein.

3. Die Wirklichkeit ist jedoch komplexer.

> „Real-world dilemmas are built of subjective valuations of the welfare of one's self and others. If there's a note of a hope, it's that these feelings are flexible."
> (Poundstone 1992, S. 277).

Einer der Begründer der Spieltheorie, die das mathematische Rüstzeug für die formale Diskussion strategischer Kooperationen geliefert hat, v. Neumann, sagte einmal, „that the long-term survival of the human race depends on our devising better ways to promote cooperation than any now in existence" (zit.n. Poundstone 1992, S. 278). Dabei geht es jedoch um das Einbeziehen *aller* Betroffener, wenn wir nach Lösungen für die genannten aktuellen Probleme suchen. D.h., es geht um das Aufkündigen der ausschließlichen Gültigkeit des Symmetrieprinzips. Zwischen den wirtschaftlich Handelnden sowie zwischen ihnen und der natürlichen Mitwelt besteht nicht Gleichheit, sondern vielfältige Ungleichheit. Kooperation, die dem Rechnung tragen will, muß das Prinzip der Asymmetrie berücksichtigen. Dabei führt der unterschiedliche Gehalt der Ungleichheiten zu verschiedenen Anforderungen an eine solche Kooperation. Ich unterscheide daher zwischen der Asymmetrie unter den wirtschaftlich handelnden Menschen (Ungleichheit Typ 1) und der Asymmetrie bezüglich der Menschen und der natürlichen Mitwelt (Ungleichheit Typ 2). (Es wird sich zeigen, daß letzterer auch für die zukünftigen Generationen gilt).

4. Es könnte eingewendet werden, daß *Ungleichheit Typ 1* nur die Ausnahme kennzeichnet, das Marktversagen. Aber sie ist die Regel, ist Normalität des Marktes, ist Ausdruck des Marktfunktionierens. Sie besteht überall dort, wo die Gesellschaftsmitglieder in ihren verschiedenen ökonomischen Rollen aufeinander treffen: zwischen Arbeitskraft und Management, KonsumentIn und ProduzentIn, Hausfrau und Erwerbsarbeiter, MieterIn (Nicht-EigentümerIn) und WohnungseigentümerIn, Armen und Reichen, Schlechtqualifizierten und Hochqualifizierten. Nicht ausnahmsweise, sondern typischerweise geht es in der Ökonomie um Ungleichheiten, Asymmetrien. Dies wird dadurch verdeckt, daß die Handlungskoordination in der Ökonomie bisher vor allem über Geld geschieht. Geld kennt keine qualitativen, sondern nur quantitative Unterschiede. Formal ist es wirklich „der große Gleichmacher", wie schon Marx hervorhob. Die Gleichheit bleibt aber formal, inhaltlich besteht Ungleichheit. Und wo Ungleichheiten bestehen, gibt es Macht.

Diesem Machtgefälle kann nicht durch eine immer umfassendere Geltung des individualistischen Konkurrenzmodells oder der Ausdehnung strategischer Kooperationen begegnet werden (zur Rolle der Wirtschaftspolitik vgl. Punkt 9), sondern durch Prinzipien der *Fairneß*. Fairneß bedeutet nämlich, andere trotz ihrer Ungleichheit als gleichberechtigt anzuerkennen, d.h. sie als eigenständige Zwecke, nicht als Mittel der eigenen Maximierungshandlungen, zu respektieren. Und das sprengt das Konzept der ausschließlich zweckrational handelnden Individuen (vgl. dazu Ulrich [1986] 1993, S. 254 ff.) Das ist wohl der Grund dafür, daß die Berücksichtigung des Begriffs „Fairneß" in der Wirtschaftswissenschaft bis heute umstritten ist. Während z.B. Georg Stigler in seiner Rede zur Annahme des Nobelpreises 1984 ausdrücklich betont, daß „any preoccupation with fairness and justice is uncongenial to a science in which these concepts have *no* established meaning", (Stigler, zitiert nach Lutz/Lux 1988, S. 105), schreibt Rothschild:

> „Normenorientiertes Verhalten, das auch im ökonomischen Bereich auftritt, ist in unserem Zusammenhang deshalb von Bedeutung, weil viele – aber beileibe nicht alle – Normen moralisch-ethischen Charakter haben. Soweit normengebundenes Verhalten im ökonomischen Prozeß auftritt und eine Rolle spielt, vernachlässigt bzw. verwischt eine nur am homo oeconomicus orientierte Theorie bestimmte Handlungsmuster und ihre Folgen. Beispiel dafür sind etwa Vorstellungen von 'Fairneß' in wirtschaftlichen Entscheidungen, ..." (Rothschild 1992, S. 24/25).

Fairneß ist keine natürliche Eigenschaft von Menschen, ist überhaupt keine Naturkategorie. Fairneß ist auch kein subjektives Konzept, was einer an Objektivität und Allgemeingültigkeit interessierten Wirtschaftstheorie den Vorwand für die Nichtberücksichtigung liefern würde. Vielmehr ist Fairneß ein gesellschaftliches oder soziales Konzept. Was fair ist, wird in der neueren wirtschaftswissenschaftlichen Literatur durch gesellschaftliche Normen (Rothschild 1992, Kap. 9) und Werte (Etzioni 1988, S. 83) definiert oder mit Hilfe objektiver Kriterien wie Lebensstandard oder Abwesenheit von Ausbeutung (Lutz/Lux 1988, S. 121 ff.). Aber: woher kommen diese Normen, Werte und objektiven Kriterien? Sie sind gesellschaftlich entwickelt, sozial konstruiert. Heute, nach einer geschichtlichen Phase der Auflösung traditionell gesicherter Normen und Werte, werden sie immer wieder neu durch gesellschaftliche Verständigungsprozesse definiert. Somit liegt der Inhalt von „fairem Wirtschaften" nicht fest, sondern muß im Kooperationsprozeß unter den Beteiligten immer wieder neu bestimmt werden.

Dazu ist eine Form des Handelns nötig, die mehr einschließt als die eigennützige Maximierung des Handlungserfolgs, eine Form des Handelns, die neben dem Erfolg die Verständigung zwischen den KooperationspartnerInnen selbst zum Ziel hat. Es ist das, was Habermas verständigungsorientiertes Handeln bzw. kommunikatives Handeln nennt (vgl. Habermas [1981] 1988, Bd. 1, S. 141 ff. und S. 369 ff. sowie Biesecker 1994c und 1994d). Die Handlungskoordination erfolgt hier nicht über Geld, sondern über Diskurse. Diskurse werden mit Hilfe der Sprache geführt. In ihnen stehen nicht nur die Handlungswege, sondern auch die Handlungsziele selbst zur gemeinsamen Bestimmung an. Verständigungsorientiertes Handeln ist daher ergebnisoffen. Damit die Verständigung gelingt, sind einige Bedingungen zu erfüllen, die die Gleichberechtigung der DiskurspartnerInnen gewährleisten sollen: z.B. die gegenseitige Anerkennung als Gleichwertige, gleiche Rechte für alle am Diskurs Beteiligten, die Möglichkeit der Revision der Positionen, die Offenheit des Diskurses, gleicher Zugang zu den notwendigen Informationen (vgl. zu diesen Bedingungen Habermas [1962] 1991, S. 41, Biesecker 1995 sowie Renn in diesem Band). Diese Bedingungen sollen auch die Abwesenheit von Macht garantieren. Inwieweit das gelingt und was Diskurse leisten können, war Gegenstand einer Reihe von Beiträgen während des vergangenen Workshops (vgl. dazu Grenzdörffer u.a. (Hg.) 1995). Jedenfalls sind diese Diskurse auf das Erreichen von Verständigung hin orientiert.

Kooperationen, die solch verständigungsorientiertes Handeln zum Inhalt haben, nenne ich „verständige Kooperationen". Weil Verständigung bedeutet, daß die KooperationspartnerInnen nicht nur an der Erreichung ihres eigenen Zieles, sondern auch an der Verständigung mit den anderen gleichermaßen interessiert sind, beinhaltet diese Art der Kooperation ein qualitativ anderes Gegenseitigkeitsprinzip als die strategische Kooperation: die Gegenseitigkeit besteht in der Anerkennung der anderen als gleichberechtigt, gleichwichtig. Es ist das, was Ulrich „kommunikativ-ethisches Gegenseitigkeitsprinzip" nennt. (vgl. Ulrich [1986] 1993, S. 278). Verständigung erfolgt über Sprache. Im Rahmen von „verständiger Kooperation" werden die Handlungen über Sprache, Diskurse, koordiniert. Die Anerkennung der DiskurspartnerInnen als gleiche löscht ihre bisherige Ungleichheit aus. Damit ist ein Prinzip gefunden, der Ungleichheit Typ 1 zu begegnen.

5. Aber die Beteiligten am Diskurs sind nicht identisch mit den Betroffenen, oder anders ausgedrückt: Nicht alle Betroffenen können sich am Diskurs beteiligen. Somit bleibt eine andere Ungleichheit, die *Ungleichheit Typ 2*. Diese betrifft vor allem die „sprachlose" natürliche Mitwelt und zukünftige Generationen, deren Sprachfähigkeit noch nicht entwickelt ist. Um ihre Interessen gleichwertig zu berücksichtigen, reicht das Konzept von Fairneß und das Prinzip verständiger Kooperation nicht aus. Hinzukommen muß der Gedanke des Sorgens um Andere (zukünftige Generationen) bzw. des Vorsorgens dafür, daß die natürliche Mitwelt für sich selbst und als Lebensbedingung für diese Generationen gesund, d.h.: evolutionsfähig erhalten wird. Sorgendes Wirtschaften impliziert die Vorstellung von einem fiktiven Diskurs, der sowohl mit der natürlichen Mitwelt als auch mit zukünftigen Generationen geführt wird. (Die aktuelle Diskussion um „Umwelträte" bzw. „Ombudspersonen für zukünftige Generationen" zeigt, daß an der Institutionalisierung solcher Diskurse gearbeitet wird). Ulrich spricht hier vom „dialogischen Verantwortungsprinzip" (Ulrich [1986] 1993, S. 320). Gestützt darauf, habe ich diese Art wirtschaftlichen Handelns „verantwortliches Handeln" genannt (Biesecker 1994a, S. 74) Kooperation, die diesem Vorsorgeprinzip verpflichtet ist, kann somit als „verantwortliche Kooperation" bezeichnet werden. Damit ist ein Prinzip gefunden, mit dem der Ungleichheit Typ 2 begegnet werden kann. Sorgendes Wirtschaften als Kern der verantwortlichen Kooperation ist ein altes Prinzip weiblichen Wirtschaftens im Rahmen der Versorgungsökonomie (vgl. Biesecker 1994b und 1994c). Insofern kann bei der Entwicklung solcher Kooperationsformen in der Marktökonomie auf eine lange Erfahrung zurückgegriffen werden.

Wie können Formen der verständigen bzw. der verantwortlichen Kooperation heute entwickelt werden? Welche sozialen Räume gibt es dafür, und welche Organisationsprinzipien stehen zur Verfügung? Bei der Beantwortung dieser Fragen helfen zwei wissenschaftliche Diskurse weiter, die in den letzten zwei Jahrzehnten eigenständige neue Theoriemuster hervorgebracht haben: die Debatte um soziale Netzwerke sowie die um das Prinzip der Selbstorganisation.

6. Die in der hier entwickelten Form kooperierenden Individuen leben nicht isoliert, sondern in *sozialen Netzwerken*. Solche Netzwerke sind, als Elemente der neuen Sozialstrukturanalyse (vgl. Scheuch 1994, S. 130) sozusagen der kleine soziale Lebensraum von Menschen. Diese sind in soziale Netzwerke eingebettet (vgl. Granovetter 1991). Netzwerke sind sowohl Ressource als auch abgegrenzter Handlungsraum, was auch Behinderungen der Menschen bedeuten kann (vgl. Messner 1994). Als gesellschaftlicher Handlungsraum von Menschen, in dem diese ihre Routinen entwickeln und Informationen gewinnen, sind soziale Netze ein sozialstrukturelles Element, das die These von der Individualisierung der Menschen in der Postmoderne abmindert, eventuell sogar in Frage stellt. Denn Menschen leben und handeln als Individuen mit Bezug auf diese Netze (vgl. Keupp 1987). Für Etzioni, der von den Individuen spricht, die das „wir" brauchen, um überhaupt „zu sein" („The I`s need a We to be." Etzioni 1988, S. 9), handeln sogar diese Gruppen, nicht die Individuen.

Aus den hier entwickelten Überlegungen kann diese Charakterisierung von sozialen Netzwerken noch ergänzt werden: Netze sind soziale Räume, in denen sich Verständigungsprozesse festigen können, in denen soweit gegenseitiges Vertrauen besteht, daß sich die Teilnehmenden auf die für den Diskurs notwendige Offenheit einlassen können. Insofern sind soziale Netze „diskursive Netzwerke", eine gesellschaftliche Form, in der Neues unter den Kooperationspartnern ausprobiert werden kann (vgl. Biesecker 1993). Dies ähnelt den auf Verantwortungsethik gegründeten „Netzwerken als Verhandlungssystemen" von Renate Mayntz (vgl. Mayntz 1992, S. 26-27). Das gilt nicht nur für schon bestehende persönliche oder soziale Netze, sondern das gilt gerade auch für neue Netze. Ob sich diese festigen, eventuell zu neuen institutionalisierten Zusammenhängen führen (vgl. zu diesem Gedanken Swedberg/Granovetter 1992, S. 19), kann sich nur in der weiteren Entwicklung erweisen.

Soziale Netzwerke sind beides zugleich: Rahmen und Voraussetzung für soziales Handeln und dessen Ergebnis. Wegen ihres dynamischen Charakters, dem ständigen Prozeß des Entstehens, Veränderns, Festigens oder Vergehens werden sie auch als „Metaphern des gesellschaftlichen Umbruchs" bezeichnet (vgl. Keupp 1987). Eine praktische und theoretische Innovation der Ökonomie über Netzwerke liefert somit den Ansatzpunkt für eine ökonomische Theorie und Praxis, die Ökonomie weder als Summe von Individuen (Mikroökonomie) noch als durch den Staat garantierte Einheit (Makroökonomie) begreift. Die Analyse von Menschen in sozialen Netzwerken eröffnet somit die Möglichkeit eines Zwischenweges, einer „Meso-Ökonomie". (Für Renate Mayntz ist die Meso-Ebene schon durch die Einheit „Organisation" besetzt. Sie ordnet das (intra-organisatorische) Netzwerk daher tendenziell der Makroebene zu (vgl. hierzu Mayntz 1992, S. 20).

Die Möglichkeit, über soziale Netzwerke die Modernisierung der Ökonomien zu gestalten, schafft aber auch neue Probleme, birgt Risiken in sich. Solche Probleme sind z.B. „schmerzhafte Trägheit, suboptimale Ergebnisse und sogar völlige Blockaden" (Mayntz 1992, S. 28), Koordinationsprobleme in Folge einer zu großen Zahl der Beteiligten, Trend zur Konfliktvermeidung in eingerichteten Netzwerken sowie ein Hang zur Beharrung auf erprobten Problemlösungen, Blockierungen in Folge des ständigen Spannungsfeldes zwischen Desintegration und institutioneller Konsolidierung (vgl. Messner 1994 sowie Schattenhofer 1992). Powell und Smith-Doerr weisen darauf hin, daß „the ties that bind may also turn into ties that blind" (Powell/Smith-Doerr 1994, S. 393) und daß so das Überleben und Entwickeln von Netzwerken durch ihre eigenen Konstruktionsbedingungen begrenzt bzw. gefährdet werden kann.

7. „Verständige Kooperation" (und, darin eingeschlossen, verantwortliche Kooperation) ist notwendig ergebnisoffen. Ob und in welcher Höhe Kooperationsgewinne anfallen, wie sie verteilt werden, wer welche Kooperationskosten trägt, wird im Verständigungsprozeß selbst (selbst-)bestimmt. Diese Ergebnisoffenheit entspricht dem Prinzip der Selbstorganisation.

Die Entwicklung des Konzepts der Selbstorganisation ist außerordentlich vielschichtig. Der Hauptursprung liegt sicherlich in einer Vielzahl naturwissenschaftlicher Ansätze (vgl. Paslack 1991), es gibt aber auch sozialwissenschaftliche Ursprünge, wie z.B. die neuen sozialen Bewegungen (vgl. Paslack 1990). In der ökonomischen Debatte findet dieses Konzept heute vor allen Interesse im Rahmen der ökologischen Ökonomie (vgl. Beckenbach/Diefenbacher 1994).

> „Das Erklärungsprinzip der Selbstorganisation besagt, daß eine beobachtete Ordnung nicht durch Festlegung 'von außen' determiniert ist, sondern 'von selbst' entsteht." (Pasche 1994, S. 75).

Mit diesem Prinzip werden autonome Ordnungsleistungen benannt, die in Zusammenhängen von Handlungen und Handelnden rekursiv hervorgebracht werden. Selbstorganisation wird im Rahmen der wissenschaftlichen Debatte beschrieben durch „operationale Geschlossenheit" inklusive Selbststeuerung (d.h., die ablaufenden Prozesse sind sich selbst Ursache und Wirkung, vgl. Küppers 1994, S. 119) und durch Offenheit für Materie- und Energieströme (inklusive Informationen). Selbstorganisations-Prozesse sind ergebnisoffen, verlaufen in irreversibler Zeit und entwickeln ihre Ordnung durch Strukturierung (vgl. zu den Grundelementen der Selbstorganisation Paslack 1991, S. 178). Im Rahmen traditioneller ökonomischer Analyse, aber auch von Seiten der Österreichischen Schule, wird der Markt als Form der Selbstorganisation bestimmt (vgl. die Idee vom „Markt als Entdeckungsverfahren" von v. Hayek 1968). Das selbstorganisierende Prinzip ist dann das der

„unsichtbaren Hand". Dem wird sodann oft die „sichtbare Hand" des Staates gegenübergestellt, als Ausdruck einer Organisationsform von oben. Hier geht es um die Form dazwischen, die Meso-Ebene.

8. Für den Zusammenhang von Kooperation, Netzwerk und Selbstorganisation gilt nach diesen Überlegungen:

Formen von verständiger Kooperation werden im Rahmen bestehender oder neukonstruierter sozialer Netze mit Hilfe von Verständigungsprozessen (Diskursen) entwickelt. Diese Netze charakterisieren die operationale Geschlossenheit. Sowohl die notwendigen Informationen als auch die Ressourcen für die im Rahmen der Kooperation getätigten ökonomischen Prozesse (Produzieren, Verteilen bzw. Verwenden) werden von außen geholt. Das Verfahren, im Zusammenhang dieser Kooperationen zu neuen, von den einzelnen nicht vorhersehbaren Lösungen zu kommen, ist ein Prozeß der Selbstorganisation und kann als „Diskurs als Entdeckungsverfahren" bezeichnet werden.

Wieder gilt: „Diskurse als Entdeckungsverfahren" bergen Potenzen des Auffindens von neuen Schritten und Wegen in sich, stellen aber kein problemfreies Konzept dar. Neben den schon angesprochenen Risiken sind hier zwei weitere zu nennen: das Abschotten nach außen und das Entstehen von Macht im Innenfeld. Das Abschotten nach außen kann dazu führen, daß zwar für alle direkt Beteiligten eine einverständliche Lösung gefunden wird, daß das Problem dadurch jedoch nur auf Außenstehende verlagert wird, was nichts anderes als eine neue Form der Externalisierung bedeutet. Diese Probleme sind bekannt bei der Verkehrsberuhigung von einzelnen Straßen, wodurch der Verkehr durch die benachbarten Straßen umso stärker fließt; und bei der Verlagerung bzw. Installierung unliebsamer Einrichtungen wie z.B. Mülldeponien. Im Kern geht es hier jedoch nicht um Risiken des Diskurses als Entdeckungsverfahren im Rahmen verständiger bzw. verantwortlicher Kooperation, sondern um eine diesem Konzept widersprechende Nicht-Beachtung von Betroffenen und damit um eine Verletzung der Regeln dieses Konzepts.

Anders sieht es mit dem Problem der Macht aus. Verständigung kann nur gelingen, wenn alle Beteiligten gleichwertig zu Wort kommen, wenn es keine Macht gibt. Die Bedingungen dafür sind sehr schwer herzustellen (vgl. dazu Messner 1992, S. 583 ff. sowie Biesecker 1995). Die Formalisierung der schon erwähnten Diskurs- und Verständigungsbedingungen soll auch diese Machtfreiheit gewährleisten. Inwieweit das gelingt, ist immer wieder neu auszuprobieren. Ein Beispiel für das Gelingen ist die Anti-Atomkraftbewegung mit ihrer Forderung „Kein AKW – nicht hier und auch nicht anderswo". Durch diese Forderung sind alle potentiell Betroffenen erfaßt.

Innerhalb des Verständigungsprozesses wird Macht auch über Sprache ausgeübt. Die sozialen Erfahrungen mit Sprache und die Möglichkeiten, sie zu verwenden, sind unter den Beteiligten zwangsläufig immer verschieden. Diese Unterschiede sind nicht durch formale Regeln auszugleichen. Hier sind die Beteiligten selbst gefordert, immer wieder auf Gleichwertigkeit zu achten.

9. Verantwortlich für die Institutionalisierung von Verständigungsregeln, die den „Diskurs als Entdeckungsverfahren" ermöglichen, ist auch der Staat. Er, als traditioneller Repräsentant der Makro-Ebene, hat Mitverantwortung für die Institutionalisierung von selbstorganisierten, vernetzten Formen kooperativen Handelns, für die Entwicklung einer Ökonomie, die auf der Meso-Ebene aufgebaut ist. Staatliche Politik in einem solchen Konzept ist Politik des Schaffens von Bedingungen für verständige bzw. verantwortliche Kooperation, soziale Netzwerke und Selbstorganisation. Das Handeln selbst ist Sache der kooperierenden Individuen, ihr Handeln besteht großenteils im Ver-Handeln. Dieses gilt es zu regeln, im Rahmen einer „neuen Ordnungspolitik" (vgl. hierzu auch den Beitrag von Büscher in diesem Band). Dieses Verlagern des Handelns auf die kooperierenden Individuen bedeutet eine Art Entstaatlichung. Der Staat entwickelt sich vom Handlungsstaat zum Verhandlungsstaat im Sinne der Institutionalisierung von Verhandlungsregeln und der Schaffung der Bedingungen für die Diskurse als Entdeckungsverfahren. Beispiele für staatlichen Regelungsbedarf sind: das Bereitstellen von Ressourcen wie Geld und Raum; die Absicherung der für Selbstorganisation, Netzwerke und Kooperation notwendigen Zeit durch die Gestaltung neuer Arbeitszeit-Strukturen, die solche Zeit freisetzen; die Ausgestaltung von haftungs- und versicherungsrechtlichen Bedingungen, die selbstorganisierte Initiativen stützen; die Ermöglichung des Zugangs zu Prozessen der Qualifizierung und des Kompetenzerwerbs; die Ermöglichung des Zugangs zu Informationen.

Der Staat wird in dem hier skizzierten Ökonomiekonzept nicht überflüssig, aber er tritt als direkter Akteur hinter die kooperierenden Individuen zurück. Seine Aufgabe ist vor allem die Neugestaltung des Ordnungsrahmens. Er wird zum „enabling state" (vgl. dazu den Beitrag von Evers in diesem Band), zum ermöglichenden, die Menschen zu Selbstorganisation, Netzwerk und Kooperation befähigenden Staat.

10. Die hier entwickelten Überlegungen sind zunächst konzeptioneller Art. Sie bewegen sich jedoch nicht im gesellschaftsleeren Raum, sondern finden ihre Basis (und damit nicht nur ihre Berechtigung, sondern auch ihre Notwendigkeit) in realen, sozialen Prozessen, deren Bedeutung Keupp folgendermaßen beschreibt:

„Die Vielzahl selbstorganisierter Initiativen in allen gesellschaftlichen Bereichen der BRD und vor allem an allen zentralen politischen Brennpunkten (vor allem die Frauenbewegung und die ökologischen Initiativen), die in den vergangenen Jahren entstanden sind, sind für mich ein empirisch greifbarer Hoffnungsträger dafür, daß die Grundlage für eine Politik des 'aufrechten Ganges' ihre Chancen hat." (Keupp 1994, S. 268).

Eine Politik des „aufrechten Ganges" braucht als Fundament eine ihr entsprechende Ökonomie. Kooperation, Netzwerk und Selbstorganisation können Elemente einer solchen Ökonomie sein. Sie basiert auf der Kompetenz der Menschen zur gemeinsamen reflexiven Gestaltung ihrer Wirtschaftsweise gemäß Kriterien, die alle Betroffenen einschließen - auch Arme, Migranten, zukünftige Generationen und die natürliche Mitwelt.

Literatur

Axelrod, R. (1984): The Evolution of Cooperation, New York: Basic Books.

Beckenbach, F. und Diefenbacher, H. (Hg.) (1994): Zwischen Entropie und Selbstorganisation. Perspektiven einer ökologischen Ökonomie, Marburg: Metropolis.

Belzer, V. (1993): Unternehmenskooperationen. Erfolgstrategien und Risiken im industriellen Strukturwandel, München: Rainer Hampp Verlag.

Biesecker, A. (1993): Lebensweltliche Elemente der Ökonomie und Schlußfolgerungen für eine moderne Ordnungsethik, in: Institut für Wirtschaftsethik der Hochschule St. Gallen für Wirtschafts-, Rechts- und Sozialwissenschaft (Hg.): Beiträge und Berichte Nr. 61, St. Gallen.

Biesecker, A. (1994a): Familienökonomie als Interferenz. Eine sozial-ökonomische Theorie des Haushalts, in: Biesecker, A. und Grendörffer, K. (Hg.): Ökonomie als Raum sozialen Handelns, Bremen: Donat-Verlag.

Biesecker, A. (1994b) Life-world Orientated Economics – A Pluralistic Concept for a Complex Modern Society, in: Hinterberger, F./ Hüther, R./ Kopp A. (Hg.): Pluralistic Economics, Cheltenham/ UK: Edgar Elgar (Veröffentlichung in Vorbereitung).

Biesecker, A. (1994c): Wir sind nicht zur Konkurrenz verdammt. Auf der Suche nach alten und neuen Formen kooperativen Wirtschaftens, in: Busch-Lüty, Chr./ Jochimsen, M./ Knobloch, U./ Seidl, I. (Hg.) Vorsorgendes Wirtschaften. Frauen auf dem Weg zu einer Ökonomie der Nachhaltigkeit. Politische Ökologie, Sonderheft 6, München: öcom Gesellschaft für ökologische Kommunikation mbH, S. 28-31.

Biesecker, A. (1994d): Zur Öffnung der Ökonomie für die "Eigenlogik" in der Lebenswelt. Kann verständigungsorientiertes Handeln zu einem Koordinationsmedium der Wirtschaft werden? Vortrag, gehalten während der 5. Kempfenhausener Gespräche im September 1994.

Biesecker, A. (1995): The Market as an Instituted Realm of Social Action. Vortrag, gehalten bei der 7. Jahreskonferenz der Society for the Advancement of Socio-Economics (SASE), 5.-7. April 1995, Washington.

Etzioni, A. (1988): The Moral Dimension. Toward a New Economics, New York: The Free Press.

Granovetter, M. (1991): The Social Contruction of Economic Institutions, in: Etzioni, A. / Lawrence P.R. (Hg.): Socio-Economics. Toward a New Synthesis, New York/ London: Sharpe, S. 75-81.

Grenzdörffer, K./ Biesecker, A./ Heide, H./ Wolf, S. (Hg.) (1995): Neue Bewertungen in der Ökonomie, Pfaffenweiler: Centaurus.

Habermas, J. ([1981] 1988: Theorie des kommunikativen Handelns, 2. Bd., Frankfurt am Main: Suhrkamp.

Habermas, J. ([1961] 1991): Strukturwandel der Öffentlichkeit. Untersuchungen zu einer Kategorie der bürgerlichen Gesellschaft, Frankfurt am Main: Suhrkamp. Vorwort zur Neuauflage 1990, S. 11-50.

Keupp, H. (1987): Soziale Netzwerke - Eine Metapher des gesellschaftlichen Umbruchs? In: Keupp, H. und Röhrle, E. (Hg.): Soziale Netzwerke, Frankfurt am Main: Campus, S. 11-53.

Keupp, H. (1994): Grundzüge einer reflexiven Sozialpsychologie. Postmoderne Perspektiven, in: Keupp, H. (Hg.): Zugänge zum Subjekt. Perspektiven einer reflexiven Sozialpsychologie, Frankfurt am Main: Suhrkamp, S. 226-274.

Kohn, A. (1990): The Brighter Side of Human Nature. Altruism and Empathy in Everyday Life, New York: Basic Books.

Küppers, G. (1994): Experimentelle Steuerung: Kalkulierbare Eingriffe in die Selbstorganisation? in: Beckenbach, F. und Diefenbacher, H. (Hg.): Zwischen Entropie und Selbstorganisation. Perspektiven einer ökologischen Ökonomie, Marburg: Metropolis, S. 119-142.

Lutz, M.A. und Lux, K. (1988): Humanistic Economics. The New Challenge, New York: The Bootstrap Press.

Mayntz, R. (1992): Modernisierung und die Logik interorganisatorischer Netzwerke, in: Journal für Sozialforschung, Heft 1/1992, S. 19-32.

Messner, D. (1994): Fallstricke und Grenzen der Netzwerksteuerung, in: Prokla Heft 97, S. 563-596.

Pasche, M. (1994): Ansätze einer evolutorischen Umweltökonomik, in: Beckenbach, F. und Diefenbacher, H. (Hg.): Zwischen Entropie und Selbstorganisation. Perspektiven einer ökologischen Ökonomie, Marburg: Metropolis, S. 75-118.

Paslack, R. (1990): Selbstorganisation und neue soziale Bewegungen, in: Krohn, W. und Küppers, G. (Hg.): Selbstorganisation. Aspekte einer wissenschaftlichen Revolution, Braunschweig/ Wiesbaden: Verlag Vieweg, S. 279-301.

Paslack, R. (1991): Urgeschichte der Selbstorganisation. Zur Archäologie eines wissenschaftlichen Paradigmas, Braunschweig/ Wiesbaden: Verlag Vieweg.

Polanyi, K. ([1944] 1978): The Great Transformation. Politische und ökonomische Ursprünge von Gesellschaften und Wirtschaftssystemen, Frankfurt am Main: Suhrkamp.

Poundstone, W. (1992): Prisoner's Dilemma. John von Neumann, Game Theory and the Puzzle of the Bomb, Oxford/ New York/ Toronto: Oxford University Press.

Powell, W.W. und Smith-Doerr, L. (1994): Networks and Economic Life, in: Smelson, N.J. und Swedberg, R. (Hg.): The Handbook of Economic Sociology, Princeton: Princeton University Press, S. 368-402.

Rothschild, K.W. (1992): Ethik und Wirtschaftstheorie, Tübingen: J.C.B. Moor (Paul Siebeck).

Schattenhofer, K. (1992): Selbstorganisation und Gruppe. Entwicklung- und Steuerungsprozesse in Gruppen, Opladen: Westdeutscher Verlag.

Scheuch, E.K. (1993): Netzwerke, in: Reigber, D. (Hg.): Social Networks. Neue Dimensionen der Markenführung, Düsseldorf/Wien/New York/Moskau: ECON Verlag, S. 95-130.

Swedberg, R. und Granovetter, M. (1992): Introduction, in: Granovetter, M. und Swedberg, R. (Hg.): The Sociology of Economic Life, Boulder/San Francisco/Oxford: Westview Press, S. 1-26.

Ulrich, P. ([1986] 1993): Transformation der ökonomischen Vernunft. Fortschrittsperspektiven der modernen Industriegesellschaft, Bern/Stuttgart/Wien: Haupt.

Vanberg, V. (1987): Markt, Organisation und Reziprozität, in: Heinemann, K. (Hg.): Soziologie wirtschaftlichen Handelns, Opladen: Westdeutscher Verlag, S. 289-299.

von Hayek, F. A. ([1968] 1969): Der Wettbewerb als Entdeckungsverfahren, in: von Hayek, F. A.: Freiburger Studien, Tübingen, Mohr, S. 249-265.

Weise, P. u.a. ([1985] 1993): Neue Mikroökonomie, Heidelberg: Physica-Verlag.

Selbstorganisationsprozesse in Unternehmen –
Zu den Perspektiven demokratischen Wirtschaftens

Reinhard Pfriem

Die Frage nach der Wirtschaftsdemokratie ist eine geradezu klassische gesellschaftspolitische und gesellschaftstheoretische Frage, die in diesem Jahrhundert die verschiedensten politischen Weltanschauungen und Theorieangebote auf sich gezogen hat. Diese miteinander zu verknüpfen ist mindestens im Rahmen eines Vortrags ein völlig unmögliches Unterfangen. Angesichts der Theoriegeschichte einiger hier Anwesender, meine eigene Person eingeschlossen, möchte ich aber zumindest einen Bogen schlagen, der in der Diskussion hierzu üblicherweise nicht geschlagen wird, nämlich einen von marxistisch inspirierter Kapitalismuskritik zu neueren Betrachtungen der gesellschaftlichen Rolle der Unternehmen sowie einschlägigen theoretischen Konzeptionen.

Dazu werde ich (1) daran erinnern, daß die marxistische Gesellschaftskritik spezifische Zusammenhänge zwischen den ökonomischen und den politischen Verhältnissen unterstellte. Daran anschließend werde ich (2) zeigen, daß und warum zwei aus dieser Theorietradition abgeleitete Perspektiven zur Demokratisierung der Wirtschaft aus heutiger unternehmenspolitischer Betrachtung heraus zum Scheitern verurteilt waren. Ich erläutere (3) das Modell der Unternehmung als quasi-öffentlicher Institution, das in der Betriebswirtschafts- und Managementlehre seit einigen Jahren diskutiert wird. Daran schließt sich (4) der Gedanke des unternehmenspolitischen Verständigungsmanagements an, über den intern wie extern demokratische Prozesse entfaltet werden können. Zum Abschluß werde ich (5) auf die jüngst intensiver gewordene Debatte über Selbstorganisationsprozesse in sozialen Systemen, speziell Unternehmungen, zu sprechen kommen.

1. Kapitalismus und Demokratie

Anläßlich der Verabschiedung der Notstandsgesetze durch die Große Koalition unter dem Bundeskanzler Kiesinger 1968 hieß eine der Parolen der damaligen Studentenbewegung: „Kapitalismus führt zum Faschismus – Kapitalismus muß weg!" Abgesehen davon, daß aus heutiger Sicht dieser Protest immer noch seine Berechtigung hat: die damit verbundene Einschätzung war nicht nur aktuell übertrieben, sondern ihr lag auch theoretisch eine falsche Annahme zugrunde – die Annahme nämlich, die Entfaltung der Widersprüche der kapitalistischen Produktionsweise werde quasi naturnotwendig auf der betrieblichen wie auf der gesellschaftlichen Ebene die demokratischen Rechte der arbeitenden Menschen systematisch weiter einschränken.

Der Regierungsantritt der sozialliberalen Regierung Brandt/Scheel führte dann 1969 zu der bekannten Irritation. Der Anspruch, mehr Demokratie wagen zu wollen, band Teile der Studentenbewegung an sich und erweiterte damit das Feld der Akteure, die es damit wirklich ernst meinten. Diejenigen auf der anderen Seite, die u.a. wegen der über Jahre bedingungslosen Unterstützung der US-amerikanischen Verbrechen in Vietnam die grundsätzliche Kritik an der Bonner Regierung nicht aufgaben, wurden in nicht wenigen Fällen durch Berufsverbote der geplanten beruflichen Lebenschancen beraubt oder gar kriminalisiert.

Ich führe diese Tatsachen hier nicht auf, um eine längere Nacherzählung über die Geschichte der damaligen Studentenbewegung zu starten, sondern um aus auch persönlicher Erinnerung heraus zu rekonstruieren, warum zu dieser Zeit Vorstellungen über den allgemeinen Zusammenhang von Kapitalismus und Demokratie Verbreitung finden konnten, die in der Rückschau erstaunlich einseitig und falsch erscheinen. Drei Ideen stellen sich aus heutiger Sicht als theoretische Sackgassen dar (Abb. 1):

1. Die Idee, alles Gute dieser Welt auf den Sozialismus zu projizieren, wofür die Beseitigung des Kapitalismus erforderlich war. Diese Projektion war nichts anderes als die Umkehrung des Standpunktes, dem Kapitalismus sei nichts Gutes zuzutrauen außer der Schaffung der materiellen und sonstigen Voraussetzungen für den Sozialismus. Von daher stand jede Reform unter ideologischem Manipulations- bzw. Integrationsverdacht, etwa die Weiterentwicklung der betrieblichen und überbetrieblichen Mitbestimmung – wobei die damalige Politik vieler Gewerkschaftsfunktionäre und Betriebsräte das Ihrige tat, radikal oppositionelle Positionen zu stabilisieren.

Mit dem Scheitern des real existierenden Sozialismus ist diese Idee von Grund auf gescheitert, und es bringt heute wenig Vorteile, dabei auf den chinesischen statt auf den sowjetischen Sozialismus gesetzt zu haben.

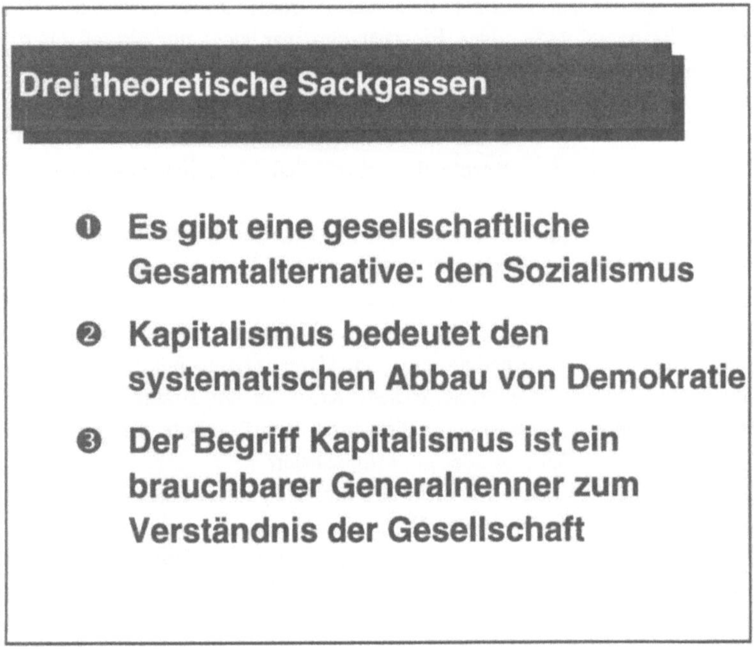

Drei theoretische Sackgassen

❶ Es gibt eine gesellschaftliche Gesamtalternative: den Sozialismus

❷ Kapitalismus bedeutet den systematischen Abbau von Demokratie

❸ Der Begriff Kapitalismus ist ein brauchbarer Generalnenner zum Verständnis der Gesellschaft

Abbildung 1

2. Die Idee, das kapitalistische System werde Demokratie zunehmend abbauen. Wenn Heiner Geißler formulierte, in Deutschland habe sich durch die Studentenbewegung mehr geändert als durch den Nationalsozialismus, dann wird damit wohl nicht zu Unrecht zum Ausdruck gebracht, wie nachhaltig sich die politische Kultur in Deutschland in den letzten 25 Jahren gegenüber den Jahrzehnten zuvor gewandelt hat.

Kapitalismus determiniert offenkundig nicht das demokratische Niveau einer konkreten Gesellschaft, und wenn man daran festhalten würde, in Kapitalismus einen hinreichenden Schlüsselbegriff zur Erklärung der Grundstruktur unserer

Gesellschaft zu sehen, dann müßte man formulieren, daß Kapitalismus durch mehr Demokratie sichtlich stabiler geworden ist. Aber:
3. Die Idee, die moderne Gesellschaft auf den Generalnenner des Kapitalismus zu bringen, hat sich ebenfalls als unbrauchbar herausgestellt. Die Kritik an der sowjetischen Gesellschaft hatte bei den dieser gegenüber grundsätzlich kritischen Marxisten diese Ahnung zwar schon aufkommen lassen, seit den 20er Jahren schon hatten sich marxistische Theoretiker mit dem Phänomen des Staatskapitalismus beschäftigt, die hinreichenden theoretischen Konsequenzen wurden freilich nicht gezogen. Auch der ökologisch-grüne Versuch, Kapitalismus durch Industrialismus zu ersetzen, führte nicht zu einem neuen plausiblen Schlüsselbegriff.

Man kann eine Reihe mindestens latenter Strukturmuster solcher Gesellschaften wie unserer heutigen benennen (Abb. 2):

Latente Strukturmuster moderner Gesellschaften

- Privateigentum an Produktionsmitteln in sich verändernder Organisiertheit,
- Wirtschaft unter quantitativem Wachstumsgebot,
- Vorrang industriell-technischer und kommerzieller "Lösungen" gegenüber anderen (und damit auch Vorrang von Erwerbs- gegenüber Nichterwerbsarbeit),
- Geldsteuerung und damit Bindung gesellschaftlicher Wertzuweisungen an die monetäre Form,
- Egoismus und
- Individualisierung
- ...

Abbildung 2

Aber (1) können diese verschiedenen Aspekte nicht vernünftig auf einen übergreifenden Begriff gebracht werden und (2) läßt sich aus der Aufzählung nur lernen, daß wesentliche unsere Gesellschaft prägende Elemente eindeutig nicht auf struktureller, sondern auf kultureller Ebene liegen. Wo der Kapitalismusbegriff, in welcher Variante auch immer, dem Sein eine dominierende Rolle gegenüber dem Bewußtsein zusprach, müssen wir die Beziehungen von Struktur und Kultur heute sicher differenzierter untersuchen.

Es scheint mir wichtig, im nächsten Schritt noch einen Blick zu werfen auf zwei unterscheidbare Konzeptionen zur Demokratisierung der Wirtschaft, die sich aus der marxistischen Tradition ableiten ließen. Daher:

2. Zwei kritische Konzeptionen zur Wirtschaftsdemokratie und ihre Grenzen

Bei allen Überschneidungen läßt sich doch zwischen zwei Konzeptionen unterscheiden: einer eher zentral-planwirtschaftlichen und einer anderen, die mit dem Begriff der Selbstverwaltung verbunden ist (Abb. 3). Zu der ersten, die Wirtschaftsdemokratie dadurch verhieß, daß die Arbeiterklasse und ihre Partei die Macht im Staate ergriffen, muß an dieser Stelle wohl nichts mehr gesagt werden. Theoretisch ernstgenommen war sie nichts anderes als die Zuspitzung leninistischer Stellvertreterpolitik.

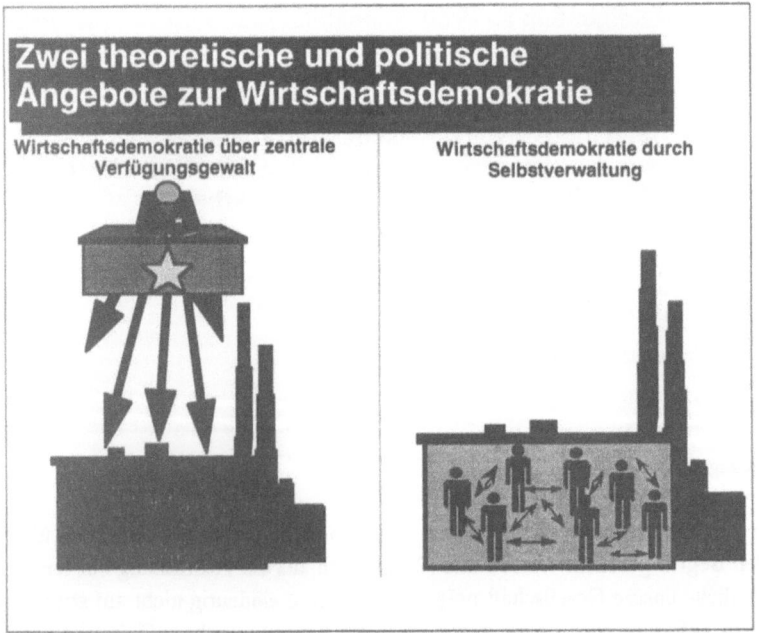

Abbildung 3

Die andere gewann gerade nach Niedergang und Auflösung sozialistischer bzw. kommunistischer Organisationen in Deutschland Ende der 70er Jahre neu an Reputation: über die Gründung vieler nach eigenem Anspruch alternativer und selbstverwalteter Betriebe in Berlin und anderswo, theoretisch u.a. auch durch das Wirken von Ota Šik, dem früheren Wirtschaftsminister des Prager Frühlings. Die politische Attraktivität der Konzeption Šiks beruhte wesentlich auf dem Anspruch, ordnungspolitisch die Defizite sowohl des marktwirtschaftlich-kapitalistischen wie des kommunistisch-planwirtschaftlichen Systems zu überwinden.

Die Perspektive dieses sogenannten Dritten Weges sieht Šik

„in einer tiefgehenden Demokratisierung und Humanisierung der Wirtschaft, in der Überwindung des Gegensatzes zwischen Lohn- und Gewinninteressen, in einer Ausweitung der wirtschaftlichen Verantwortung durch Kapitalneutralisierung, in der Verbindung von Plan und Markt, in der Einführung einer demokratischen, alternativen Verteilungsplanung mit reguliertem Marktmechanismus" (Šik 1979, S. 14).

Die Kapitalneutralisierung hat nach Šik die Aufgabe, die Überwindung des Gegensatzes zwischen Lohn- und Gewinninteressen zu befördern, in dessen Existenz Šik ein wesentliches Motivations- und daraus abgeleitet auch Effizienzhemmnis vorherrschender westlich-kapitalistischer Unternehmensverfassungen sieht:

"Neutralisierung des Kapitals bedeutet Überführung des sich ständig neubildenden Geld- und Produktivkapitals in ein unteilbares Vermögen der Unternehmenskollektive" (Šik 1979, S. 15).

Eine staatliche Makroplanung soll verhindern, daß aus Dezentralität Anarchie wird. Vor dem Problem der Anarchie liegt aber zunächst noch ein anderes, fundamentales, das die Fragwürdigkeit der a priori positiven Berufung marxistischer Auffassungen auf die Arbeiterklasse und auch späterer etwa gewerkschaftlicher Annahmen hinsichtlich der Arbeitnehmerinteressen betrifft: auch der selbstverwaltete Betrieb hat zunächst ein Interesse, von der konkreten Produktionstätigkeit hervorgerufene Schäden bzw. Kosten zu externalisieren. Die von Ota Šik dem ganzen Unternehmenskollektiv zugewiesene Gewinnorientierung kollektiviert lediglich dieses Externalisierungsinteresse; z.B. werden Belegschaftsmitglieder eines stark lärmverursachenden oder in der unmittelbaren Nachbarschaft merklich Schadstoffe emittierenden Unternehmens diesen Fragen eher geringe Bedeutung beimessen, wenn sie nicht selbst in der Nähe der Produktionsstätte wohnen. (Abb. 4)

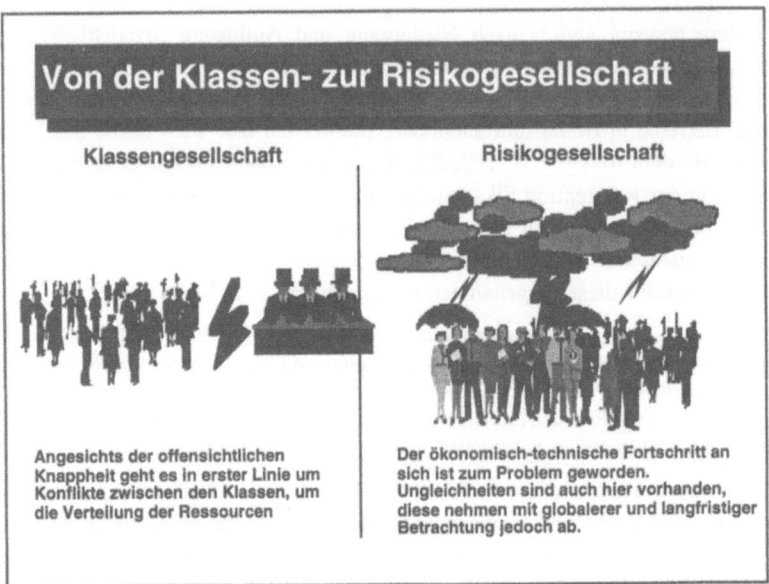

Abbildung 4

Peter Ulrich hat darauf hingewiesen, daß die von Šik und Mitarbeitern vorgetragene Konzeption von Kapitalneutralisierung einer „laboristischen Fehlschaltung" (Ulrich 1986, S. 414 ff.) unterliegt. Wie andere Selbstverwaltungsideen im Rahmen des wirtschaftsdemokratischen Diskurses bleibt sie der Engführung auf die Widersprüche zwischen Kapital und Arbeit als unternehmensinterne Widersprüche verhaftet.

Wir sind hier an einer Stelle, wo marxistische Positionen mit dem bürgerlichen ökonomischen Denken stets eher übereinstimmten als Kritik zu führen: ich meine die Privilegierung von ökonomischer Verfügungsgewalt und Verteilung gegenüber dem konkreten Wie, Was und Wofür der Produktion. Eben dies stand freilich von Beginn an im Zentrum der ökologisch inspirierten Gesellschaftskritik. Problem war jetzt hauptsächlich nicht, wie für marxistische Krisentheoretiker, das schlechte Funktionieren der kapitalistischen Ökonomie, sondern umgekehrt das gute – auf Kosten der Natur und u.a. damit der menschlichen Lebensbedingungen.

Die Kritik der Atomenergie und anderer Großtechnologien, die in harter Auseinandersetzung mit der sozialdemokratischen Regierungspolitik in der zweiten Hälfte der siebziger Jahre der ökologisch inspirierten Gesellschaftskritik den Weg bahnte, brachte neue Einsichten. Vor allem als Verteidiger des sowjetischen oder des chinesischen Sozialismus mit der Behauptung kamen, sozialistische Atomkraftwerke seien sicher, karikierte die Formel vom selbstverwalteten Atomkraftwerk die Grenzen des Selbstverwaltungsgedankens. Die Gleichsetzung von Belegschaftsinteressen und gesellschaftlichen Interessen war nicht länger haltbar, wobei das konkrete Verhalten einer Reihe von Belegschaften und insbesondere der Gewerkschaftsführungen ein Übriges zur Beweisführung beisteuerte.

Bei den Firmen ohne Chef, wie sich die jungen Alternativbetriebe gern nannten, ging ein anderer Lernprozeß in dieselbe Richtung: in der Demokratiefrage wurde rasch deutlich, daß verordnete Strukturlosigkeit nur dazu führt, informell intransparente und vielleicht besonders fragwürdige Strukturen durchzusetzen – die nach eigenem Anspruch besseren Menschen sind es halt meistens nicht; und bezüglich des Wie, Was und Wofür der Produktion wurde die Selbstausbeutung bald ebenso zum Problem wie die Selbstverständlichkeit, mit der jene Betriebe die Inhalte ihrer Tätigkeit für gesellschaftlich nützlich erklärten.

Sowohl die theoretischen wie die praktischen Grenzen der Selbstverwaltung sprechen dafür, die Beziehung zwischen Unternehmung und Gesellschaft grundsätzlicher anzugehen. Dafür gibt es in der neueren Entwicklung der Betriebswirtschafts- und Managementlehre durchaus einige Überlegungen, an denen wir anknüpfen können. Daher:

3. Das neue Unternehmensmodell

In der klassischen kapitalismuskritischen Theorietradition waren die Entscheidungsträger von Unternehmen „Charaktermasken des Kapitals", d.h. in die exogenen Sachzwänge genauso stark eingebunden und unter der Fuchtel eindeutig-optimaler Entscheidungsrationalität genauso prinzipiell unfrei wie in neoklassischen Konzeptionen, wo statt vom Handeln zu Recht vom ökonomischen Verhaltensmodell gesprochen wird.

Politisch kann die Beziehung Unternehmen – Gesellschaft von daher höchst spannungsreich sein, theoretisch ist sie in dem Sinne a priori eindeutig (langweilig), daß die Unternehmung um des Profits willen nur systematisch gegen sinnvolle gesellschaftliche Bedürfnisse und Zielsetzungen verstoßen kann.

Eine solche Vorstellung ist der Frühphase der Entwicklung moderner Gesellschaften entnommen. Von daher hatte marxistisch inspirierte Kapitalismuskritik immer Schwierigkeiten, effektive Verbesserungen für die arbeitenden Menschen auf dem Gebiet politischer Rechte oder jenem materieller Wohlstandssteigerung vernünftig zu analysieren: das durfte es ja eigentlich nicht geben bzw. verunklärte nur die prinzipiell antagonistischen Verhältnisse in der Gesellschaft.

Tatsächlich ist die Unternehmung ganz anders mit der Gesellschaft verflochten, und zwar von innen und von außen (Abb. 5):

- von innen, indem die unternehmenspolitischen Entscheidungsträger selbst Teil der gesellschaftlichen Entwicklung sind, d.h. auch Teil der Normenentwicklung dieser Gesellschaft;
- von außen, indem die Gesellschaft sowohl in der engeren Form der marktlichen Nachfrage als auch in der weiteren gesellschaftlicher Forderungen und Ansprüche, für die ebenfalls negative Sanktionsmittel zur Verfügung stehen, Einfluß ausübt.

Abbildung 5

Mit Freeman und Gilbert können wir dies als das Werte- und das Interdependenzprinzip definieren: „Das Handeln von Individuen und Organisationen ist teilweise durch die Werte dieser Individuen und Organisationen bestimmt." Und: „Der Erfolg einer Organisation beruht teilweise auf den Entscheidungen und Handlungen der mit der Organisation verbundenen Interessengruppen" (Freeman/Gilbert 1991, S.23).

Um die sich wandelnde Beziehung zwischen Unternehmung und Gesellschaft zu beschreiben, stellt Freeman den stockholders eines Unternehmens dessen stakeholders gegenüber (vgl. Freeman 1984).

In der Terminologie einer Reihe von Vertretern der Hochschule St. Gallen (u.a. Peter Ulrich) ist von internen und externen Anspruchsgruppen die Rede (Abb. 6):

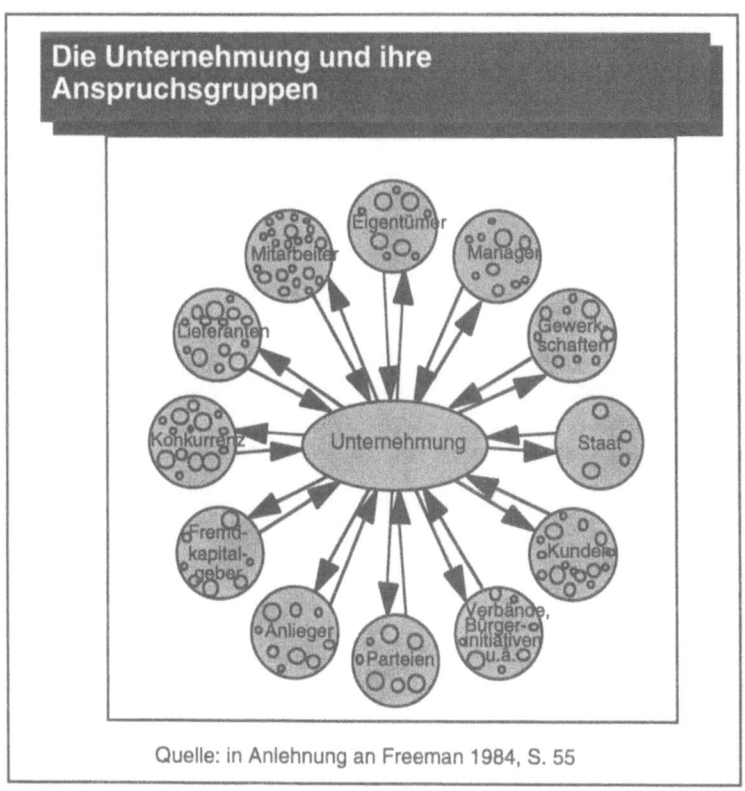

Abbildung 6

Wenn intern und extern vielfältige Ansprüche an die Unternehmung gestellt werden, so läßt sich dies nicht länger mit einer Konzeption in Übereinstimmung bringen, wonach ein Unternehmen ein im strikten Rahmen enger ökonomischer Kalküle operierendes Akteurssystem darstellt. Unternehmen agieren eminent politisch, insofern im gegenseitigen Handlungsgefüge zwischen der Unternehmung und den internen sowie externen Anspruchsgruppen Fragen von Einflußnahme, Machtausübung und Konfliktaustragung eine bedeutende Rolle spielen. Vor diesem Hintergrund sind auch die Zielsetzungen des Unternehmens nicht mehr länger angemessen über bloße kalkulatorisch-ökonomische Rationalität zu definieren; auch sie bekommen unverkennbar politische Züge.

Ulrich und Fluri unterscheiden zur Klärung, wie sich die Beziehung zwischen Unternehmung und Gesellschaft im Lauf der Zeit verändert hat, zwischen einem alten und einem neuen Unternehmensmodell (vgl. Ulrich/Fluri 1992, S. 58 ff.).

Nach dem alten Grundmodell

- war die Unternehmung ein privater Zweckverband von Kapitaleigentümern,
- herrschte freie marktwirtschaftliche Konkurrenz,
- bestand Harmonie zwischen individuellen und volkswirtschaftlichen Zielen,
- ergab sich im Rahmen des Rechtsstaates die politische Freiheit aus der ökonomischen Freiheit.

Davon zu unterscheiden ist das neue Unternehmensmodell:

- Grundmerkmal der Unternehmung ist ihr soziologischer Status, nicht die Rolle als Zweckverband,
- die Unternehmung ist primär ein Teilsystem der Gesellschaft,
- zwischen individuellen und gesellschaftlichen Zielen bestehen vielfältige Konflikte,
- statt ungeregelter Marktdynamik braucht es ordnungspolitische Gestaltung.

Für das Verständnis dieser Differenz zwischen altem und neuem Unternehmensmodell ist die Aussage von fundamentaler Bedeutung, daß das neue Modell vor allem erfolgsstrategisch zu verstehen ist, nur zusätzlich als regulative Idee im ethisch-moralischen Sinne.

4. Verständigungsmanagement mit internen und externen Anspruchsgruppen

Um die Aufgabe der unternehmenspolitischen Verständigung mit den verschiedenen Anspruchsgruppen zu beschreiben, ist eine begriffliche Unterscheidung hilfreich: zwischen der durch den aristotelischen Politikbegriff gekennzeichneten Politik als policy und der am machiavellistischen Bedeutungsgehalt von Politik orientierten Politik als politics. Das, was häufig unter Unternehmenspolitik verstanden wird, ist das erstere: die Grundziele setzende Führungsaufgabe; das übergreifende ist allerdings der verständigungsorientierte Umgang mit den stakeholders der Unternehmung – deshalb übergreifend, weil vernünftigerweise auch die Grundziele der Unternehmung aus erfolgsstrategischen Gründen auf die verschiedenen stakeholders abgestimmt werden.

Dabei läßt es sich nicht allen recht machen. Verständigung mit den einen muß nicht in jedem Fall, wird aber häufig Ablehnung der Ansprüche anderer zur Folge haben. Es führt in die Irre, das Bild zu zeichnen, als könne die Unternehmung ein für alle Ansprüche gleichermaßen offenes soziales System sein: der Zwang zur Entscheidung ist der Zwang zur möglichst bewußten Selektion zwischen den verschiedenen Ansprüchen. Vom Resultat her wird diese Selektion umso vernünftiger gelingen, je mehr die Unternehmung den Wertediskurs aufnimmt und nicht etwa als für das erfolgreiche Geschäft eigentlich lästige Aufgabe begreift.

Für diesen Wertediskurs müssen allerdings zwei Feststellungen getroffen werden (zum folgenden ausführlich das 7. Kapitel in Pfriem 1995, Kap. 7). Zum einen nähren diskursethische Konzeptionen jedenfalls bei transzendentalpragmatischer Begründung den Glauben, hinreichende Rationalität des Diskurses bei genügend gutem Willen der Teilnehmer könne konsensstiftend wirken – ich spreche ausdrücklich von Verständigungsmanagement statt von Konsensusmanagement, weil die prinzipielle Pluralität von Interessenlagen, Lebensmodellen und Erwartungshaltungen m.E. zu den Anerkennungsgeboten der modernen offenen Gesellschaft zu rechnen ist. Es geht demnach beim Wertediskurs vor allem um das bessere gegenseitige Verständnis von Differenzen und einen Umgang damit, der nicht als einseitig diskriminiert werden kann. Zum zweiten stehen wir im ökologischen Kontext vor einem besonderen Problem: die (nichtmenschliche) Natur kann sich rächen, sprechen kann sie nicht. D.h. sie nimmt selbst tatsächlich gar nicht am (sprachlich durchgeführten) Diskurs teil. Ob von einer konkreten Naturzerstörung betroffene Anlieger, ob Umweltschutzverbände oder Umweltschutzverwaltungen: sie alle können beim besten Willen streng genommen nur gute Stellvertreterpolitik machen.

Die Aufforderung an Unternehmen, sich am Wertediskurs zu beteiligen, ist nicht neu, und die unternehmenspolitische Reaktion darauf auch nicht. Betrachtet man die Geschichte der Beziehungen zwischen Unternehmen und Gesellschaft in den letzten Jahrzehnten, so lassen sich für Deutschland und vergleichbare Länder drei Wellen normativen Managements auszeichnen, die bemerkenswerterweise von zunächst einseitigen Positionsbestimmungen der Unternehmensführungen über die stärkere Berücksichtigung der Werte der Unternehmensmitglieder bis hin zur direkten Thematisierung des Verhältnisses zwischen Unternehmung und Gesellschaft gehen (Abb. 7):

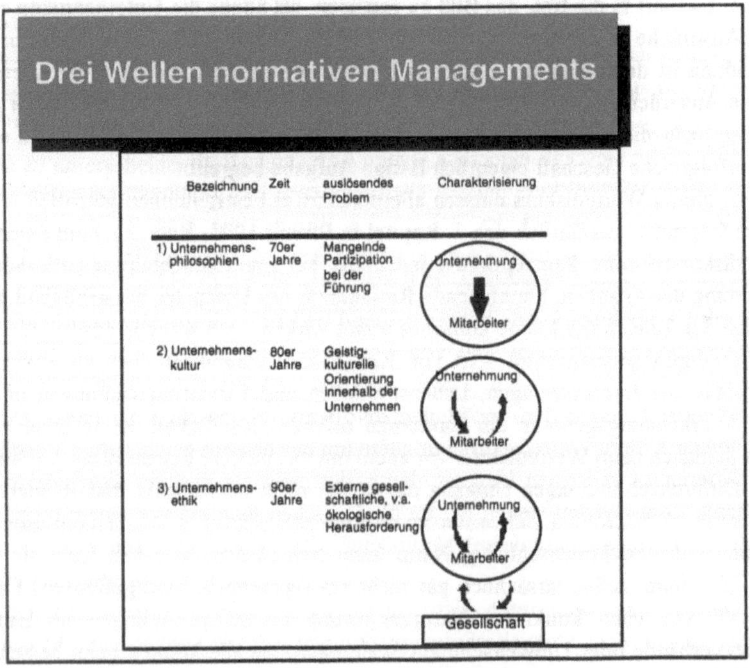

Abbildung 7

Spätestens die ausführlichen Debatten über Unternehmenskultur haben dabei – übrigens in durchaus grundsätzlicher Differenz auch zur heutigen main-stream-Betriebswirtschaftslehre – deutlich gemacht, daß eine Unternehmung eben nicht nur ein technisches, ökonomisches und soziales, sondern wesentlich auch ein geistig-kulturelles Gebilde ist. Das führt zur Widerlegung solchen theoretischen Nachdenkens über die Auswirkungen des Wertewandels auf Unternehmen, wo den Unternehmen ein Zwang unterstellt wird, normative Ansprüche durch einen engen Filter ökonomisch-kalkulatorischen Kalküls pressen zu müssen. Um es mit Ernst Jandl zu sagen: Werch ein Illtum! Unternehmen nehmen nicht nur kulturelle Wertvorstellungen als solche auf, indem sie (a) durch die Organisationsmitglieder in das Organisationsverhalten einfließen und (b) strategisch berücksichtigt werden wollen, sondern sie produzieren auch über Produktkulturen und Erlebniswelten in wichtigen Teilen die kulturelle Selbstbeschreibung der Gesellschaft mit. Gesellschaft fällt nicht vom Himmel, sondern wird von ihren Mitgliedern produziert, nicht zuletzt von den Unternehmen als in einer Wirtschaftsgesellschaft eine Schlüsselrolle einnehmenden sozialen Systemen (Abb. 8):

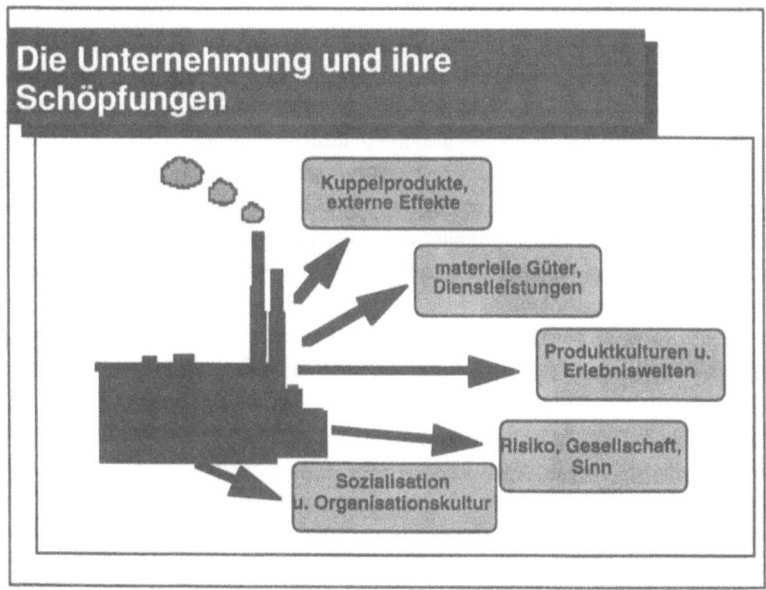

Abbildung 8

Dies ist ein kontinuierlicher geistig-kultureller Austauschprozeß zwischen Unternehmen und Gesellschaft, der weder durch eine bestimmte Unternehmensverfassung noch durch eine bestimmte Wirtschaftsordnung je wird geschlossen werden können. (Insofern war es auch einer der grundlegenderen Denkfehler marxistisch inspirierter Kapitalismuskritik, daran zu glauben, Kulturprobleme größerenteils durch strukturelle Konzepte lösen zu können.)

5. Selbstorganisationsprozesse in Unternehmen

Jene spezifische Strömung sozialwissenschaftlicher Öffnung von Betriebswirtschaftslehre, die unter Bezugnahme auf den an der Hochschule St. Gallen entwickelten systemorientierten Ansatz von Hans Ulrich u.a. vor allem die Beziehung zwischen Unternehmung und externen Umwelten thematisiert, ist nun keineswegs frei von technokratischen Risiken. Managementlehre, die einer an ökonomische Theorie angekoppelten und die Erklärungsfunktion hochhaltenden Betriebswirtschaftstheorie entsagen will, suggeriert in vielen Fällen eine Machermentalität, die den Widerspruch zwischen Macher und Gemachtem auf die Spitze treibt, statt die zugrundeliegenden Fiktionen bloßzulegen.

Sozialwissenschaftlich aufgeklärte Lehre von der Unternehmensführung könnte hier besser Bescheid wissen, zumal Soziologie und Politikwissenschaft seit längerem über die Grenzen von Systemsteuerungen informieren (für Politikwissenschaft s. etwa Jänicke 1987). Die Machbarkeit dessen, was gemacht werden soll, darf mindestens dann nicht überschätzt werden, wenn es bei den Gegenständen des Machens um komplexe soziale Systeme geht, die zwar in einschlägigen Theorien lange als Trivialmaschinen mißverstanden worden sind, deswegen jedoch keineswegs auch nur annähernd so funktionieren.

So finden wir hier erneut als Befund, daß vielfach als strukturell ausgegeben wurde und wird, was vielmehr kulturell bedingt ist: daß Zentralismus ein Garant für die Effektivität von Organisationen ist, erweist sich als kulturell bedingter Mythos (nämlich einer auf Zentralismus gepolten geistig-politischen Kultur) und keineswegs als eine vernünftige organisationstheoretische Aussage. Umgekehrt spricht hingegen vieles dafür, daß die durch mehr Organisationsdemokratie produzierte höhere Komplexität eines sozialen Systems dazu verhilft, externe Informationen und Anforderungen an das Unternehmen besser zu verarbeiten (Abb. 9 und 10).

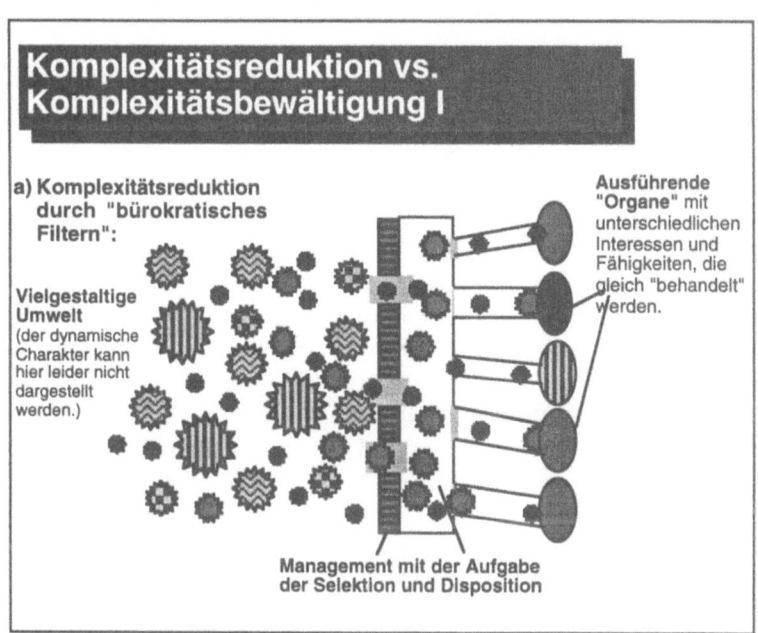
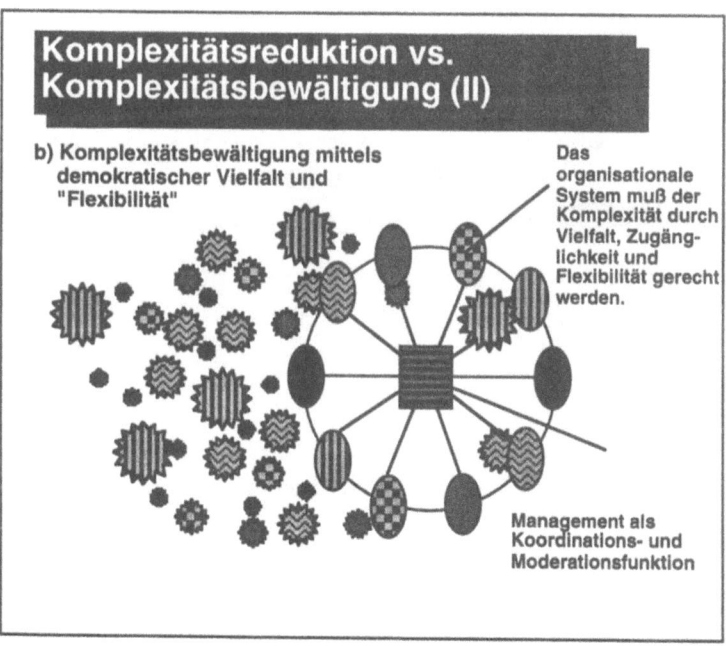

Abbildung 9 und 10

Es ist hier nicht der Ort, eine ausführliche kritische Rezeption neuerer systemtheoretischer Entwicklungen vorzunehmen, die in ihrer theoretischen Stringenz zweifellos über oben benannte managementwissenschaftliche Positionen, Unternehmen als für alle Ansprüche offene soziale Systeme zu definieren, hinausweisen (vgl. Pfriem 1995, S. 147 ff.). Allerdings soll zum Abschluß dieses Beitrags darauf hingewiesen werden, daß die nähere Beschäftigung mit Komplexität, Selbstreferenz, Redundanz und Autonomie als wichtigen Merkmalen sozialer Systeme zwangsläufig dazu führt, deren Eigenlogik genügend ernstzunehmen und überzogene Machermentalität abzustreifen.

Für die unternehmenspolitische Betrachtung ergibt sich daraus eine Spannung von Fremdreferenz und Selbstreferenz, die verhelfen kann, Selbstbeschreibungen zu verbessern. Wo vor allem durch Luhmann inspirierte Systemtheoretiker prinzipiell auf die Anschlußfähigkeit von Kommunikationen bei ihrer Eigenlogik verpflichteten und den Wünschen der Menschen entfremdeten Systemen engführen, halten wir das menschliche Wollen nach wie vor für die einzige grundlegende Ressource, die dem Katastrophenmechanismus verselbständigter Systemlogiken Einhalt gebieten kann.

Das kann schiefgehen, ist aber theoretisch und praktisch ohne Alternative. Vor dem Hintergrund der ökologischen Krise erweist sich das an der Differenz zwischen der quasi-technischen Frage nach dem Überleben und der normativen Frage nach dem guten Leben (s. Abb. 11):

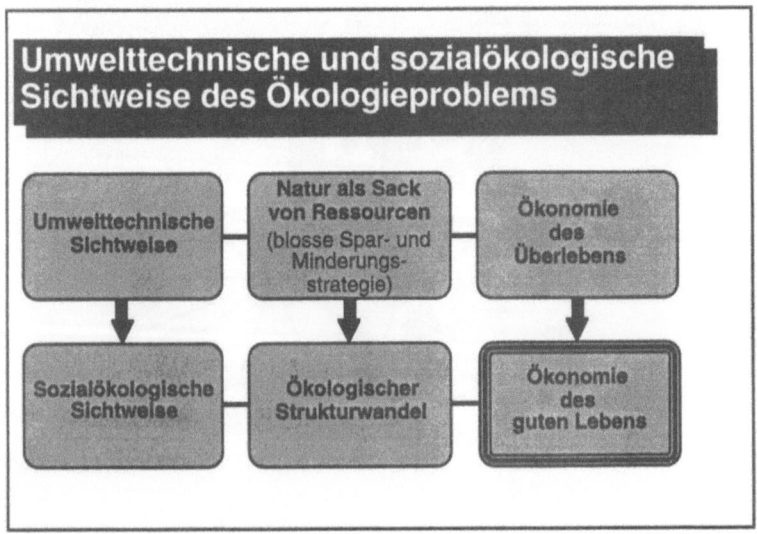

Abbildung 11

Fragen nach dem guten Leben können niemals durch Systemlogiken, sondern ausschließlich durch wollende Menschen beantwortet werden. Trotz aller zu großen Theorien (oder wegen deren nahenden Endes) haben es diese weiter in der Hand....

Literatur

Freeman, R. E. (1984): Strategic management: A stakeholder approach, Boston etc.

Freeman, R. E./Gilbert, D. L. (1991): Unternehmensstrategie, Ethik und persönliche Verantwortung, Frankfurt a.M./New York.

Jänicke, M. (1987): Staatsversagen, München.

Pfriem, R. (1995): Unternehmenspolitik in sozialökonomischen Perspektiven, Marburg.

Šik, O. (1979): Humane Wirtschaftsdemokratie – Ein dritter Weg, Hamburg.

Ulrich, P. (1986): Transformation der ökonomischen Vernunft: Fortschrittsperspektiven der modernen Industriegesellschaft, Bern/Stuttgart.

Ulrich, P./Fluri, E. (1992): Management – eine konzentrierte Einführung, 6. Auflage, Stuttgart etc.

Deregulierung, Selbst-Regulierung, Reregulierung – Zu konstitutiven Gestaltungsaufgaben der Wirtschafts- und Ordnungspolitik[1]

Martin Büscher

1. Einführung

Eine Wirtschaftsweise, die nachhaltiges soziales und ökologisches Handeln beinhaltet, kann in einer freien, demokratischen Gesellschaft durch einsichtiges oder sozialökologisch engagiertes Verhalten vieler einzelner Menschen gestärkt und entfaltet werden. Ein „Ort" der Ethik kann in einer liberalen Gesellschaft aber nicht ausschließlich beim Individuum oder „privaten" Initiativen verankert sein. Das freie Handeln der Individuen setzt eine Ordnung voraus und wird durch bestehende Ordnungen beeinflußt, ja die Dialektik zwischen Freiheit und Ordnung ist das Wesenselement des Liberalismus.

In diesem Beitrag vertrete ich die These, daß angesichts zunehmend deregulierender, *neo*-liberal orientierter Wirtschafts- und Ordnungspolitik eine marktwirtschaftliche Eigendynamik entfaltet ist, der zwar selbstregulierende Initiativen als Gegensteuerung entgegenstehen. Individuelle Gegenreaktionen auf neo-liberale, angebotsorientierte Wirtschaftspolitik reichen zu einer sozial und ökologischen Entwicklung bzw. Steuerung des Gemeinwesens nicht aus. Es bedarf eines Elementes zur Gestaltung der Ordnungsstruktur des Gemeinwesens insgesamt.

Dies widerspricht gerade *nicht* dem Wesen liberalen Denkens. Ein Wesenselement des Liberalismus ist das Spannungsfeld zwischen Freiheit und Ordnung[2].

---

1 Komprimierte Fassung eines mündlich erläuterten Ansatzes von Reformüberlegungen zum Konzept der Sozialen Marktwirtschaft.
2 Vgl. Boelcke, W. A.: Liberalismus, in: Handwörterbuch der Wirtschaftswissenschaften (HDWW), Lfg.13, Stuttgart u.a. 1978; S. 33f.

Je stärker die strukturellen Folgen der Deregulierung werden, desto beschränkter sind individuelle Regulierungsmöglichkeiten. Dafür stehen drei Beispiele.

Beispiel 1: Soziale Selbst-Regulierung. Hier ist ein beschäftigungspolitisches Paradox festzustellen: Kosten- und Wettbewerbsdruck, Rationalisierungen stellen zugleich eine Lösung des Beschäftigungsproblems dar?

„Angesichts unausgeschöpfter Wachstumspotentiale ist gleichzeitig auch die Politik herausgefordert. Denn kein Land kann es sich auf die Länge ungestraft leisten, in einer Zeit, in welcher der Standortwettbewerb um Arbeitsplätze und Kapital zwischen den Nationen tobt, allzu großzügig mit seinen Wachstumsmöglichkeiten umzugehen. Es ist eine rechtzeitige Rückbesinnung auf ordnungspolitische Rahmenbedingungen zu ermöglichen."[3]

D.h. weitere *Deregulierung*, Befreiung der Märkte, Abbau des Sozialstaates und tarifärer Handelshemmnisse auf den sektoralen Märkten wie Energie, Telekommuikation, Hochtechnologie etc..

Beispiel 2: Ökologische Selbst-Regulierung – Durch die Entstehung des weltweit größten Binnenmarktes, des Wirtschaftsraumes der Europäischen Union sollen zugleich komparative Kostenvorteile wahrgenommen werden. Sind ökologische Kosten des Verkehrs berücksichtigt?

Beispiel 3: Konturen der neuen Welthandelsordnung, die im letzten Jahr in Marrakesch gezeichnet wurden: Freier Welthandel erscheint als Ziel (nicht als Mittel). Als „flankierende Maßnahmen" folgen Plädoyers für eine unternehmerische Weltethik‘, Sozial- und Klimagipfel, Kopenhagen und Berlin 1995, finden *nach* der Entscheidung über eine neue Welthandelsordnung in Marrakesch 1994 statt.

Die Grundfrage, die sich in allen Bereichen stellt, ist: nach welchen Kriterien/Werten/normativen Fundamenten werden diese Ordnungen gestaltet?

Meine These ist: Eine universelle, sich aus sich selbst begründende, unspezifizierte Form von Marktwirtschaft ist sozial und ökologisch nicht nachhaltig; marktwirtschaftliche Ordnungspolitik hat im Gegensatz zu deregulierungs- und angebotsorientierten Tendenzen als kontextuelle Politik situationsspezifische Rahmenbedingungen einzubeziehen bzw. selbst zu gestalten. Dazu bedarf es unabdingbarer (ordnungs-) politischer Voraussetzungen. „Privat-" wirtschaftliche Regulationsmechanismen können ihrerseits Reformen beeinflussen, sie können einem ständig steigenden Wettbewerbs- und Rationalisierungsdruck nur teilweise standhalten. Ihnen fehlt das konstitutive Element.

Welche konstitutiven Bausteine wären für das ordoliberale Modell der Sozialen Marktwirtschaft in Deutschland bei einer Modernisierung der Ordnungspolitik zu berücksichtigen? Eine interessenpluralistische Gestaltung von Strukturpolitik kann

---

3 Neue Zürcher Zeitung, 4. Februar 1995.
4 Siehe Tagesanzeiger Zürich, 28. Januar 1995.

diese Gesichtspunkte integrieren, diskursethisch begründet und institutionell umsetzbar in einem ordnungspolitischen Rat, der über Eckdaten der gesamtwirtschaftlichen Entwicklung zu befinden hat.

2. Ordnungspolitik als Gesellschaftspolitik

Die Ordnungspolitik ist der Bereich der Ökonomie, in der ökonomische und als nichtökonomisch verstandene Einflüsse zusammenfließen:

> „Gegenstand der Ordnungspolitik ist die Gestaltung der ethischen, rechtlichen und institutionellen Rahmenbedingungen des Verhaltens von Wirtschaftssubjekten und politischen Entscheidungsträgern, d.h. der Wirtschaftsordnung einerseits (Wirtschaftsordnungspolitik) und der staatlichen Ordnung andererseits (Staatsordnungspolitik)".[5]

Ordnungspolitik ist ihrem Wesen nach interdisziplinär. Aber auch für die ökonomische Wissenschaft insgesamt stellt sich die Frage, ob prinzipiell ein autonomer ökonomischer Sachbereich abgegrenzt werden kann. Die Namen der deutschen Ökonomen Gustav von Schmoller und Carl Menger stehen für die Antagonisten eines neuralgischen Punktes der Methodologie der Wirtschaftswissenschaft. Dieser Prozeß ist in der ökonomischen Dogmengeschichte bekannt als der Methodenstreit und spitzte sich in der Frage zu, was Gegenstand und Methode der Wirtschaftswissenschaft sei. Gegen Ende des 19. Jahrhunderts, als dieser Methodenstreit einsetzte, wurde die ökonomische Wissenschaft, besonders in Deutschland, von Schmoller und seinen Anhängern dominiert. Die zeitgenössische Ökonomie heute hingegen wird überwiegend geprägt durch die analytische Schule, die sich an Mengers Denkweise anlehnt. Für Schmoller konnte kein ökonomisches Phänomen angemessen untersucht und verstanden werden ohne Einbeziehung der geographischen, kulturellen, sozialen, politischen und ethischen Elemente. Wenn z.B. die Entstehung eines Industriegebietes wie an Rhein und Ruhr erforscht werden sollte, mußten alle klimatischen, geographischen, ethnischen, historischen etc. Faktoren untersucht werden, um die Wettbewerbsfähigkeit, Distributionsmöglichkeiten, Preisentwicklungen, etc. zu verstehen. Die historische Schule vertrat damit einen induktiven, holistischen, historischen-ethischen Ansatz in der Ökonomie. Einer der berühmten Sätze, der Schmoller zugeschrieben wird, lautet: „Es wird kein Nagel ohne Ethik in die Wand geschlagen". Im Unterschied dazu geht die analytische Schule davon

---

[5] Cassel, D.: Wirtschaftspolitik als Ordnungspolitik, in: Ders. u.a. (Hrsg.): Ordnungspolitik. München 1988; S. 313.

aus, daß es ökonomische Phänomene gibt, die unabhängig sind von umgebenden nichtökonomischen Faktoren, und unterstützt die Forschung über das autonome Verhältnis von Preisen, Zinsen und Wechselkursen, Wirtschaftswachstum und wirtschaftlicher Entwicklung. Das methodologische Instrumentarium dieses Ansatzes ist unhistorisch, individualistisch und universal orientiert und deduktiv durch die Kombination ökonomischer Faktoren unter Betrachtung des übrigen als gegebene, gleichwohl vernachlässigbare Rahmenbedingungen, naturwissenschaftlichen Modellen ähnlich.

Der Streit dieser Schulen ist nicht durch empirische oder theoretische Einsichten beigelegt und gehört immer noch zu einer der neuralgischen Fragen, denen sich jeder Ökonom stellen muß. Die historische Schule ist in der westlichen Ökonomie jedoch nahezu ausgestorben, einige Spuren existieren in institutionellen Ansätzen der Ökonomie.[6] Die analytische Schule dominiert in Forschung und Lehre. Sie trennt nicht nur die nicht-ökonomischen Faktoren ausdrücklich von ihrem Paradigma, sondern versucht auch, ökonomische Gesetzmäßigkeiten in anderen Bereichen des sozialen Lebens zu untersuchen und entwickelt so eine ökonomische Theorie der Politik, eine ökonomische Theorie der Familie, eine ökonomische Theorie der Ethik. Es ist fair zu sagen, daß nicht-ökonomische Faktoren weitgehend ausgeschlossen werden[7]. Trotzdem wäre es unfair, den instrumentellen Wert der analytischen Schule zu übersehen oder zu vernachlässigen. Sie kann nicht innerhalb ihrer eigenen Logik und daraus resultierenden Beiträgen zur konzeptionellen Beratung der Politik kritisiert werden. Der neuralgische Punkt ist, daß die Grundlagen, auf denen und für die diese Konzepte entwickelt werden, in starkem Wandel begriffen sind und daß der Wandel der philosophischen, sozialen oder politischen Fundamente nicht einbezogen wird. Die letzte Weisheit mag in der Verbindung beider Ansätze liegen und in dem Bewußtsein der Notwendigkeit von Verbindungen als eines immanenten dialektischen Spannungsfeldes der ökonomischen Disziplin. Mikro- und Makroökonomie weisen einen hohen analytischen und instrumentellen Wert auf, bedürfen aber einer nicht-ökonomischen Grundlage. Eine verengende Interpretation der historischen und sozialen Grundlagen ökonomischer Schlüsselkategorien birgt die Gefahr von Anachronismen in der ökonomischen Denkgeschichte und irreführender Fundamente für eine Politikberatung in anderen historischen und regionalen Kontexten.

Welche Verbindung weisen diese Überlegungen zur Wirtschaftsethik auf? Wirtschaft und Ethik können auf vielfältige Weise miteinander verbunden werden. In der jünge-

---

6 Vgl. Gruchy, A.: The Reconstruction of Economics – An Analysis of the Fundamentals of Institutional Economics. New York, Westprot, London 1987; S. 41ff., Hodgson, G.: Economics and Institutions – A Manifesto for a Modern Institutional Economics. Cambridge, Oxford 1988; S. 28ff.

7 Vgl. Sen, A.: On Ethics and Economics. Oxford, New York 1987; S. 25f.

ren Literatur sind drei Hauptansätze zu unterscheiden: korrektive, funktionale und integrative Wirtschaftsethik[8]. Der erste bemüht sich, moralische Prinzipien auf autoritative Weise auf die Wirtschaft anzuwenden. Er erkennt eine klare hierarchische Perspektive und ist oft bei Nicht-Ökonomen, Philosophen, Theologen, Politikwissenschaftlern etc. zu finden in einer prinzipiell kritischen oder prinzipiell affirmativen Haltung gegenüber der Wirtschaft im allgemeinen. Funktionale Wirtschaftsethik andererseits erkennt die Rolle der Ethik als hilfreich für ökonomische Interessenlagen. Grob gesagt zahlt sich Ethik langfristig aus und trägt zu einer Senkung von Transaktionskosten bei. Dieser Ansatz kann in der Neuen Institutionenökonomie als eine ökonomische Theorie der Ethik eingeordnet werden. Der dritte, integrative Ansatz von Wirtschaft und Ethik versucht, sich auf die normativen Fundamente der Ökonomie zu konzentrieren und die ethischen Dimensionen der Ökonomie selbst in der Dogmengeschichte und in den sozio-ökonomischen Rahmenbedingungen zu identifizieren. Er versucht, die quasi-naturwissenschaftliche Methode der Ökonomie in Frage zu stellen und den ökonomischen Horizont in bezug auf nicht-ökonomische Voraussetzungen und die normativen, häufig in Vergessenheit geratenen philosophischen und sozialen Wurzeln zu erweitern. Dieser Ansatz möchte die ethischen und sozialen Fundamente in ihrer historischen Entstehungszeit herausstellen, deren historische Relativität darlegen und Elemente des sozialen Wandels und dem folgenden Neubestimmungsbedarf von Grundkategorien in den Vordergrund rücken.

Wenn Wirtschaft nicht als wert- und politikfreier Raum verstanden wird, ist Wirtschaft kein Sonderbereich, sondern Teil der Kultur und Lebenswelt. Kultur ist dabei zu verstehen als die Summe der sozialen, wirtschaftlichen, politischen, mentalitätsgeschichtlichen Faktoren, die das Leben einer Nation prägen[9]. Wenn ökonomische Gesetze nicht universal gültig sind, dann ist wirtschaftliche Entwicklung auch keine verallgemeinerbare Sach- oder Naturgesetzlichkeit, sondern mit „Kultur" als der Natur des Menschen, seinem Denken und Handeln ist Wirtschaft ein menschengemachtes „Kulturprodukt"[10]. Unter dieser Prämisse werden die kulturellen Um-

---

8 Vgl. Ulrich, P.: Wirtschaftsethik auf der Suche nach der verlorenen ökonomischen Vernunft, in: Ders. (Hrsg.): Auf der Suche nach einer modernen Wirtschaftsethik – Lernschritte zu einer reflexiven Ökonomie. Bern, Stuttgart 1990; S. 179ff.
9 Vgl. zu diesem umfassenden Kulturbegriff Mühlmann, W.E. (1969): „Kultur ist die Gesamtheit der typischen Lebensformen einer Bevölkerung, einschließlich der sie tragenden Geistesverfassung, insbesondere der Wertvorstellungen" (S. 598), Schoeck, H. (1969): Kultur „enthält sämtliche Normen, Verhaltensregeln, die Sitten und Gebräuche, die alltäglichen Auffassungen, die durchschnittlichen Stimmungslagen für wesentliche Anlässe, die einer Gesellschaft ein erkennbares Gesicht verleihen" (S. 209) und Hartfiel, G./Hillmann, K.-H. (1982): „,...die Gesamtheit der Lebensformen, Leitvorstellungen und der durch menschliche Aktivitäten geformten Lebensbedingungen einer Bevölkerung in einem historisch und regional abgegrenzten (Zeit-) Raum" (S. 415).
10 Rich, A.: Wirtschaftsethik II – Marktwirtschaft, Planwirtschaft, Weltwirtschaft aus sozialethischer Sicht. Gütersloh 1990; S. 15f.

stände von Raum und Zeit in ihrem Einfluß auf die normativen Fundamente und Voraussetzungen von richtungsweisender Bedeutung. Kulturelle Fundamente sind nicht universal und übertragbar. Dies gilt sowohl prospektiv für marktwirtschaftliche Transformationsprozesse als auch für die Entstehung marktwirtschaftlicher Konzeptionen. Eine wirtschaftsethisch-integrative Analyse des klassischen Liberalismus und des Ordoliberalismus soll diesen Gedanken plausibel machen.

Auf institutioneller Ebene bedeutet dies die Unterscheidung dreier Ansatzpunkte[11]: Die Makroebene bezieht sich auf eine demokratische Politik als ethisch-politische Vorgabe für die Ordnungspolitik. Die Mesoebene bezieht sich auf die unternehmerische Mitverantwortung und die Mitverantwortung marktrelevanter Institutionen (Reflexion der Unternehmens- und Verbandspolitik). Die Mikroebene meint die Verantwortung von Individuen als Wirtschaftsbürgerinnen und -bürger (Konsumenten, Manager, Erwerbstätige, etc.) mit eigener ordnungspolitischer (Mit-) Verantwortung (Reflexion der personalen Verantwortungsübernahme für die Gesamtwirkungen privaten Handelns in gegebenen Rahmenbedingungen).[12] Schwerpunkt der folgenden Überlegungen wird die Veränderungen der Rahmenordnung sein.

3. Das „Erbe" der Marktwirtschaft: Wirtschaftlicher Liberalismus

3.1 Die geistesgeschichtlichen Voraussetzungen des klassischen Liberalismus: Das Ideal des selbstregulierenden Marktes

Adam Smith lebte im 18.Jahrhundert – er starb vor gut 200 Jahren und war Professor für Moralphilosophie an der Universität Edinburgh. Er gilt als der geistige Vater der Wirtschaftswissenschaft und des ökonomischen Liberalismus und ist nach wie vor eine der

---

11 Vgl. Enderle, G.: Wirtschaftsethik im Werden – Ansätze und Problembereich der Wirtschaftsethik. Stuttgart 1988; S.59ff. Die Meso-Ebene der Wirtschaftsethik bezieht sich dort in erster Linie auf Unternehmen, während die Idee des ordnungspolitischen Rates auf die Institutionalisierung einer halbstaatlichen Organisation abzielt.
12 Vgl. Ulrich, P.: Moral in der Marktwirtschaft – Eine Kritik der EKD-Wirtschaftsdenkschrift, in: Evangelische Kommentare, Nr.2/1992; S. 87f.

Ansatzpunkte integrativer Wirtschaftsethik in der Marktwirtschaft

Historische Ansatzpunkte	
Dogmengeschichtlich	Ethische Wurzeln von Grundkategorien: Laisser-faire, Freiheit, Menschenbild
Sozialgeschichtlich	Veränderung von historischen Rahmenbedingungen: Soziale Marktwirtschaft, Liberalismus
Kulturgeschichtlich	Voraussetzungen des sozio-kulturellen Umfeldes: Entwicklungspolitik, Systemtransformation in Osteuropa
Institutionelle Ansatzpunkte	
Individualethik (Mikroebene)	Personale Ethik, Verantwortung und Handlungsspielräume als Bürger, Mitarbeiter und Konsument
Institutionenethik (Mesoebene)	Unternehmen und ordnungspolitische Mitverantwortung, andere Interessenorganisationen auf einer Meso-Ebene (Ökologie, KonsumentInnen, Arbeitnehmer, Regionen, etc.), Selbstregulierung
Strukturethik (Makroebene)	Rahmenbedingungen der Marktwirtschaft, Ordnungspolitik als Gesellschaftspolitik

zentralsten Referenzpersonen der ökonomischen Disziplin. Ihm schreibt man den Gedanken der Identität von Private vices – public benefits, von privaten Einzelinteressen und dem aus der Summe dieser Interessen entstehenden „Gemeinwohl" zu. Sein ökonomisches Hauptwerk „Vom Wohlstand der Nationen" gehört neben der Bibel und dem „Kapital" von Karl Marx wohl zu den meistzitierten, aber vielleicht am wenigsten gelesenen Büchern der Weltliteratur. Die als repräsentativ betrachteten Passagen sind die folgenden:

> „Nicht vom Wohlwollen des Metzgers, Brauers oder Bäckers erwarten wir das, was wir zum Essen brauchen, sondern davon, daß sie ihre eigenen Interessen wahrnehmen[13]".
> (...) „Und er (dieser einzelne, d.V.) wird in diesem wie auch in vielen anderen Fällen von einer unsichtbaren Hand geleitet, um einen Zweck zu fördern, den zu erfüllen er in keiner Weise beabsichtigt hat – ja gerade dadurch, daß er das eigene Interesse verfolgt, fördert er das der Gesellschaft nachhaltiger, als wenn er wirklich beabsichtigt, es zu tun. (...) Der einzelne vermag ganz offensichtlich aus seiner Kenntnis der örtlichen Verhältnisse weit besser zu beurteilen, als es irgendein Staatsmann oder Gesetzgeber für ihn tun kann, welcher Erwerbszweig im Lande für den Einsatz seines Kapitals geeignet ist und welcher einen Ertrag abwirft, der den höchsten Wertzuwachs verspricht"[14].

Diese Annahmen werden ohne Beachtung der Veränderung zeitgeschichtlicher Umstände in die Lebensbedingungen der fortgeschrittenen Industriegesellschaft, ehemaliger Planwirtschaften oder ordnungspolitischer Zusammenhänge in der Entwicklungspolitik extrapoliert.

Bei seinen heutigen wirtschaftswissenschaftlichen Fachkollegen ist Adam Smith kaum bekannt als Philosoph, zum Beispiel mit seinem zweiten großen Werk – von Philosophen als Hauptwerk gesehen – „Die Theorie der ethischen Gefühle". Die religionsgeschichtlich/theologischen Hintergründe seiner Lehre sind noch schwieriger zugänglich, aber gleichwohl ökonomisch konstitutiv. Vor dem Hintergrund des englischen Deismus, dessen Lehre Smith zuzurechnen ist, bedeutete das freie Spiel der Kräfte, das Laisser-faire, Gott die Ehre zu geben, nicht in Gottes Schöpfung einzugreifen. Die Menschen sind nur Mitarbeiter der Schöpfung, um den Plan der göttlichen Vorsehung zu erfüllen. Der Garant des Laisser-faire und der „Unsichtbaren Hand des Marktes" war Gott selbst[15]. Heißt aber das Laisser-faire und staatliche

---

13 Smith, A.: Der Wohlstand der Nationen – Eine Untersuchung seiner Natur und seiner Ursachen. Hrsg. C. Recktenwald, 3.Aufl. München 1983; S. 17.
14 Smith, A. (1983); S. 371.
15 Vgl. Büscher, M.: Gott und Markt – Religionsgeschichtliche Wurzeln bei Adam Smith und die „Invisible Hand" in der säkularisierten Industriegesellschaft, in: Meyer-Faje, A./ Ulrich, P.(Hrsg.): Der andere Adam Smith – Beiträge zur Neubestimmung von Ökonomie als Politischer Ökonomie. Bern und Stuttgart 1991; S. 122ff.

Deregulierungspolitik in den fortgeschrittenen Industriegesellschaften nicht vielmehr: Dem Markt und seinen ökonomischen Gesetzen die Ehre geben?! Ist die Marktordnung von einer Teilordnung zur höheren Ordnung selbst geworden? Adam Smith ist nach wie vor zentral, aber es sollte vor einer Verehrung, die ihn nur als Autor der zitierten Stelle kennt, gewarnt werden. Wahrscheinlich hätte Adam Smith einige kritische Fragen an die Marktgläubigkeit einiger seiner wirtschaftswissenschaftlichen Nachfolger zu richten. Wenn Gott nicht mehr der Garant der funktionierenden Marktordnung ist, ist zu fragen, wer oder was an die Stelle treten kann. Die Rahmenbedingungen für die Funktionsfähigkeit eines Marktsystems haben die geistigen Väter des Ordoliberalismus besonders hervorgehoben.

3.2. Die sozialgeschichtlichen Voraussetzungen des Ordoliberalismus: Das Konzept der Sozialen Marktwirtschaft

Das Konzept der Sozialen Marktwirtschaft – von den geistigen Vätern als Dritter Weg gedacht mit sozial- und verteilungspolitischen Maßnahmen zur Vermeidung negativer Folgewirkungen des Marktsystems – ist in der Entstehungszeit entworfen als ein Versuch, Lebensordnung und Wirtschaftsordnung miteinander zu verbinden. Alfred Müller-Armack, Vordenker und dann auch Staatssekretär im Bundeswirtschaftsministerium für Wirtschaft unter Ludwig Erhard, faßt die Idee so zusammen:

> „Es liegt mir daran zu zeigen, daß die Soziale Marktwirtschaft von Anfang an nicht nur ein erfolgreiches Schlagwort war, sondern daß sie eine ausgearbeitete und durchdachte Theorie der gesellschaftlichen Gesamtordnung ist. Ich hätte mir gewünscht, daß die geistige Durcharbeitung dieses Gedankens auch in einem weiteren Kreise gründlicher erfolgt wäre. Nur allzu häufig begnügte man sich mit dem Hinweis auf das politische Gewicht dieser Konzeption, ohne bereit zu sein, an ihrer gedanklichen Fassung weiterzuarbeiten. (...) Die Soziale Marktwirtschaft ist eine Stilform des Wirtschafts- und Gesellschaftslebens"[16].

---

16 Müller-Armack, A.: Vorwort, in: Ders.: Wirtschaftsordnung und Wirtschaftspolitik – Studien und Konzepte zur Sozialen Marktwirtschaft und zur europäischen Integration. Freiburg 1966; S. 11., siehe auch Schlecht, O.: Die Genesis des Konzeptes der Sozialen Marktwirtschaft, in: Issing, O.(Hrsg.): Zukunftsprobleme der Sozialen Marktwirtschaft. Schriften des Vereins für Socialpolitik, N.F. Bd.116; Berlin 1981; S. 9ff. sowie Borchardt, K.: Die Konzeption der Sozialen Marktwirtschaft in heutiger Sicht, in: Issing, O. (1981); S. 33ff.

Erst wenn das Humanvermögen der Sozialen Marktwirtschaft ins Zentrum des wissenschaftlichen Denkens gestellt wird, können die Intentionen der geistigen Väter des Konzeptes konsistent zugeordnet werden.[17] Der Begriff des Humanvermögens ist als Ordnungsbegriff zu interpretieren.

Auch Walter Eucken als einer der Hauptvertreter der ordoliberalen Schule (Freiburger Schule) betonte – ausgehend von einer „Interdependenz der Ordnungen" (Staatsordnung, Rechtsordnung, Wirtschaftsordnung und Wettbewerbsordnung, Soziale Ordnung) – die starken normativen Komponenten: die Ordoliberalen suchten nach den Erfahrungen mit dem Laisser-faire-Kapitalismus, den Experimenten des wirtschaftspolitischen Interventionismus und des planwirtschaftlichen Kollektivismus nach einer Ordnungsform, die den einzelnen sowohl vor privater wie vor staatlicher Willkür schützen sollte[18]. Es ergeben sich die konstituierenden Prinzipien für eine Wettbewerbsordnung: ein funktionsfähiges Preissystem vollständige Konkurrenz, währungspolitische Stabilisatoren, offene Märkte, Privateigentum, Vertragsfreiheit, Haftung und Konstanz der Wirtschaftspolitik. In der sozialtechnischen Ausgestaltung umfassen die regulierenden Prinzipien Monopolaufsicht, Umverteilung, Korrektur der Wirtschaftsrechnung, Auffangen anomaler Angebotsreaktionen z.B. auf dem Arbeitsmarkt[19].

Spezifische zeitgeschichtliche Einflüsse haben diese Interdependenz der Ordnungen und das Modell des Ordoliberalismus geprägt, nämlich die Umstände der frühen Nachkriegszeit: die deutliche Abkehr von totalitären staatlichen Regelungen, die Konzentration auf Freiheit und Verantwortung des Individuums, die Situation krasser Mangelversorgung und die damit verbundenen unternehmerischen und technischen Herausforderungen, ethische „Rahmenbedingungen": „eine Menge Dinge, die menschliche Eigenwerte sind" (nach A. Rüstow): Kultur, Erziehung, Bildung, moralische und soziale Leitbilder, die Prinzipien von Solidarität und Subsidiarität, ein christliches Menschenbild schlechthin[20]. Neben den Ideen des Morgenthau-Planes für ein agrarisches Deutschland und denen des Personalistischen Sozialismus (Kreisauer Kreis) sind auch Stimmen aus der Gründerzeit wie die folgende zu finden:

---

17 Vgl. Krüsselberg, H.-G.: Humanvermögen in der Sozialen Marktwirtschaft, in: Klein, W. (Hrsg.): Soziale Marktwirtschaft: ein Modell für Europa; Festschrift für Gernot Gutmann. Berlin 1994; S. 33; entsprechende Schlüsselbegriffe lassen sich den einzelnen Repräsentanten zuordnen: „Einheit des Menschen" (Erhard, Müller-Armack), „Einheit der Ordnungen" (Eucken), „Vitalpolitik" (Röpke).
18 Vgl. Starbatty, J.: Ordoliberalismus, in: Issing, O.(Hrsg.): Geschichte der Nationalökonomie. München 1984; S. 188f.; vgl. für die jüngere Diskussion Lampert, H./ Bossert, A.: Die Soziale Marktwirtschaft – eine theoretisch unzulänglich fundierte ordnungspolitische Konzeption?, in: Hamburger Jahrbuch für Wirtschafts- und Gesellschaftspolitik Vol.32 (1987); S. 109ff.
19 Vgl. Starbatty, J. (1984); S. 194.
20 Vgl. Lenel, H.O.: Alexander Rüstows wirtschafts- und sozialpolitische Konzeption, in: ORDO, Bd.37 (1986); S. 46ff. und die weiterführenden Hinweise.

„Das kapitalistische Wirtschaftssystem ist den staatlichen und sozialen Lebensinteressen des deutschen Volkes nicht gerecht geworden. Nach dem furchtbaren politischen, wirtschaftlichen und sozialen Zusammenbruch als Folge einer verbrecherischen Machtpolitik kann nur eine Neuordnung von Grund aus erfolgen. Inhalt und Ziel dieser sozialen und wirtschaftlichen Neuordnung kann nicht mehr das kapitalistische Gewinn- und Machtstreben, sondern nur das Wohlergehen unseres Volkes sein".

Das Zitat stammt aus dem „Ahlener Programm" der CDU von 1947. So wie häufig Adam Smith verkürzt wahrgenommen wird, wird auch das Konzept der Sozialen Marktwirtschaft – wie manche Kritiker sagen: tragischerweise – nur in der ökonomisch-sozialtechnischen Ausformung erfaßt. Ein gewisses Defizit besteht in der Einbeziehung der geistes-und sozialgeschichtlichen Grundlagen der Konzeption.

Das soziale Element im methodischen Konzept der Sozialen Marktwirtschaft umfaßt die sozialpolitische Komponente einerseits *und* die sozialgeschichtliche Dialektik andererseits.

Wird der historischen, am Humanvermögen orientierten Offenheit in angemessenem Maße Rechnung getragen? Einige Stichpunkte für soziale Veränderungen aus der Anfangs- und der späteren Phase der Sozialen Marktwirtschaft können schlaglichtartig genannt werden: Die Entwicklung zur Wohlstands-/Überflußgesellschaft, das Wachstum, die Internationalisierung und die Vermachtung der Wirtschaft, soziale und ökologische Folgen durch die Art und Weise des Wirtschaftens, die in den Berichten des Club of Rome, der Brundtland-Kommission oder „Global 2000" erfaßt sind, zunehmende Kritik an Sachzwängen und Eigengesetzlichkeiten der Wirtschaft, Verlust eines Wertekonsenses in der Gesellschaft, geistig/soziale Orientierungslosigkeit und Wertewandel, Veränderungen und Infragestellung gesellschaftlicher Institutionen wie Parteien, Wissenschaft und Kirchen. Die ursprünglichen marktwirtschaftlichen Ideen und Konzepte bleiben, obwohl sich die soziale Rolle der Produktivkräfte grundlegend verändert hat. Man muß heute fragen, ob die Umweltschutzproblematik, eine sich weiter öffnende Schere zwischen Sinn und Funktion der Arbeit oder geringfügige Produkt- und Produktivitätsverbesserungen in immer enger werdenden Marktnischen von dem Gründerkonzept der Sozialen Marktwirtschaft noch aufgegriffen werden können. Dies gilt auch für Veränderungen in der Wirtschaftsgesinnung, vielleicht auch für den vielseits zu hörenden Ruf nach Wirtschaftsethik als ein Indikator für diesen Veränderungsprozeß. In den Worten des Philosophen Manfred Riedel: „Ethik kommt als Krisenreflexion auf den Weg"[21]. Der soziale Wandel in den Rahmenbedingungen der Sozialen Marktwirtschaft erfordert in ihrem eigenen regionalen und historischen Entstehungszusammenhang heute ordnungspolitische Anpassung.

---

21 Riedel, M.: Norm und Werturteil – Grundprobleme der Ethik. Frankfurt 1979; S.8.

4. Zu einer zeitgemäßen Marktwirtschaft : Pluralistischer Liberalismus

Welchen erweiterten, *zeitgemäßen* Konstituierungsgesichtspunkten ist die neoliberale Interpretation der Sozialen Marktwirtschaft gegenüberzustellen? Methodisch wird im folgenden der Vergleich des wirtschaftlich interpretierten Liberalismus mit einem den sozialen Wandel berücksichtigenden, *pluralistischen* Liberalismus vorgeschlagen. Wesentliche Elemente der normativen Vorverständnisse werden dazu miteinander verglichen.

Solange eine umfassende Ethik der Marktwirtschaft in Rahmenbedingungen gewährleistet ist, bedarf es keiner besonderen Ordnungspolitik zur Steuerung des Wirtschaftssystems nach den ethisch-politischen Vorgaben. Wenn aber die gegebenen Rahmenbedingungen allein nicht mehr Ökologie- und Sozialverträglichkeit garantieren,[22] müssen Verfahrensänderungen der ordnungspolitischen Gestaltung und wirtschaftspolitischen Entscheidungsfindung regional oder überregional realisiert werden. Der institutionelle Schwerpunkt liegt dabei auf der Ebene von Ordnungspolitik als Gesellschaftspolitik, auf der souveräne Gemeinwesen Rahmenbedingungen und jenseits von Angebot und Nachfrage liegende Zielvorgaben ihrer Wirtschaftspolitik definieren und umsetzen.

In der Betriebswirtschaft werden die normative, die strategische und die operative Ebene der Unternehmenspolitik unterschieden.[23] Zur Klärung des gesamtwirtschaftlichen Ansatzpunktes ist es möglich, ebenso zwischen *Ebenen* des gesamtwirtschaftlichen Handlungs- und Entscheidungsrahmens zu trennen. Eine gesamtwirtschaftliche Erweiterung des betriebswirtschaftlichen Unterscheidung würde umfassen:

- Produktion/Management der Ressourcenverwendung/Unternehmen
- Allokation/Markt
- Gesellschaftliche Integration/Verteilung

Auf der letztgenannten Ebene können ordungspolitische Vorschläge ansetzen. In der wissenschaftlichen Politikberatung wird über die Zurückweisung von wirtschaftspolitischen Vorschlägen durch Berater aus der Wirtschaftswissenschaft als „politisch nicht realisierbar" geklagt. Politik wird aus der Sicht der wirtschaftspoliti-

---

22 Vgl. v.Weizsäcker, E.U. (1990); S. 179f., S. 182f. und Linke, M.: Demokratische Gesellschaft und ökologischer Sachverstand: Kann die Demokratie die ökologische Krise bewältigen, oder brauchen wir eine „Ökodiktatur"? Beiträge und Berichte des Instituts für Wirtschaftsethik der Hochschule St.Gallen, Nr.43. St.Gallen 1991;, S. 15ff.
23 Vgl. für die betriebswirtschaftliche Ebene Ulrich, P./Fluri, E.:Management – Eine konzentrierte Einführung. 6.Aufl. Bern, Stuttgart 1992; S. 53ff.

Wirtschaftlicher und pluralistischer Liberalismus

Ordnungspolitische Kategorien	Wirtschaftsgesellschaft	Pluralistische Gesellschaft
Sozialer Wandel	Marktwirtschaftlicher Erneuerungsprozeß wegen Renaissance freiheitlicher marktwirtschaftlicher Werte (Zusammenbruch der Planwirtschaft, Realisierung des weltgrößten Binnenmarktes in EG)	Ökonomisierung der Lebenswelt, Zunahme externer Effekte, Wertewandel, Paradigmenwechsel, Individualisierung der Gesellschaft, Verlust von Traditionen, Soziale Kälte, Leistungsgesellschaft
Rahmenordnung	Konstant, hat funktionierendes Preissystem und wirksamen Wettbewerb zu sichern	Sozialer Wandel schafft neue Rahmenbedingungen; Ordnungspolitik muß mit neuen Institutionen darauf eingehen
Staat, Gemeinwesen	Staat beschränkt sich auf die Gestaltung der Rahmenordnung, punktuelle Eingriffe sollen unterbleiben	Staat schafft Voraussetzungen für Markt und Wettbewerb, Suche nach neuen Formen selektiver Wettbewerbsbegrenzung
Privatisierung/ Hoheitliche Aufgabe	Unnötige Einschränkungen individueller Freiheit, Aufgaben privatisieren (Verkehr, Telekommunikation, Energieversorgung)	Staat hat Unverfügbares zu schützen, tendenziell Erhöhung der Gemeinwesenverantwortung
Freiheit	Monistischer Freiheitsbegriff	Dialektischer, zu qualifizierender Freiheitsbegriff
Menschenbild	Selbstverantwortliche Mündigkeit (I/Ich)	Sozialkritische Mündigkeit Gesellschaftlicher Mitverantwortung (I & WE)
Gemeinwohlkonzeption	Liberalismus entspricht Wirtschaftsliberalismus, Wettbewerb als Harmonisierungsinstrument	Wegen Autonomie des Wirtschaftsliberalismus Wiederankoppelung an Lebenswelt
Wirtschaftswissenschaft	Zwei-Welten-Konzeption, Politik und Ethik getrennt von Wirtschaft, definiert in Datenkranz	Neubestimmung von Ökonomie als Politischer Ökonomie, Modernisierung normativer Fundamente
Sozialindikatoren	Ökonomisch, z.B. Bruttoinlandsprodukt pro Kopf	Krisenerscheinungen in externen Effekten

schen Beratung zum Handeln „wider besseres Wissen" – Wirtschaftspolitik fördere theorie- und konzeptionslose „Ad-hocerie".[24] Solche interessengeleitete, unsystematische Ad-hocerie gab Anlaß zur Entstehung von demokratietheoretischen und bürokratietheoretischen Analysen der Neuen Politischen Ökonomie. Dabei wurde aber die andere Seite vernachlässigt, inwieweit eine realistische Politikberatung die realen wirtschaftspolitischen Bedingungen mit in die Beratung einzubeziehen hat.

Die Enttäuschungen der Politikberatung könnten auch als ein Indikator für die Entfremdung der Theorie der Wirtschaftspolitik von der (wirtschafts-) politischen Realität gewertet werden. Damit wäre auf eine prinzipielle Schwäche der Politikberatung selbst verwiesen statt auf nicht „rational" handelnde Politiker. Wenn es sich bei solchen Defiziten nicht nur um einzelne Ausnahmen handelt, so ist die „reine" Rationalität der ökonomischen Politikberatung selbst auf ihre Realitätsnähe zu befragen. Es bedarf also auch neuer Formen der Politikberatung.

> „Perhaps the greatest political question of development is whether it is possible to break privilege without revolution, or rather how it is possible to do so, for one of the side effects of revolution is almost invariably economic decline... What we need in the process of economic development is someone with Keynes's flair for combining progressive policies with conservative predilections. We need a true radical who seeks and finds the levers of change in entitlements that do not destroy economic prospects. (...) There are ways of pressing for less privilege and more participation which do not look like Anglo-Saxon democracy but are nevertheless effective".[25]

Solch ein Prozeß wird durch ordnungspolitische Grundentscheidungen oder durch das Beharren auf „rein" ökonomischen oder „rein" moralischen Prinzipien nicht belebt. In dem Sinne des Zitats nähme die Soziale Marktwirtschaft Gestaltungselemente einer „Pluralistischen Marktwirtschaft" auf.

---

24 Vgl. Bonus, H.: Information und Emotion der Politikberatung – Zur politischen Umsetzung eines wirtschaftstheoretischen Konzeptes, in: Zeitschrift für die gesamte Staatswissenschaft, Vol.38 (1982); S. 3ff., Gäfgen, G.: Wissenschaftliche Beratung der Politik: Die Erfahrung der Ökonomen, in: Wissenschaftlich Pharmazeutische Studiengesellschaft (Hrsg.): Wissenschaftliche Beratung und Politik: Probleme und Erfahrungen. Mainz 1987; S. 12ff. und Cassel, D. (1988); S. 319f.
25 Dahrendorf, R.: Diskussionsbeiträge, in: Roberts, B.: Participation: A Pragmatic Agenda for the 1990s. The Report of the Second Annual Center for Strategic and International Studies (CSIS) International Leadership Forum. Washington D.C. 1987; S. 15, S. 17.

5. Ein konzeptioneller Vorschlag: Der ordnungspolitische Rat

Wie könnten andere Rahmenbedingungen gesellschaftlich bestimmt werden? In einem eher traditionellen ökonomischen, aber auch ordnungspolitisch ansatzweise die strukturellen Zusammenhänge betonenden Rahmen sind institutionelle Einrichtungen wie beispielsweise der neue National Economic Council (NEC) in den USA, Regionalplanungskommissionen in Brasilien und anderen Entwicklungsländern oder das bereits erwähnte MITI in Japan zu sehen. Ordnungspolitisch weiterführend sind entsprechende halbstaatliche Institutionen zwischen Staat und Individuen, die auf einer institutionellen Meso-Ebene auch gesellschaftliche Interessengruppen und Organisationen des öffentlichen Lebens zu einem ordnungspolitischen Willensbildungsprozeß zusammenbringen.[26] Die Idee der Konzertierten Aktion wie in der frühen Phase der Sozialen Marktwirtschaft dient dazu als Leitmotiv und muß weiterentwickelt und institutionalisiert werden. Die Beteiligten an einer solchen Einrichtung – nennen wir sie einen *ordnungspolitischen Rat*[27] – würden eine Formulierung ordnungspolitischer Eckdaten vornehmen und eine politische Neugestaltung der Rahmenbedingungen der Marktwirtschaft ermöglichen, innerhalb derer sich die Produktivität und Innovationskraft einer Marktwirtschaft entfalten kann.[28]

Welche Konfliktfelder entstehen bei der Institutionalisierung solcher pluralistischen Entscheidungsverfahren? Ordnungspolitische Korrektheit – im Unterschied zu punktueller Intervention – ist durch die *politische Gestaltung der Rahmenbedingungen* gegeben, die nicht einen dauernden Eingriff in den Marktprozeß zum Ziele hat, aber auch die Rahmenordnung nicht ein für alle Mal unberührt läßt.

Angesichts deregulierungs- und angebotsorientierter Wirtschaftspolitik, die vom Kriterium der Erhaltung und Verbesserung internationaler Wettbewerbsfähigkeit

---

26 Vgl. dazu die Makroplanung in Japan durch das Ministry of International Trade and Industry (MITI), Kevenhörster, 1973, S. 15ff., Okimoto, 1989; S. 8ff. Goetz Briefs spricht auch von einer dritten Phase des Liberalismus, die des „pluralistischen Laissez faire" (Briefs, G. (Hrsg.): Laissez-faire-Pluralismus. Berlin 1966), vgl. Boelcke, W.A. (1978); S. 45, 47.
27 Dieser Gedanke wurde in einem Abschnitt einer an der Hochschule St. Gallen eingereichten, bisher unveröffentlichten Habilitationsschrift näher entfaltet.
28 Die Bildung von Wirtschafts- und Sozialräten in Deutschland und Nachbarländern ist historisch kein Novum: Im wilhelminischen Deutschland Volkswirtschaftsrat unabhängig vom Parlament (Bismarck), ähnliche Ansätze auch in der Schweiz und in Italien um die Jahrhundertwende, vgl. Vieler, A.: Interessen, Gruppen und Demokratie – Eine sozialökonomische Untersuchung über den Einfluß von Interessenverbänden auf wirtschaftspolitische Entscheidungen. Tübingen 1986; S. 183ff.; Schröder, H.J.: Gesetzgebung und Verbände. Berlin 1976; S. 155ff. sowie im Sinne eines reinen Wirtschaftsrates Eastham, H.C.: The Economic Council's Third Annual Review. Toronto 1967; S. 15ff. Im Rahmen des Stabilitätsgesetzes in Deutschland existierte neben der Konzertierten Aktion auch die Idee eines „Konjunkturrates", vgl. Tietzel, M. (1988); S. 82.

geleitet ist, kommt der Gestaltung der außenwirtschaftlichen Beziehungen eine zentrale Rolle zu. Die Gestaltung außenwirtschaftlicher Beziehungen gewinnt an Gewicht angesichts verstärkter Ordnungslosigkeit der Weltwirtschaftsordnung,[29] in einer Situation, in der international nicht eine Regionalisierung oder Nationalisierung, sondern die weitere „Befreiung" der Märkte zu verfolgen ist und sich eigengesetzliche Wettbewerbsmechanismen auch auf die Konkurrenz zwischen Nationen erstrecken.[30] Außenwirtschaftlich könnte ein pluralistisch besetzter ordnungspolitischer Rat zu einer Regionalisierung oder Renationalisierung führen, die auf gesamtwirtschaftlicher Ebene den Sachzwang der internationalen Wettbewerbsfähigkeit als Rahmenbedingung in Frage stellt, differenziert und umbewertet.

Ein ordnungspolitischer Rat würde diese öffentliche Meinung nicht autoritär und staatlich „managen", sondern repräsentative, die öffentliche Meinung wiedergebende Interessengruppen in einem dafür geeigneten Forum selbst zu Worte kommen lassen. Das bedeutet demokratische makroökonomische Planung, jedoch nicht durch eine quasi-planwirtschaftliche Zentralinstanz. Durch eine demokratisch-pluralistische Institution ist auch die Frage wirtschaftlicher Macht demokratisch institutionalisiert, die der Tradition des Deutschen Grundgesetzes durchaus eine stärkere Gemeinwohlbindung erhalten könnte.

Es handelt sich bei der Idee des ordnungspolitischen Rates um eine ordnungspolitische Umsetzung und institutionelle Weiterentwicklung des diskursethischen Prinzips. Das ethisch-normative Element besteht in der Etablierung eines Kommunikationsprozesses. Diese Etablierung wird nötig, weil die Vorstellung einer idealen Kommunikationsgemeinschaft selten realistisch ist. Sofern das Ergebnis offen bleibt, handelt es sich um ein formales demokratisches Argument, das sowohl einem demokratischen Gemeinwesen mit mündigen Bürgern Rechnung trägt als auch die Komplexität und Gebundenheit an Ort und Zeit von wirtschaftspolitischen Entscheidungen berücksichtigt. Für die politische Entscheidung ergibt die Idee des ordnungspolitischen Rates ein formales Verfahren, dessen inhaltliche Ausrichtung durch den Pluralismus der beteiligten Interessen- und Einflußgruppen gekennzeichnet ist. Der Vorschlag enthält – wie in vorigen Abschnitten entwickelt und erläutert – sowohl Elemente der individualistischen als auch der strukturellen Ethik. Er verbindet damit

---

29 Vgl. Sautter, H.: Weltwirtschaftsordnung, in: Handwörterbuch der Wirtschaftswissenschaft (HDWW); S. 857. Auch für den weltwirtschaftlichen Zusammenhang werden ähnliche Vorschläge diskutiert (UN – „Our Global Neighbourhood"): Vorschlag der Gründung eines „ökonomischen Sicherheitsrates", dem die Aufgaben Analyse der Lage der Weltwirtschaft, Entwicklung von Grundlagen für eine nachhaltige Wirtschaftspolitik, Koordination der Tätigkeiten internationaler Organisationen zugedacht sind, vgl. Tagesanzeiger Zürich, 28. Januar 1995.
30 Vgl. z.B. Kindleberger, Ch.: The International Economic Order. Essays on Financial Crisis and International Public Goods. Cambridge 1988; S.121., Cassel, D. (1988); S. 328f. und Bhagwati, J.: The World Trading System at Risk. Princeton 1991.

auch im Sinne eines Dritten Weges formale Elemente, die jedoch in Form einer pluralistisch-demokratischen Makroplanung auf marktwirtschaftlicher Grundlage basieren, aber nicht eine Marktwirtschaft in Bausch und Bogen begründen will. Im regionalen oder nationalen ordnungspolitischen Rat können die Interessen von lokaler Administration und Bevölkerung, Konsumentenverbänden, Umweltschutzorganisationen, Gewerkschafts- und Unternehmensvertretern sowie staatlicher Instanzen höher gelagerter Ebene konfrontiert und koordiniert werden. Damit geht eine institutionelle Erweiterung der ökonomischen „Sache" einher.

Wie könnte sich solch ein Rat genauer zusammensetzen? Zu denken ist an Konsumentenvereinigungen, Umweltschutzorganisationen, Vertreter von Unternehmen und Gewerkschaften, Wohnbevölkerung, lokale Verwaltung und Parteien, Kirchen, wissenschaftliche Experten etc. In Anlehnung an die Unterscheidung der institutionellen Ebenen würde das die Einrichtung halbstaatlicher Gesellschaften, intermediärer Körperschaften bedeuten, deren Organisation und Besetzung institutionell erweiterte Modelle des „Runden Tisch", der Konzertierten Aktion oder Sozial- oder Solidarpakte aufnimmt.[31] In gesamtwirtschaftlichen Fragen würden nicht Individuen als Repräsentanten fungieren, sondern Vertreter von gesellschaftlichen Interessengruppen und Institutionen in wirtschaftspolitischen Entscheidungen. Der ordnungspolitische Rat sollte periodisch – ähnlich dem MITI – in regelmäßigen Abständen von ein bis drei Jahren gesamtwirtschaftliche Ziele interessenpluralistisch definieren.

Einem ordnungspolitischen Rat fehlen bisher trotz verschiedener Strömungen, die eine solche Idee empirisch nicht völlig abwegig erscheinen lassen, die konkreten institutionellen Voraussetzungen. Die entfaltete Argumentation versuchte, aus einer ökonomisch-ordnungspolitischen Perspektive die Relevanz neuer Ansatzpunkte, institutioneller Ebenen und theoretisch denkbare Weiterentwicklungen aufzuzeigen.

Wo könnten solche Entscheidungsverfahren auf bestehende Institutionen auf der Verbandsebene zurückgreifen? Zu denken wäre an KonsumentInnenorganisationen und Umweltschutzorganisationen, die im Verhältnis zu Produzentenorganisationen (z.B. Arbeitgeberverband) und anderen Verbänden der Industrie einen geringeren Organisationsgrad aufweisen. Ein ordnungspolitischer Rat würde über die Idee eines Umweltrates hinausgehen, innerhalb dessen die Gefahr besteht, Umweltverantwortung zu „delegieren", aber den Grundgedanken aufgreifen. Keinesfalls ausreichend ist der Sachverständigenrat zur Begutachtung der gesamtwirtschaftlichen Entwicklung als Forum zur Verbindung von wirtschaftswissenschaftlicher Erkenntnis und

---

31 Vgl. Lehner, F.: Pluralistische Interessenvermittlung und staatliche Handlungsfähigkeit: Eine ordnungspolitische Analyse, in: Alemann, U.v./ Forndran, E.(Hrsg.): Interessenvermittlung und Politik. Opladen 1983; S. 102ff., Thayssen, U.: Der runde Tisch oder: Wo blieb das Volk? Der Weg der DDR in die Demokratie. Opladen 1990; S. 15ff., Bermbach, U./Nuscheler, F. : Einleitung, in: Dies. (Hrsg.): Sozialistischer Pluralismus – Texte zur Theorie und Praxis sozialistischer Gesellschaften. Hamburg 1973; S. 20f.

praktischer Wirtschaftspolitik. Das wäre ein formal möglicher (und ursprünglich wahrscheinlich ausreichender), aber nach wie vor rein ökonomischer und historische Veränderungen übersehender Schritt zu einem makroökonomischen Element in der Ordnungspolitik der Marktwirtschaft. Primär geht es dort um die Einbeziehung wissenschaftlicher Erkenntnisse, weniger um politisch-institutionelle Partizipation und Koordination der wirtschaftspolitischen Entscheidungsfindung,[32] aber gerade im Kern der ökonomischen „Sache" wären pluralistische Elemente zu verankern.[33]

Sozio-ökonomisch isolierende Konzepte, die Beschränkung von Problemwahrnehmungen in einer Unternehmensperspektive und mangelnde Kreativität und Erfahrung in der Gestaltung von sozialen und ökologischen „Umweltbeziehungen" lassen Alternativen unausgeschöpft, die mit gewissen institutionellen Voraussetzungen neue wirtschaftliche Horizonte eröffnen würden. Auch Tarifverhandlungen oder die Gestaltung eines Sozialpaktes gewinnen neue Handlungsspielräume, wenn andere makroökonomische Vorgaben bestehen als die an der Orientierung an internationaler Wettbewerbsfähigkeit. So bleibt das gesellschaftspolitisch-ordnungspolitische Element der Gestaltung von Strukturen weitgehend ungenutzt und Horizonte einer pluralistischen, kontextuell spezifischen Um- oder Neugestaltung bleiben unentdeckt.

Die Idee eines ordnungspolitischen Rates ist für solche Strukturprozesse als ein Leitbild zu verstehen, das ordnungspolitische Modelle weiterentwickelt und mit wirtschaftsethischen Erkenntnissen verbindet. Der ordnungspolitische Rat steht im Schnittfeld von Marktwirtschaft und Politischer Ökonomie und ist eine Umsetzungsmöglichkeit des Anliegens, zwischen Lebenswelt und System sowie sozio-ökonomischem Wandel von Rahmenbedingungen und Markt zu vermitteln. Diese Vermittlung kann nur dann erfolgreich sein, wenn angesichts fortschreitender Deregulierungstendenzen die Ordnungspolitik ihre konstitutive Aufgabe der gesellschaftspolitischen Rollenzuweisung des Marktes in Wiederaufnahme ordoliberalen Denkens zur Neugestaltung der Rahmenbedingungen der Marktwirtschaft makroökonomisch umsetzen kann.

---

32 Siehe die Idealisierung eines solchen Sachverständigenrates durch Pankov, V. (1990); S. 121f.
33 Aber nicht nur für die makroökonomische Gestaltungsebene, sondern auch zur analytischen Erweiterung der ökonomischen Sache wäre es nötig, die gesellschaftliche Zieldiskussion mit in den Rat zu integrieren, dessen Aufgaben mit seinem „magischen Viereck" der Wirtschaftspolitik unter den Rahmenbedingungen der Frühphase der Sozialen Marktwirtschaft definiert wurden.

Organisatorische Aspekte des Handelns in gesundheitsbezogenen Selbsthilfegruppen

Dieter Grunow

1. Einführung

Der Titel des Beitrages weist bereits darauf hin, daß im folgenden das Wirtschaften oder wirtschaftliche Handeln nicht im Mittelpunkt der Ausführungen steht. Betrachtet wird vielmehr eine bestimmte Form der Bearbeitung gesellschaftlich relevanter Aufgaben; und zwar der Gesunderhaltung und Krankheitsbewältigung der einzelnen Bevölkerungsmitglieder. Die näher zu betrachtenden Gesundheitsselbsthilfegruppen (GSHG) stellen dabei eine neuere Form der Selbstorganisation und Netzwerkbildung dar. Der Beitrag versucht, die Stärken und Schwächen, die Leistungsmöglichkeiten und -grenzen dieser mikrosozialen Gebilde zusammenfassend zu beschreiben. Die Frage, ob dies exemplarische Muster sein können, die auch für das demokratische Wirtschaften anwendbare Modalitäten enthalten, wird nur am Rande erörtert. Dies schließt jedoch nicht aus, daß die in diesen Gruppen praktizierte kooperative Problembearbeitung einen erheblichen wirtschaftlichen Leistungsfaktor darstellt.

Um die Bedeutung des Faktors Selbsthilfe aufzuzeigen, wird zunächst von einer breiteren Perspektive, der Gesundheitsselbsthilfe insgesamt, ausgegangen. Diese läßt sich etwa folgendermaßen definieren:

> „Gesundheitsselbsthilfe ist eine individuelle Eigenleistung und gegenseitige Hilfeleistung, die im Alltag zur Gesunderhaltung und zur Krankheitsbewältigung erbracht wird; sie beruht auf der praktischen Erfahrung der Bevölkerung und wird unentgeltlich und informell (meist ohne feste Organisationsform) in der Familie, am Arbeitsplatz, im Freundeskreis, in der Nachbarschaft und in Selbsthilfegruppen erbracht" (vgl. Grunow u.a. 1983, S.14).

Die Gesundheitsselbsthilfe ist allerdings nicht nur in dem differenzierten Netz primär-sozialer Netzbeziehungen verankert. Die von Netzmitgliedern erbrachte informelle Selbsthilfe verweist auf das kontrastierende Konzept „professioneller und organisierter Fremdhilfe". Ein wesentliches Element jeder Kennzeichnung von Gesundheitsselbsthilfe muß also zugleich die Grenzziehung einerseits und die Verbindungslinie andererseits zur professionellen Fremdhilfe berücksichtigen. Angesichts der im Aufgabenbereich Gesundheitserhaltung und Krankheitsbewältigung vorhandenen Domäneinteressen und -konflikte (vor allem um finanzielle Ressourcen) empfiehlt es sich, auf detaillierte empirische Tatbestände zurückzugreifen. Dabei wird allerdings rasch deutlich, daß (zumindest im Bereich der amtlichen Statistik) die gesellschaftlich erbrachten Leistungen für den Bereich Gesundheit/Krankheit sehr asymmetrisch dokumentiert und bewertet werden: Fast immer stehen die professionell erbrachten Dienstleistungen und die dafür erforderliche Infrastruktur im Mittelpunkt der „Leistungsbilanz"; das Laienpotential bzw. die Gesundheitsselbsthilfeleistungen werden in der Regel gar nicht berücksichtigt (vgl. zusammenfassend: Grunow 1994).

Wie weit diese Form der Leistungsbewertung von den empirisch faßbaren Realitäten entfernt ist, zeigt folgendes Untersuchungsergebnis (Forschungsverbund 1987, S. 36): Bei der Befragung eines Teils einer Bevölkerungsstichprobe mit Hilfe eines sogenannten Gesundheitstagebuches wurden insgesamt 6943 Personentage erfaßt und im Hinblick auf gesundheits- oder krankheitsbezogene Aktivitäten charakterisiert. An 2033 Personentagen traten Beschwerden oder Befindlichkeitsstörungen bei den betrachteten Personen auf. Nur in etwa einem Drittel dieser Fälle (656) wurden Dritte an der „Bearbeitung" bzw. „Bewältigung" der aufgetretenen Beschwerden und Beeinträchtigungen beteiligt. Der weit überwiegende Teil der auf diese Weise Mitwirkenden (428; das entspricht etwa zwei Drittel) bestand aus Haushaltsmitgliedern; 64 weitere Personen stammten aus dem erweiterten sozialen Netz der betroffenen Personen; *in nur 66 Fällen wurden Professionelle hinzugezogen* (wozu jedoch nicht nur Ärzte, sondern auch z.B. Krankenschwestern und andere Personen rechnen). Bezieht man diese Beteiligung der Professionellen an der Bekämpfung der Beschwerden und Beeinträchtigungen auf die Tage mit solchen Beschwerden, *so ergibt sich ein Anteil von nur 3%, an dem die Professionellen beteiligt sind.*

Diese und vergleichbare Ergebnisse führen zumindest in der Frage der Häufigkeit der Nutzung bestimmter Hilfeleistungen bzw. der Eigenaktivierung zu der Feststellung, daß Gesundheitsselbsthilfe das alltägliche, weitverbreitete, quantitativ dominierende Phänomen ist; professionelle Fremdhilfe dagegen ist das eher seltene, unter sehr spezifischen Bedingungen realisierte Phänomen (Grunow 1981). Anders ausgedrückt: Das professionelle System zur Gesundheitsversorgung sieht allenfalls die kleine Spitze des Eisberges von Beschwerden und Befindlichkeitsstörungen, mit denen es die Bevölkerung alltäglich zu tun hat. Ohne daß hier konkrete Zahlen vorgelegt werden können, läßt sich leicht das ökonomische Gewicht dieser Gesundheitsselbsthilfe nachvollziehen: Würde man die beteiligten Dritten aus dem sozialen Netz ausschließlich durch Professionelle ersetzen, so müßte man ein Zehnfaches der bisherigen professionellen Beteiligung organisieren. Würden darüber hinaus die betroffenen Personen jede Eigenaktivität vermeiden, sich vollständig passiv verhalten und auf externe professionelle Hilfe warten, so würde dies den Umfang professioneller Hilfeeinsätze verdreißigfachen. Diese quantitativen und damit auch ökonomischen Dimensionen werden gegenwärtig ansatzweise nur bei der Betrachtung der Hilfen im sozialen Netz bei Pflegebedürftigkeit „gewürdigt". Hier läßt sich auch leicht ausrechnen, welche ökonomischen Konsequenzen eine Einweisung aller Pflegebedürftigen in Pflegeheime haben würde.

Eine solche quantitative Betrachtung ist insofern unzureichend, als sie die Frage außer acht läßt, ob und in welchem Umfang oder unter welchen Bedingungen die Leistungen der Gesundheitsselbsthilfe (in den verschiedenen Formen und Netzkonstellationen) durch professionelle Hilfe substituiert werden können. Aufgrund vorliegender empirischer Studien kann festgestellt werden, daß der größte Teil der Gesundheitsselbsthilfe *gar nicht* substituierbar ist, daß ein Teilbereich substituierbar ist (wobei über die Kosten der Substitution hier nicht gesprochen wird) und daß darüber hinaus zu beachten ist, daß selbst für die Kerndomänen des professionellen gesundheits- und krankheitsbezogenen Handelns eine Mitwirkung (sog. „Koproduktion") der betreffenden Personen (Patienten) erforderlich ist – dies gilt (nach Studien von Weingarten u.a.) selbst für die Extremsituation „Intensivstation". Als Fazit bleibt festzustellen, daß selbst bei Vorhandensein entsprechender räumlicher, personeller und finanzieller Ressourcen eine vollständige Substitution aus qualitativen Gesichtspunkten nicht möglich ist (vgl. dazu Forschungsverbund 1987). Dies wird im Hinblick auf die noch näher zu beschreibenden GSHG detailliert erläutert.

Versucht man die Formen der Gesundheitsselbsthilfe unter Beachtung ihrer makroorganisatorischen Kontexte (sog. sekundäre Systeme) zu kennzeichnen, so reicht eine Kontrastierung mit professioneller Fremdhilfe nicht aus. In einem globalen Gesellschaftskontext ist – zumindest für die Bundesrepublik Deutschland – der Bereich der professionellen Fremdhilfe in den sogenannten dritten Sektor eingebunden. Als Bezugspunkte für das Handeln in den Privathaushalten und ihren weiteren sozialen Netzstrukturen müssen neben dem dritten Sektor auch das Wirtschaftssystem und das politisch-administrative System berücksichtigt werden (vgl. Hegner 1979; Breitkopf/Wohlfahrt 1990). Die Art und Weise, wie mikrosoziale Netze sich entwickeln, organisieren und untereinander kooperieren, hängt nicht zuletzt von diesen drei Wechselbeziehungen (mit Staat, mit Privatwirtschaft und mit dem dritten Sektor) ab. Dabei geht es u.a. um die wechselseitigen Leistungsverhältnisse: Wer erbringt oder erhält welche Leistung von welchem Sektor? Beachtenswert ist, daß die primären sozialen Netze keineswegs dominierend oder gar ausschließlich Empfänger bzw. Nutznießer von Leistungen der Sekundärsysteme sind. Sie tragen durch ehrenamtliche Tätigkeiten (mit Blick auf den dritten Sektor), durch Bürokratieüberwälzung (im Hinblick auf den staatlichen Sektor) und durch die Arbeitskraft bzw. die Ablieferung von Arbeitsleistungen (im Hinblick auf den Wirtschaftssektor) entscheidend zur Leistungsfähigkeit dieser Sektoren bei. Die Leistungen der primär sozialen Netze betreffen also nicht nur die Bewältigung eigener Probleme und Anforderungen, sondern sind vor allem eine Frage der Leistungsfähigkeit im Hinblick auf die sekundären gesellschaftlichen Systeme (vgl. Schulz-Nieswandt 1989).

Im Rahmen dieses Makromodells sind die SHG außerhalb der Privathaushalte angesiedelt, zwar mit enger Beziehung zu den anderen sozialen Netzstrukturen, aber auch mit wichtigen Verbindungslinien zu den drei anderen Sektoren. Insofern läßt sich davon sprechen, daß die GSHG in einem „Viereckverhältnis" zwischen Staat, Wirtschaft, drittem Sektor und Privathaushalten angesiedelt sind. Konkret bedeutet dies, daß sich diese Gruppen zum Teil im Kontrast oder Konflikt zu den vier Sektoren entwickeln, zum Teil aber auch enge Verbindungen mit ihnen etablieren (z.B. durch organisatorische und technische Unterstützung, durch Finanztransfers u.a.). SHG sind dementsprechend nur partiell autonome „grassroots"-Entwicklungen. Sie sind das Ergebnis von Kräfteverhältnissen und Konflikten ebenso wie von Potentialen und Leistungsmängeln der vier Sektoren.

2. Selbsthilfegruppen: Entstehungsgründe und Ausprägungsformen

Angesichts der zuvor beschriebenen Plazierung von SHG im Kontext der vier Sektoren ist eine klare begriffliche und damit dann auch gegenstandsbezogene Abgrenzung kaum möglich. Dies hängt zum einen mit der Änderungsdynamik und „Flüchtigkeit" des Phänomens „Selbsthilfegruppen" zusammen. Sowohl die inhaltlichen Anliegen als auch die konkreten mikroorganisatorischen Erscheinungsformen von SHG unterliegen einem kontinuierlichen Wandel; in dem Sinne sind sie ein typisches Beispiel für „grassroots"-Entwicklungen und soziale Bewegungen. Hinzu tritt andererseits eine interessenbedingte Auseinandersetzung um begriffliche Kennzeichnungen. SHG haben – vor dem Hintergrund ihres quantitativen und qualitativen Leistungspotentials – eine weit überproportionale Beachtung gefunden; insbesondere gilt dies für einen Vergleich zwischen den in den Haushalten und anderen primären sozialen Netzen erbrachten Leistungen einerseits und den möglichen Hilfestellungen, die sich aus den Aktivitäten der SHG ergeben. Dies hat dazu geführt, daß auch im Verhältnis zu den Wohlfahrtsverbänden Domänekonflikte entstanden sind; um die positive gesellschaftliche (und insbesondere politisch-administrative) Bewertung für sich in Anspruch nehmen zu können, haben sich große (oft formalisierte und bürokratische) Verbände „dem Zeitgeist entsprechend" als Selbsthilfegruppen deklariert. Damit ist die Grenze zwischen Selbsthilfe*gruppen* und Selbsthilfe*organisationen* sowie anderen Trägern sozialer und gesundheitsbezogener Dienstleistungen verwischt. Gerade deshalb ist es wichtig, mit Blick auf weitergehende Betrachtungen und Schlußfolgerungen die gewählte Begriffsbestimmung explizit zum Ausdruck zu bringen (vgl. auch Grunow 1995).

Im folgenden wird die Kennzeichnung der Deutschen Arbeitsgemeinschaft Selbsthilfegruppen e.V. übernommen:

„Selbsthilfegruppen sind freiwillige, meist lose Zusammenschlüsse von Menschen, deren Aktivitäten sich auf gemeinsame Bewältigung von Krankheiten, psychischen oder sozialen Problemen richten, von denen sie – entweder selber oder als Angehörige – betroffen sind. Sie wollen mit ihrer Arbeit keinen Gewinn erwirtschaften. Ihr Ziel ist eine Veränderung ihrer persönlichen Lebensumstände und häufig auch ein Hineinwirken in ihr soziales und politisches Umfeld. In der regelmäßigen, oft wöchentlichen Gruppenarbeit betonen sie Authentizität, Gleichberechtigung, gemeinsames Gespräch und gegenseitige Hilfe. Die Gruppe ist dabei ein Mittel, die äußere (soziale, gesellschaftliche) und die innere (persönliche, seelische) Isolation aufzuheben. Die Ziele der Selbsthilfegruppen richten sich vor allem auf ihre Mitglieder und nicht auf Außenstehende; darin unterscheiden sie sich von anderen Formen des Bürgerengagements. Selbsthilfegruppen werden nicht von professionellen Helfern geleitet: manche ziehen jedoch gelegentlich Experten zu bestimmten Fragestellungen hinzu" (Trojan 1992, S.1717).

Diese Definition bzw. Umschreibung von SHG erlaubt eine deutliche Abgrenzung zu formal organisierten Selbsthilfeorganisationen (Wohlfahrtsverbände u.ä.). Sie markiert damit aber nur die äußere „Umgrenzung" des Gegenstandsbereiches; die skizzierten Merkmale von SHG weisen jeweils unterschiedliche Ausprägungen (Intensitätsgrade) auf. So gibt es unterschiedliche Gruppengrößen, unterschiedliche Grade der Selbstbezüglichkeit (bzw. der Außenwirksamkeit), unterschiedliche Beteiligung von Professionellen usw. Mit anderen Worten, SHG entstehen und arbeiten keineswegs nach einem einheitlichen Muster. Sie sind in erheblichem Maße bestimmt durch Spontaneität und Freiwilligkeit, durch Fluktuation und Dynamik – ein Sachverhalt, der meines Erachtens nach wie vor in Politik und Verwaltung unzureichend beachtet wird. Schon früh hat die Gesundheitsministerkonferenz – in bezug auf GSHG – ihre Fehlbeurteilung dieses gesellschaftlichen Phänomens zu erkennen gegeben: So wurde schon in den 70er Jahren die Empfehlung ausgesprochen, SHG „vorzuhalten" – wie dies etwa für Krankenhaus- oder Pflegeheimbetten zutrifft.

Fehleinschätzungen in bezug auf das Phänomen SHG können allerdings auch in der wissenschaftlichen Analyse nicht ausgeschlossen werden. Dies betrifft vor allem die Tatsache, daß sich bestimmte Gruppen, insbesondere die sog. „Autonomen", einer Beobachtung und wissenschaftlichen Dokumentation weitgehend entziehen. Insofern sind die verfügbaren und hier auch präsentierten Informationen über die quantitative Verbreitung von SHG eher Schätzungen als präzise Bestandsdaten. Dabei ist zusätzlich zu berücksichtigen, daß bei den „Zählvorgängen" oder Schätzungen nicht immer die gleichen Abgrenzungskriterien zugrunde gelegt werden, so daß bei unterschiedlichen Zählungen durchaus verschiedene Typen von „Beständen" erfaßt werden (können). Gleichwohl zeigen die verfügbaren Daten eine deutliche Konvergenz im Hinblick auf die Größenordnung (nicht die Einzelzahl) des Phänomens. Schätzungen gegen Ende der 80er Jahre (bezogen auf die alte Bundesrepublik) gehen davon aus, daß es etwa 40000 SHG im Gesundheits- und Sozialbereich gibt (Runge/Vilmar 1988, S. 65 ff.) – wobei aber ein weitgefaßter Begriff von SHG zugrunde gelegt wird. Deutlich geringer sind die Schätzungen von Niedrig (1994, S. 304), der von 26627 SHG (allerdings mit Verbandsanbindung) ausgeht. Die Beteiligungsquote der Bevölkerung an SHG wird auf etwa 0,5 - 1% geschätzt. Eine spezifische Untersuchung für Nordrhein-Westfalen hat im Hinblick auf die gesundheitsbezogenen SHG etwa 6500 festgestellt. Dies beinhaltet etwa einen Anteil von 0,6% der Bevölkerung (Beuels/Wohlfahrt 1991, S. 79 f.).

Geht man insbesondere im Hinblick auf die GSHG davon aus, daß bestimmte Gesundheitsprobleme Anlässe für die Entstehung von Gruppen bzw. die Beteiligung an Gruppen darstellen, so ist u.U. die Bezugnahme auf die Gesamtbevölkerung nicht angemessen. Bezieht man die Zahlen der Gruppen bzw. Gruppenmitglieder auf die Teilgruppen der Bevölkerung, die mit bestimmten Problemen konfrontiert sind (z.B. an bestimmten chronischen Krankheiten leiden), so kann man von etwa 6 - 9% der jeweils Betroffenen ausgehen, die Mitglieder in (diesbezüglichen) GSHG sind.

Diese quantitative Verteilung wirkt sich auch auf die Schwerpunkte der nach außen sichtbaren Problemstellungen von GSHG aus. Es dominieren krankheits- bzw. beschwerdebezogene Gruppen, während präventivorientierte Gruppen eher selten sind. Im einzelnen schlagen Kickbusch/Trojan (1981, S. 258 ff.) folgende Systematik von Gesundheits-selbsthilfegruppen vor:

- krankheitsbezogene Selbsthilfegruppen: Hierzu gehören Gruppen, die psychiatrische Probleme, internistische Probleme, orthopädisch/neurologische Probleme u.a. zum Gegenstand der Gruppenarbeit machen;
- lebensproblembezogene Selbsthilfegruppen: Hierbei geht es vor allem um Gruppen mit psychischen, interpersonalen Problemen (in Partnerschaft, Familie usw.), sozialen Problemen, Problemen bezüglich Sexualität sowie um Frauenzusammenschlüsse, Männerzusammenschlüsse und Eltern-/Familienzusammenschlüsse;

- versorgungsbezogene Selbsthilfegruppen: Dazu werden Patientenschutzverbände gerechnet, Nachbarschafts- und Laienhilfezusammenschlüsse, Bürgerinitiativen zur Verbesserung des Gesundheitssystems u.a.;
- Umweltschutzzusammenschlüsse;
- Gegenkulturzusammenschlüsse: Dazu gehören Stadtteilgruppen, Wohngemeinschaften, Arbeitskooperativen, Bürgerinitiativen, Jugendzentren u.a..

Wie oben beschrieben, können diese Ausgangsprobleme und Anliegen der betreffenden Menschen zu sehr unterschiedlichen Formen der Problembewältigung führen (individuelle Selbsthilfe, familiäre Selbsthilfe usw. bis zur Nutzung professioneller medizinischer oder anderer Dienstleistungen). Insofern spielt die Frage der Leistungsfähigkeit oder Leistungsmängel der vorhandenen Alternativen eine nicht unwesentliche Rolle bei der Entwicklung und fortgesetzten Nutzung gruppenspezifischer Aktivitäten.

Die Entstehungsgeschichte und die Verbreitung von SHG (seit etwa Mitte der 70er Jahre) ist stark bestimmt durch die kritische Auseinandersetzung mit Qualitätsmängeln im Gesundheitsversorgungssystem, das sich vor allem im Umgang mit der zunehmenden Zahl chronisch Kranker schwertat (Thiel 1990). Kritisch betrachtet wurde zunehmend auch das Verhältnis von Ärzten und Patienten, die professionelle Autorität wurde häufiger in Zweifel gezogen, ein verändertes Selbstbewußtsein mit Blick auf die „Laienkompetenz" entwickelte sich. Dabei muß beachtet werden, daß diese kritische Auseinandersetzung mit dem etablierten Medizinsystem auch in starkem Maße durch jüngere Mediziner getragen wurde, die sich aktiv an den seinerzeit entstehenden Gesundheitstagen (als Gegenkonferenz zu den jährlichen Ärztetagen) beteiligten. Unter Beachtung der oben erläuterten Schwierigkeiten der Substitution primär-sozialer Leistungszusammenhänge spielt jedoch auch die partielle Erosion partnerschaftlicher oder familiärer Netze eine Rolle. Je kleiner diese „natürlichen" sozialen Netze werden (geringe Kinderzahl, hohe Scheidungsraten, hohe Mobilität und geringe wechselseitige Erreichbarkeit), desto größer war und ist die Veranlassung, „strukturähnliche" Alternativen zu suchen. Insofern kann in verschiedenen Zusammenhängen die Beteiligung an GSHG auch als eine Suche nach Alternativen zu primär sozialen Netzen verstanden werden.

Die unterschiedlichen inhaltlichen Ausgangsprobleme sowie die Auslöser für bestimmte mikroorganisatorische Prozesse (Gruppenbildung) lassen selbst das bereits eingeschränkte Feld der GSHG in Deutschland als inhaltlich und organisatorisch sehr heterogen erscheinen. Dazu trägt auch die oft nur kurze „Lebensdauer" der Gruppen bei. Zur Kennzeichnung und Abgrenzung gegenüber anderen (meist stärker organisierten) Aktionsformen werden den Selbsthilfegruppen folgende Prinzipien zugeschrieben (Trojan 1986):

- Betroffenheit: Gruppenmitglieder finden sich aufgrund gleichartiger Problemlagen und Betroffenheit zusammen;
- Freiwilligkeit: Niemand ist verpflichtet oder kann verpflichtet werden, einer solchen Gruppe beizutreten;
- Spontaneität: Aufgrund des zuvor genannten Gesichtspunktes weisen Gruppen eine hohe Fluktuation auf, die sich sowohl auf Entstehung und Auflösung bezieht als auch auf die Kontinuität der Gruppenaktivität;
- Gleichberechtigung: Insbesondere unter dem Gesichtspunkt der Betroffenheit ist dieser Grundsatz unerläßlich;
- Solidarität/Reziprozität: Die in anderen Bereichen übliche Rollentrennung zwischen Hilfebedürftigem und Helfer ist hier aufgehoben; Gruppenmitglieder haben in der Regel beide Rollen inne, sei es zur gleichen Zeit oder sei es im Zeitverlauf der Gruppenaktivitäten.

Diese konstitutiven Prinzipien für die Bildung und Tätigkeit von SHG sind wie alle vergleichbaren Typisierungen eine vereinfachte bzw. „idealisierte" Darstellung. Empirisch wird man einen jeweils unterschiedlichen Ausprägungsgrad bei diesen Arbeitsprinzipien vorfinden. Gegenüber der Leitidee in den SHG, die von einer „Selbstbezüglichkeit" dieser Konstitution und Arbeitsweise ausgeht, lassen sich tatsächlich (empirisch) Variationen in drei Hinsichten beschreiben:

1. Die Gleichartigkeit der Betroffenheit: Dieses zentrale Kriterium ist entweder generell oder im Zeitverlauf der Gruppenaktivität unterschiedlich ausgeprägt. Zunächst ist eine direkte und indirekte Betroffenheit zu unterscheiden, wobei letzteres typischerweise für Angehörige von Personen mit Gesundheits- und Krankheitsproblemen gilt. Darüber hinaus können Gruppen allerdings auch in unterschiedlichem Umfang nicht betroffene HelferInnen einbeziehen. Insofern ist die „Einheitlichkeit der Betroffenheit" ein wichtiges Merkmal (eine „Meßlatte"), um *unterschiedliche* Formen von Selbsthilfegruppen zu kennzeichnen.
2. Das Interesse an Außenwirkungen: Auch die Selbstbezüglichkeit ist nicht in allen Gruppen oder in allen Entwicklungsphasen der Gruppen gleichermaßen durchgehalten. Vor allem die Gruppen, die sich kritisch mit den Dienstleistungen anderer Versorgungssysteme auseinandersetzen, können zu einem bestimmten Zeitpunkt zu einer Interessengemeinschaft für die Betroffenen werden und sich dabei insbesondere auf die Beeinflussung externer Gestaltungsprozesse (im Versorgungssystem) konzentrieren.
3. Der Autonomiegrad der Gruppen: Dabei geht es um die Frage, wie abgeschlossen die Gruppen arbeiten, inwiefern überhaupt informatorische oder personelle Zugänge möglich sind. In der Diskussion hat hier vor allen Dingen

die Frage eine wichtige Rolle gespielt, inwiefern die Gruppen sich a) auf die Inanspruchnahme öffentlicher Gelder oder öffentlicher Infrastruktur („Staatsknete"-Diskussion) und b) auf eine Kooperation mit Professionellen (Gefahr der Experten-Dominanz) einlassen sollen (vgl. BzgA 1985). Empirisch läßt sich leicht zeigen, daß es große graduelle Unterschiede gibt. Dabei gibt es allerdings insofern einen Vorbehalt, als die sehr strikt autonom arbeitenden Gruppen möglicherweise auch gar nicht zum Gegenstand empirischer Erfassung und Analysen gemacht werden können. Mit anderen Worten, über die autonomen Gruppen ist wegen ihrer Autonomie auch empirisch keine präzise Aussage zu machen; sie verschließen sich dem Forscher ebenso wie den professionellen Helfern oder staatlichen Subventionen.

Selbst diese vereinfachende dreidimensionale Typisierung von GSHG nach dem Grad der gleichartigen Betroffenheit, der Außenorientierung und dem Grad der Autonomie lassen eine große Vielfalt erkennen. Dies wird noch verstärkt, wenn man von der hier im Mittelpunkt stehenden Querschnittsbetrachtung zu einer dynamischen Entwicklungsbetrachtung übergeht. Dann zeigt sich zusätzlich, daß Gruppen als einzelne Einheiten raschen Veränderungen unterliegen können; ihre geringe Formalisierung macht beachtenswerte „Metamorphosen" möglich. Aber auch die Gesamtverteilung von Gruppenformen und Arbeitsweisen können sich im Bereich der Selbsthilfeszenerie erheblich verändern: So entwickeln Gruppen der 90er Jahre durchaus andere „Gruppenphilosophien" als die frühen Gruppen in den 70er Jahren oder Gruppen aus den 80er Jahren. Im Verhältnis zu den institutionellen Versorgungsstrukturen einerseits und den – wenn vorhanden – stabileren Familienstrukturen können die GSHG als das dynamischste und am flexibelsten organisierte Gebilde im Gesundheitssektor angesehen werden. Daß insbesondere die bürokratischen und professionellen Apparaturen damit kaum umzugehen verstehen, ist nachvollziehbar. Angesichts des Wunsches vieler Behörden, daß die „organisatorische Verfestigung" dieser Gruppen zumindest den Status eines eingetragenen Vereins erreichen sollte, läßt sich der Versuch erklären, die Selbsthilfeszene koordinierend (oder sogar planerisch) „in den Griff zu bekommen". Dazu tragen auch die Konflikte zwischen SHG, Selbsthilfeorganisationen und den traditionellen Wohlfahrtsverbänden bei. Bevor auf diese Aktivitäten von Verbänden und öffentlichen Institutionen eingegangen wird, sollen einige empirische Hinweise zu den Organisationsproblemen der Gruppen (im engeren Sinne) formuliert werden.

3. Organisatorische Erfordernisse bei der Bildung und Entwicklung von Selbsthilfegruppen

Die zuvor beschriebenen grundlegenden Rahmenbedingungen der Entstehung von SHG führen zu konkreten Anforderungen im Einzelfall. Zunächst läßt sich noch einmal abstrakt feststellen, daß Gruppen durch eine geringe Formalisierung und funktionale Differenzierung ausgezeichnet sind. Die Kommunikations- und Kooperationsprozesse erfolgen aufgrund persönlicher Anwesenheit und nicht aufgrund von Beitrittsbedingungen und formalisierten Regeln (wie dies für Organisationen gilt). SHG stehen daher vor der Aufgabe, in breitem Umfang die Motive und Interessen einzelner Mitglieder zu berücksichtigen, wenn sie diese nicht verlieren wollen. Die Beteiligten wirken überwiegend als „Gesamtpersönlichkeit" mit, nicht im Rahmen spezialisierter und partieller Rollenmuster.

Diese Sachverhalte machen nachvollziehbar, daß im Rahmen empirischer Studien einerseits erhebliche „Selbsthilfepotentiale", auch Bereitschaften zur Mitwirkung an GSHG erfaßt werden konnten, daß diese Potentiale aber nur zum Teil in praktische Handlung innerhalb von Gruppen umgesetzt werden (Grunow u.a. 1983). Bei der von uns durchgeführten Studie zeigten immerhin gut 30% der befragten Personen Interesse daran, sich einer solchen Gruppe anzuschließen. Erfahrungen als Gruppenmitglied hatten dagegen nur 2,3% der Befragten (n = 2037). Eine Befragung von Gruppenmitgliedern (im gleichen Zeitraum erhoben) belegt die vielfältigen, gleichzeitig auftretenden Ziele der Gruppenmitglieder (Trojan u.a. 1987, S. 297):

„Am häufigsten werden innenorientierte Ziele (d.h. solche geringer Reichweite) angegeben:

- 95% wollen andere Gruppenmitglieder bei der Bewältigung ihrer Krankheit unterstützen,
- 87% wollen sich Wissen über ihre Krankheit aneignen,
- 84% suchen Menschen, mit denen sie sich aussprechen können,
- 80% möchten lernen, selbständiger mit ihrer Krankheit umzugehen und
- 54% suchen Menschen für die gemeinsame Freizeitgestaltung.

Außenorientierte Ziele (d.h. mittlere und große Reichweite) werden jedoch nur geringfügig seltener angestrebt:

- 84% der Befragten wollen Einstellungsveränderungen bei anderen Betroffenen bewirken,
- 72% wollen Interessen anderer Betroffenen des jeweiligen Krankheitsproblems vertreten,

- 68% wollen Institutionen verändern,
- 63% wollen Einstellungsänderungen bei Professionellen erreichen,
- 61% wollen Einstellungsänderungen im eigenen Umfeld (Familie usw.) erreichen."

Für die Bildung von GSHG bzw. ihre Entwicklung ist also festzuhalten, daß sie mit sehr unterschiedlichen individuellen Motivkonstellationen (-kombinationen) umzugehen hat. Darüber hinaus ist zu erwarten, daß die Schwerpunkte des Gruppengeschehens jeweils durch die aktuelle Zusammensetzung der Gruppe beeinflußt werden. Insbesondere die zuvor beschriebene Parallelität von sozial-emotionalen und instrumentellen Komponenten der Beteiligungsmotivation läßt komplizierte gruppendynamische Prozesse erwarten, die ein Nichtzustandekommen oder eine frühzeitige Auflösung von bestehenden Gruppen nicht ausschließen. Diese hohe Hürde der Gruppenbildung wird zumindest indirekt bestätigt durch eine Umfrage von Wohlfahrt (1994), der in Nordrhein-Westfalen 387 Gesundheitsselbsthilfegruppen untersucht hat (vgl. auch Wohlfahrt/Breitkopf 1995). Die Ergebnisse zeigen, daß die Gruppenbildung keineswegs alleine eine spontane „grassroots"-Bewegung ist. Bei knapp 48% der befragten Gruppen waren Professionelle bzw. Personal aus anderen Organisationen und Institutionen beteiligt (Mitarbeiter einer Selbsthilfegruppen-Kontaktstelle, Ärzte, Sozialarbeiter, Mitarbeiter einer Krankenkasse usw.).

Die Befragungsergebnisse zeigen auch eine sehr unterschiedliche Intensität der Gruppenaktivitäten: Nur etwas mehr als ein Drittel der befragten SHG trifft sich ein- oder mehrmals in der Woche. Ein ebenso großer Anteil trifft sich nur einmal im Monat und weitere Gruppen noch seltener. Dies mag ein Grund dafür sein, daß von den Befragten vor allem folgende Probleme benannt wurden, die die Arbeit in der SHG erschweren: „Viele Mitglieder kommen nur unregelmäßig" (zutreffend 63,3%!); „die Aufgaben in der Gruppe sind ungleich verteilt" (49,1%). Dagegen ist die Schwierigkeit, gemeinsame Termine zu finden (21,7%) oder das häufige Wechseln der Gruppenmitglieder (20,7%) kein dominierendes Problem der Gruppentätigkeit.

Zu beachten ist zusätzlich die Tatsache, daß in diesem Zusammenhang auch auf mangelnde externe Unterstützung hingewiesen wird, z.B. im Hinblick auf die fehlenden Kursleiter für die Durchführung von Kursen (29,7%). Auch bei den ergänzenden beispielhaften Erläuterungen werden häufig Mängel in der Unterstützung durch Dritte (insbesondere auch Professionelle) aufgeführt. Aber auch die Formulierung „viele bleiben nach einigen Gruppenabenden wieder weg" oder „Mitglieder lassen sich schwer mobilisieren" oder „Betroffene kommen oft mit Konsumhaltung" sind typisch. Es ist davon auszugehen, daß viele beteiligte Personen „Gruppenarbeit" zunächst erst noch grundlegend lernen müssen, weil sie diesbezüglich kaum Erfahrungen mitbringen. Dadurch ergibt sich eine Differenz zwischen den erfahrenen „Gruppenaktiven" und den (eher überwiegenden) Mitläufern.

Während diese Schwierigkeiten weitgehend innerhalb der Gruppen selbst gelöst werden müssen, gibt es zusätzlich Anforderungen an Unterstützung durch Dritte (von außen): z.B. finanzielle und materielle Hilfen (für Geschäfts- und Kommunikationskosten); Bereitstellung von Räumen und Geräten, von Informationen, Adressen sowie generell Unterstützung der Öffentlichkeitsarbeit; im einzelnen auch Organisationshilfen und Beratung in inhaltlichen bzw. problembezogenen Themenfeldern. Nur 13% der befragten Gruppen haben hierzu keine Wünsche geäußert. Sieht man einmal von der einleitend beschriebenen Tatsache ab, daß die sog. autonomen SHG auch durch empirische Forschung nicht erreicht werden (und deshalb auch nicht zum Gegenstand einer solchen Beschreibung werden können), so ist der weit überwiegende Teil der sonstigen SHG auf bestimmte Formen der externen Unterstützung und Förderung angewiesen. Das oben beschriebene Ansinnen, SHG „administrativ vorzuhalten" ist zwar auch vor diesem Hintergrund nicht berechtigt, doch ist die Schaffung von gruppenförderlichen Rahmenbedingungen durchaus ein wichtiger Teilaspekt, um den GSHG ihre Aktivität und Potentialentfaltung zu erleichtern.

Wie oben bereits beschrieben, trifft dieser Bedarf auf eine der Selbsthilfegruppenbewegung – nach anfänglichem Zögern – nun stärker zugewandte Perspektive der Wohlfahrtsverbände. Insbesondere der DPWV (jetzt: „der Paritätische") hat den SHG eine „Eingliederung" in die Verbandsorganisation ermöglicht. Damit waren Chancen der Interessenwahrnehmung, aber auch der materiellen und vor allen Dingen infrastrukturellen Unterstützung verbessert worden. Dieser Trend zeigt sich auch in den Ergebnissen der oben beschriebenen Gruppenbefragung: 63,8% der befragten GSHG sind einem Wohlfahrtsverband angeschlossen. Dies bedeutet allerdings nicht automatisch eine intensive oder gar regelmäßige Kooperation. Mit den Wohlfahrtsverbänden kooperieren 45% der befragten SHG; ein größerer Anteil (61,1%) kooperiert mit Ärzten; mit dem Gesundheitsamt oder anderen Einrichtungen der Kommune kooperiert ein gutes Drittel; dies gilt auch für die Kooperation mit sonstigen Heilberufen und Krankenkassen. Dies bedeutet allerdings nicht, daß die Gruppen etwa von diesen Organisationen und Institutionen „gesteuert" würden. Die Kooperationshäufigkeit liegt bei mehr als der Hälfte der Befragten bei seltener als einmal im Monat. Insgesamt belegen die Zahlen gleichwohl, daß es für die Bildung und Entwicklung von sehr vielen GSHG von großer Bedeutung ist, wenn eine die Gruppenarbeit fördernde Infrastruktur auf lokaler Ebene zur Verfügung steht. Den Kern dieser Infrastruktur bilden seit einigen Jahren die Kontakt- und Informationsstellen für SHG (BMFUS 1992a).

4. Formen und Ressourcen lokaler Selbsthilfegruppen-Unterstützung

Die zuvor beschriebenen Arbeitsformen und Schwierigkeiten der SHG lassen sich auch (mit Blick auf die zitierte Untersuchung) – so zusammenfassen, daß nur 14,5% der befragten Gruppen die externe Unterstützung ihrer Arbeit als gut bezeichnet. Für ausreichend halten die Unterstützung 31,2%, für nicht ausreichend 53,9% (!). Ein wichtiges, nach dieser Bewertung jedoch als nicht ausreichend zu bezeichnendes Element der Unterstützung besteht in den Kontakt- und Informationsstellen für SHG. In den letzten Jahren wurden in der Bundesrepublik (Westdeutschland) etwa 130 solcher Stellen eingerichtet, in denen ca. 230 Personen (als Voll- oder Teilzeitbeschäftigte, als ABM-Kräfte u.a.) tätig sind (ISAB 1989; 1990; 1991). Die in NRW befragten SHG bestätigten zu über 90%, daß in ihrer Stadt/ihrem Landkreis eine solche Kontakt- und Informationsstelle vorhanden ist. Zwei Drittel der befragten Gruppen geben an, von diesen Kontakt- und Informationsstellen auch Unterstützung zu erhalten. Dabei geht es um ein breites Spektrum von infrastrukturellen, organisatorischen und informationsbezogenen Hilfestellungen. Nur am Rande geht es um finanzielle Zuwendungen. Im Hinblick auf den zukünftigen Bedarf wird deshalb häufig auch auf die finanzielle Unterstützung verwiesen – obwohl fast 50% der befragten Gruppen bestätigen, daß sie Finanzzuschüsse für ihre Arbeit erhalten. Zu beachten ist dabei jedoch, daß diese Mittel oft sehr unregelmäßig oder ungesichert zur Verfügung stehen, also „feste" Dispositionen in dieser Hinsicht kaum möglich machen.

Das „typische" Aufgabenprofil von Selbsthilfe-Kontaktstellen umfaßt insbesondere folgende Bereiche (ISAB 1991, S. 54):

- Beratung von Selbsthilfeinteressenten (Information, Kontaktvermittlung),
- Beratung von Gruppen (Hilfe bei Neugründung; Vernetzung; individuelle Beratung),
- Kooperation mit Fachleuten (Beratung in Fragen der Selbsthilfe; Verbesserung der Kooperation mit Selbsthilfegruppen),
- Öffentlichkeitsarbeit, allgemeine Selbsthilfeunterstützung (Veranstaltungen; Weiterbildungsangebote),
- Organisation und Dokumentation (Informationssammlung; Arbeitsorganisation; Fortbildung).

Damit richten sich die Angebote an Unterstützung sowohl an die individuellen Interessenten, die sich an SHG engagieren wollen, an die Gruppen direkt, sowie an Fachleute im Sozial- und Gesundheitsbereich. Dieses Aufgabenprofil wird auch durch eine Befragung von Gruppen einerseits und Professionellen im Sozial- und

Gesundheitsbereich andererseits bestätigt. Bei der Frage, welche Aufgaben einer Kontaktstelle zur Unterstützung der Selbsthilfe für wichtig gehalten werden, ergeben sich folgende Nennungen (ISAB 1991, S. 55):

- Information von Selbsthilfeinteressenten sowie deren Vermittlung in Gruppen (95% der Selbsthilfegruppen sowie 95% der befragten Professionellen halten dies für wichtig oder sehr wichtig),
- Öffentlichkeitsarbeit (92%; 91%),
- Gruppenberatung und Hilfen bei Gruppengründungen (88%; 90%),
- Verbesserung der Kooperation zwischen Fachleuten, Selbsthilfegruppen und -initiativen (74%; 81%),
- Vernetzung von Gruppen, Unterstützung ihrer Zusammenarbeit und Erfahrungsaustausch (68%; 80%),
- Sammlung und Erfassung von selbsthilfebezogenen Informationen und Materialien (81%; 84%),
- Anregung und Vermittlung von Weiterbildungsmöglichkeiten (63%; 80%).

Diese Ergebnisse zeigen eine relativ große Übereinstimmung der Beurteilung des Unterstützungbedarfes durch Selbsthilfe-Kontaktstellen. Beachtenswert ist nur die Differenz im Hinblick auf die „Vernetzungsaufgaben" und die „Professionalisierungsaufgaben" (Fortbildung); beide Aspekte werden von den Professionellen stärker betont als von den SHG selbst.

Hervorzuheben ist die Bedeutung der Selbsthilfe-Kontaktstellen als „Informationsbörse" im Hinblick auf die bestehenden Gruppen und im Hinblick auf die Personen, die einen Gruppenzugang suchen. Die Individualisierung und Vereinzelung der Menschen in der modernen Gesellschaft einerseits sowie die Überfülle von Informationskanälen und Informationen macht es außerordentlich anspruchsvoll, eine qualitativ hochwertige Informationsbörse sowie Gruppenvermittlungsinformationen zu etablieren. Angesichts der Vielzahl von gesundheits- oder krankheitsbezogenen Anlässen von Gruppenbildungen sowie angesichts der Heterogenität und Komplexität individueller Teilnahmemotive ist die Chance, sich in Gruppen zusammenzufinden – im Sinne spontaner Selbstorganisation – gering bzw. außerordentlich voraussetzungsvoll. Insofern ist eine weitere Form der Gruppenbildung zu beachten, die sich aus institutionellen, formal organisierten Arrangements ergeben: so z.B. aus bestimmten Formen der ambulanten oder stationären (insbesondere auch rehabilitativen) Versorgung. Hier lernen sich unter Umständen durch Zufall Personen kennen, die sich zu einer Gruppe zusammenschließen und in Form der GSHG zukünftig aktiv werden. Ähnliche Anstöße ergeben sich aus Sportvereinen, Volkshochschulkursen und anderen Aktivitäten, die Personen mit ähnlichen Interessen (oder auch Problemen) zusammenführen.

Die Frage, ob daraus Selbsthilfeinitiativen entstehen, hängt nicht zuletzt von der Bewertung einzelner Optionen für die Bewältigung sozialer und gesundheitsbezogener Probleme ab. Wie die Befragungsergebnisse auf der folgenden Tabelle zeigen, werden die geeigneten Formen (Institutionen) der Bearbeitung gesundheitsbezogener und sozialer Probleme in der Bevölkerung sehr wohl differenziert betrachtet. Um die Option GSHG angemessen beurteilen und in die Abwägung von Alternativen einbeziehen zu können, bedarf es entsprechender Informationen von seiten der Kontaktstellen. Daß diese breite Öffentlichkeitsarbeit und Informationsbereitstellung trotz der inzwischen entwickelten Vernetzung von SHG bzw. der überörtlichen Koordinationsstellen oder Bündelungen in den Wohlfahrtsverbänden noch verbesserungsbedürftig ist ,– zeigt die Einschätzung durch das BMfUS (1992, S. 72): Danach ist die Selbsthilfeförderung selbst in den alten Bundesländern noch immer durch „Marginalität, Fragmentierung und relative Unverbundenheit mit den übrigen Elementen des professionellen Versorgungssystems gekennzeichnet"; im Bereich der Selbsthilfe-Kontaktstellen überwiegt nach wie vor die „Minimalform" (oft mit ABM-Kräften ausgestattet), die keine langfristige Absicherungen aufweist. In den neuen Bundesländern ist die Selbsthilfeförderung bisher kaum in Gang gekommen, wozu auch die geringe Entwicklung der Wohlfahrtsverbände und des von ihnen organisierten sozialen Engagements beiträgt.

5. Zusammenfassung und Ausblick

GSHG sind in einer prekären „organisatorischen" Lage. Sie enthalten grundlegende Elemente einer „grassroots"-Bewegung, deren Spontaneität und Dynamik jedoch nicht unwesentlich von den Entwicklungen in den Kontextbereichen (Gesundheitsversorgungssystem, Privathaushalte, öffentlicher Sektor) beeinflußt werden. Diese Beeinflussung geht in verschiedene, zum Teil konträre Richtungen. Die Verkleinerungen, zum Teil auch Erosionen der primären Netze hat – in Verbindung mit den Anforderungen sekundärer Systeme (insbesondere des Wirtschaftssystems) – die Individualisierung, zum Teil auch die Isolierung der einzelnen Menschen gefördert.

Probleme	Problem-relevanz (N=1883)[1]	Zuständigkeit[2]	pers. Engagement[3]
1. Jugendarbeitslosigkeit	53%	Staat 88%	7%
2. Umweltbelastung	46%	Staat 93%	24%
3. Vernachlässigte und mißhandelte Kinder	42%	städt. Ämter 57%, prof. Helfer 48%	17%
4. Sucht, Alkoholismus, Drogen	41%	prof. Helfer 65%, SJG 60%, Familie 60%	15%
5. Arbeitslosigkeit und unsichere Arbeitsplätze	40%	Staat 91%	7%
6. Pflege- u. Hilfsbedürftigkeit alter Menschen	30%	Wohlfahrtsverb. u. Kirche 60%, Familie 50%, ehrenamtl. Mitarb. 47%	14%
7. Einsamkeit und Isolation	26%	SHG 67%	11%
8. Jugendschutz (Video, Spielhallen)	24%	Staat 72%, städt. Ämter 63%, Familie 49%	13%
9. Menschen mit niedrigem Einkommen, Sozialhilfeempfänger, Kleinstrentner	22%	Staat 83%	4%
10. Behinderte, insbes. Rollstuhlfahrer, Blinde, Gehörlose	22%	Staat 47%, SHG 46%, prof. Helfer 45%, städt. Ämter 44%	7%
11. Wohnungsnot	13%	Staat 75%, städt. Ämter 44%	4&
12. Integration von Ausländern	13%	Staat 58%, SH- u. Initiativgruppe 57%	7%
13. Leistungsdruck von Schülern	13%	Betroffene u. ihre Familie 65%	12%
14. Freizeitmöglichkeiten	13%	städt. Ämter 76%	8%
15. Umgang mit Behörden	12%	städt. Ämter 64%	4%
16. Psych. Belastungen v. chron. Kranken, MS, Dialysepatienten etc.	12%	prof. Helfer 68%, SHG 57%, Familie 46%	4%
17. Menschen mit Selbstmordabsichten	12%	SHG 59%, prof. Helfer 59%, Familie 53%	4%

---

1 Sie finden auf diesen Karten eine Reihe von Problemen im Sozial- und Gesundheitsbereich in Ihrer Stadt, die alle wichtig sind. Suchen Sie bitte höchstens 5 Probleme heraus, für die in Zukunft vordringlich etwas getan werden soll.
2 Wer sollte sich Ihrer Meinung nach vor allem um diese Probleme kümmern? Sagen Sie es mir bitte anhand dieser Liste: Betroffene und ihre Familie/Selbsthilfe- und Initiativgruppen/ehrenamtliche Mitarbeiter/professionelle Helfer, Fachpersonal/Wohlfahrtsverbände und Kirchen/städtische Ämter/Staat.
3 Für welche dieser Probleme würden Sie sich selbst engagieren? (Bei allen Fragen Mehrfachnennungen möglich. Basis für die Prozentuierung sind jeweils die Befragten, die das Problem genannt haben.); Quelle: Bürgerbefragung zu sozialem Engagement in vier Kommunen (N=1883), Forschungsinstitut für öffentliche Verwaltung, Köln, Speyer 1984

Quelle: **Braun/Röhrig 1986, S.67**

Damit hat aber nicht unbedingt auch ihre individuelle Autonomie (im Sinne internaler Kontrollüberzeugung bzw. der „Innerdirectedness" und/oder ihre Gruppenfähigkeit bzw. Kommunikations- und Bindungsfähigkeit) zugenommen. Motivation und Teilnahmeentscheidung hinsichtlich der Gruppenbildung fallen unter Umständen erheblich auseinander.

Die Gleichberechtigung, die Empathie und Reziprozität durch gleichartige Problembetroffenheit machen GSHG zu einem konkurrenzlosen Element bei der Krankheitsbewältigung bzw. der Förderung der (Rest-)Gesundheit. Gleichzeitig erschwert die nicht örtlich gebündelte Verteilung der potentiellen Gruppenteilnehmer die Selbstorganisation; zudem ist die Bezugnahme auf ein „Problem" nicht nur in der Einstiegsphase, sondern auch als „Dauerthema" nicht leicht zu ertragen.

Die Kritik am Medizinsystem bzw. die Unzufriedenheit mit einzelnen Dienstleistungsqualitäten ist nicht gleichbedeutend mit einer Motivation und Kompetenz zur Selbsthilfe.

Läßt man einmal die Motive und Ziele der Organisationen und Institutionen im näheren Umfeld der GSHG außer acht, so sind für viele Gruppen wegen der oben noch einmal zusammengefaßten „prekären" Lage die informatorischen, organisatorischen und finanziellen Unterstützungen wichtige Hilfsmittel zur Erleichterung und Förderung ihrer Arbeit. Dabei besteht zweifellos die Gefahr, daß die GSHG durch die Sozialbürokratie instrumentalisiert sowie durch die Verbandsstrategien vereinnahmt werden. Dadurch werden sie unter Umständen in ungewollte Entwicklungen gedrängt oder sogar zur Auflösung veranlaßt. GSHG als „verlängerter Arm" der Gesundheitspolitik oder der Krankenkassen (wie gegenwärtig in Brandenburg erprobt) zu organisieren, ist deshalb ein „riskantes" Vorgehen: Als Therapie verordnete GSHG zerstören ihren „grassroots"-Charakter, das Aushandeln ihrer Entwicklung unter Gleichberechtigten. Insofern ist „verpflichtungsarme" Förderung allemal effektiver.

Die Effizienz der ohnehin meist nur sehr geringfügigen eingesetzten Mittel läßt sich im übrigen leichter beweisen als die Effizienz der ambulanten Versorgung durch niedergelassene Ärzte: Ein geringer Teil der durch die Alkoholiker-Selbsthilfe „trockengehaltenen" Alkoholkranken dürfte bereits das gesamte Budget von GSHG in Deutschland ausgleichen. Vor diesem Hintergrund werden die gegenwärtig praktizierten Ökonomisierungsstrategien, die die Kürzung von Selbsthilfegruppenunterstützung empfehlen, eher gegenteilige Effekte haben. Die „Hauptgefahr" administrativer und verbandlicher Rahmenorganisation besteht allerdings darin, daß sie die Initiativen zur Selbstorganisation erstickt, ein Entstehen neuer „grassroots"-Bewegungen entmutigt oder unmöglich macht. Die Stichworte scheinen schon parat zu liegen: „ehrenamtliche Hilfe muß sich lohnen (auszahlen!)", „Hilfe/Pflege durch Laien als gefährliche Hilfe/Pflege", „ohne Vereinsvorsitzenden (Hierarchie) keine Verantwortlichkeit" u.a.m..

Der kürzlich (Ende Juni 1995) durchgeführte „1. Selbsthilfetag in NRW" hat die komplizierte Interessen- und Konfliktlage eindrucksvoll bestätigt. Selbstfindungs- und Selbstdarstellungsinteressen der vielen anwesenden SHG kollidierten mit den Versuchen der Sozial- und Gesundheitsbürokratie, sich wechselseitig die Kosten der SHG-Förderung „zuzuschieben". Angesichts der uneinheitlichen und ungeklärten Position der Wohlfahrtsverbände zeichnet sich die Gründung eines neuen Wohlfahrtsverbandes (als Dachverband für alle SHG) ab. Unter den gegebenen Bedingungen könnte dies dazu beitragen, daß die Bedeutung von SHG nach außen – d.h. für die anderen Sektoren der Gesellschaft – konsequent sichtbar gemacht wird und daß zugleich bei nach innen gerichteten Fördermaßnahmen den besonderen organisatorischen Bedingungen des Handels in SHG Rechnung getragen wird.

Literatur

Beuels, Franz R./Wohlfahrt, Norbert: Gesundheit für die Region?, Bielefeld 1991.

BMFUS (Hg.): Selbsthilfe in den neuen Bundesländern, Bonn/Stuttgart 1992.

BMFUS (Hg.): Selbsthilfeförderung durch Selbsthilfekontaktstellen, Bonn/Stuttgart 1992a.

Braun, Joachim/Röhrig, Peter: Soziales Engagement, in: Klingemann, H. (Hg.), Selbsthilfe und Laienhilfe, Lausanne 1986, S. 57-73.

Breitkopf, Helmut/Wohlfahrt, Norbert (Hg.): Sozialpolitik jenseits von Markt und Staat?, Bielefeld 1990.

BzgA (Hg.): Zusammenarbeit zwischen Ärzten und gesundheitlichen Selbsthilfegruppen, Köln 1985.

Forschungsverbund (Laienpotential, Patientenaktivierung, Gesundheitsselbsthilfe) (Hg.): Gesundheitsselbsthilfe und professionelle Dienstleistungen, Berlin, New York 1987.

Grunow, Dieter: Formen sozialer Alltäglichkeit: Selbsthilfe im Gesundheitswesen, in: Badura, Bernhard/v. Ferber, Christian (Hg.): Selbsthilfe und Selbstorganisation im Gesundheitswesen, München 1981, S. 125-146.

Grunow, Dieter u.a.: Gesundheitsselbsthilfe im Alltag, Stuttgart 1983.

Grunow, Dieter: Die Bedeutung der Familie für das Gesundheitsverhalten ihrer Mitglieder, in: Materialien zum 5. Familienbericht, Band 3, München 1994.

Grunow, Dieter: Organisierte Solidarität. Organisationsprobleme von Wohlfahrtverbänden, in: Olk, Thomas u.a. (Hg.), Von der Wertegemeinschaft zum Dienstleistungsunternehmen, Frankfurt a.M. 1995 (im Druck).

Hegner, Friedbert: Bürgernähe, Sozialbürgerrolle und soziale Aktion, Bielefeld 1979.

Isab (Hg.): Kontaktstellen und SH, Köln 1989.

Isab (Hg.): Bilanz und Perspektiven der SH-Förderung in Kreisen, Städten und Gemeinden, Köln 1990.

Isab (Hg.): SHG. Eine Chance für jedermann, Köln 1991.

Kickbusch, Ilona/Trojan, Alf (Hg.): Gemeinsam sind wir stärker, Frankfurt a. M. 1981.

Klingemann, Harald (Hg.): Selbsthilfe und Laienhilfe, Lausanne 1986.

MAGS (Hg.): Selbsthilfegruppen älterer Menschen, Düsseldorf 1992.

Niedrig, Heinz: Daten und Tendenzen der freien Wohlfahrtspflege, in: Theorie und Praxis der sozialen Arbeit, 8/1994, S. 300-305.

Runge, Brigitte/Vilmar, Fritz: Handbuch Selbsthilfe, Frankfurt a.M. 1988.

Schulz-Nieswandt, Frank: Wirkungen von Selbsthilfe und freiwillige Fremdhilfe auf öffentliche Leistungssysteme, München 1989.

Thiel, Wolfgang: Erfahrungen beim Aufbau und der Entwicklung lokaler SHG-Kontaktstellen, in: Breitkopf, Helmut/Wohlfahrt, Norbert (Hg.): Sozialpolitik jenseits von Markt und Staat?, Bielefeld 1990, S. 188-217.

Trojan, Alf (Hg.): Wissen ist Macht, Frankfurt a.M. 1986.

Trojan, Alf u.a.: Selbsthilfe, Netzwerkforschung und Gesundheitsförderung, in: Keupp, Heiner/Röhrle, Bernd (Hg.). Soziale Netzwerke, Frankfurt a.M. 1987, S. 294-317.

Trojan, Alf: Selbsthilfegruppen, in: Bauer, Rudolph (Hg.), Lexikon des Sozial- und Gesundheitswesens. Bd. 3, München 1992, S. 1717-1719.

Wohlfahrt, Norbert: Arbeitsformen und Unterstützungsbedarf von Selbsthilfegruppen. Befragungsergebnisse, Bochum 1994.

Wohlfahrt, Norbert/Breitkopf, Helmut: Selbsthilfegruppen und Soziale Arbeit, Freiburg 1995.

Institutionalizing the Plural Economy – Lessons from the Area of Care and Personal Social Services[1]

Adalbert Evers

Making the economy work in a more cooperative way, creating more room for processes of self-organizing, strengthening goals and rationales in economic activities which are not purely instrumental – these goals can be conceived in different ways. It seems that in the analytical work of colleagues in the *Institut Ökonomie und Soziales Handeln* in Bremen, a concept is prevailing, which is foremost concerned with finding a different theoretical approach towards *the* economy (see e.g. Biesekker 1992), giving a space for the social and cultural dimensions it entails and for their conscious development by the economic actors, interested in practical reforms.

The following arguments operate on the basis of a different concept, insofar as they try to deconstruct the idea of *one* economic sphere. It will be argued that in reality we are faced with a plurality of economies. Each of them represents a different balance of social, cultural and instrumental-economic rationales, with different barriers and chances for contributing to a „good society" and different ways and degrees of being shaped by reformatoric social actors and movements.

One angle-point for such a differentiation is concerning the differences between the small scale informal economies of barter, locally bound and rooted economies of small scale and the big economies of international capital (for such an approach and its foundations and a discourse about the impact for strategies of social reform see Verschave 1994).

Another angle-point for a differentiation has been developed in the context of discussions about the „welfare mix", the „mixed economies of welfare" as well as „welfare pluralism" (see: Evers/Wintersberger 1990, Evers/Svetlik 1993, Evers/Olk 1995). Here the emphasis is on the differences between market economies, the economy of state-provided (goods and) services, the reform economies of cooperatives and voluntary based organisations and services and finally the informal economy of households and personal support networks. It will be argued that the goal of huma-

---

[1] Slightly changed version of a paper which has originally been given for the first meeting on „Economy, Employment and Human Development", OECD Paris 20/21.10.1994

nizing economic activities as well as of bettering welfare and wellbeing depends to a large degree on a different balance and type of cooperation between these economies. So far concepts of social welfare and economic reform have always privileged market- and state-based economies; they ranked higher than the economy of voluntary based organisations and household-economies. A policy of welfare pluralism should question the traditional hierarchical order of the plurality of these economies which prevails till today. It should aim at strengthening and upgrading the role of household- and voluntary-based economies, thereby strengthening the elements of community and civil society in modern politics.

This argument gets unfolded by making reference to an area, where it is obvious that all the different sectors of a plural system of economies are concerned – the area of care and care services. It is a policy arena which presently in Germany has won a significant role with respect to the future development of our welfare systems.

1. The plural economy of care and personal social services

The area of care activities (covering normal care, like child care, but as well special care activities like care for the disabled and frail elderly people) is a good example for the presence of the plural economy in our societies. Here, all the economies discussed in the OECD-note on „Economy, Employment and Human Development" as elements of a system made up by a plurality of economies can be identified:

1. the household economies (family care covers 60% to 80% of all special care).
   1a. informal and semiformal economies (e.g. semiformal groups in the neighbourhood helping each other in child care; small payments may play as well a role here);
2. the economy of social and territorial utility, represented by organized „intermediary" bodies, like associations, cooperatives, voluntary organisations, running care facilities;
3. the „normal" market agents: e.g. investment trusts running old age homes.
   3.a the subsistence market economy: small scale businesses, where an orientation towards good professional care prevails over profit-orientation can be found throughout Europe;
4. the state-public service-economy: traditionally hierarchical and professional, however potentially open to different forms of service provision (see 4a).

4.a highly state - protected forms of service provision, which can take different forms as e.g. indicated under 2 and 3.a.

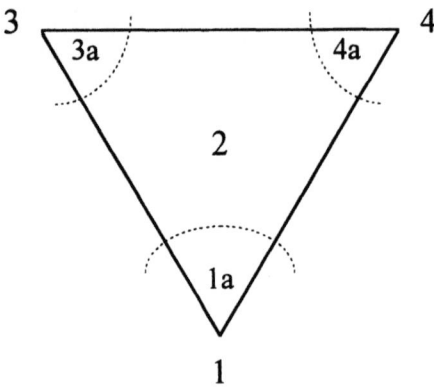

The "Welfare Triangle" (Evers/Wintersberger 1990)

The way the different economies are balanced, interlinked, rivalring or clustered has been studied by us under the label of „Welfare Mixes" (Evers/Wintersberger 1990); the political strategic aspects of developing explicit policies for plural economies has been labelled by us as policies for „Balancing Pluralism" (Evers/Svetlik 1993; Evers/Olk 1995). Empirical mixes and strategies clearly differ according to welfare regimes and national and regional traditions.

2. Historical developments and social welfare strategies – the plural economy of care as an object of denial and selective views

Till recently the area of care and personal services has not been subject to a clear market-liberal policy; in the democratic countries of Europe roughly two models were to be found which in a way both denied or looked just selectively to the plural economy of care:
- the residual / subsidiarity strategy: here, family responsibility should come first then in a sequential way to be substituted/complemented by voluntary organisati-

ons and finally the state/municipal economy of homes/asylums/social assistance; this has resulted in countries like Germany, Austria, or Belgium in the relative underdevelopment of care as a public matter and a matter of guaranteed rights but as well as a commodity to be bought on care markets;
- the universalistic state-based strategy as developed especially in the nordic countries aiming at making the contributions of non-state care a mere marginal matter or a matter of choice (of relatives to contribute still); in this approach as well the voluntary sector and community based care play a very marginal role in terms of care provision; the professional-scientific complex dominates very much here with its sceptical view on family and nonprofessional care as a second best way or just a marginal item.

There are two similarities in these otherwise very different policies concerning our issue:
- only the professional/bureaucratic economies of care get public support and acknowledgement; so the other economies get no direct material support by public policies (the conservative residual/subsidiaristic strategies value family care highly on ideological grounds, but see it as a matter of (female/private) duties to be secured by the public discourse, this gives little room to material support);
- a broad number of economies, especially the household/family economy stay largely invisible, get no acknowledgement as a public issue or become devaluated by the dominating (usually gendered) professional and welfare discourses.

Summing up it can be said that most countries have inherited concepts and perceptions, where the plural economy of care was largely unvisible or appeared as a relinquish to be swept away by social progress.

3. New developments at the sociocultural and political level

Things have changed, first of all due to international changes in societies:
- women's movements have made visible to what degree the family economy of care is a burdensome, conflictive and coercive, nevertheless quite central matter - over the lifecycle everybody depends on it; while some parts of feminism vote for „exit" towards assimilation to the „careless" male patterns and a further shift of care to state-based service economies, the „voice" of other parts of the feminism is calling for a new and better status of these parts of care and the ones engaged

there, instead of further banalising and minimalizing the so far gendered household and volunteer activities;
- the cultural changes at the end of the 60ties have triggered off new forms of microsolidarities and self-management (small scale associations, postphilantropic volunteering, self-organized kindergardens) and of post-traditional forms of community-based initiatives (e.g. self help groups, community movements with a provider dimension);
- they have as well had an influence on the orientations of professionals: e.g. throughout Europe and as well in the Nordic countries with their unique state-based service economy, an increasing number of professionals (nurses) move towards a new entrepreneurial professionalism (building up their own small-scale businesses);
- clients and people concerned have called for empowerment and better care with clear implications on the traditional hierarchy of the plural economy and its underlying power-relationships in this area: e.g. the disabled are battling for cash-based arrangements which help them to buy in the assistance they need, independent where it comes from (family, informal networks, grey or black markets etc.).

Altogether these movements can well be read as an increased emphasis changing the ways some economies (with a strong „moral" and „reform" dimension) have so far been described, neglected and/or subordinated by dominating concepts and policies.

At the state policy level as well the last decade has brought about an increasing emphasis at least on some of the types of non-state-based economies contributing to care; in the anglosaxon debates the notion of the „mixed economy of care" has established itself as a major mainstream point of reference. Especially empirical research has raised the awareness of the enormous role of the family networks in matters of care; in other countries the new labelling of care policies is instructive (the „caring society" as a slogan taken up by the Netherlands Christdemocrats in the 80ties). In all countries there has been a clear shift from policies of institutional care to home based care with the latter being inevitably based on a more plural and mixed economy). Other developments have often not surpassed the level of model projects and funded experiments:
- developing support policies for carers (mostly caring relatives), packages which can entail a mix of: care leave regulations, training, social security, respite services, advice and advocacy and cash-payments, which altogether strengthen the resources of family-based care economies;
- changing professional service-economies in order to make them less sequential/substitutive/standardized, and more simultaneous/complemenary/flexible, better fitted for the interaction with family based care (-economies) whose contribu-

tions are to be supported and acknowledged; elements of family care and its economy are now often seen as quality-issues to be looked at when reforming professional services;
- developing types of information, advice and consultancy (see: the role of professional or volunteer based care managers acting as brokers of care) which make it easier to cope with fragmented markets on which different economies of care coexist and overlap, to make this plurality more transparent to the users;
- developing programs supporting voluntary schemes and the respective infrastructures (e.g. local municipal volunteer centres in Norway, self-help clearing houses in Germany, most noticeable: a three year „Social Development Program" in Denmark (5 Mill inhabitants) staffed with 60 Mill USD, running from 1989 - 91 and aiming at the further development of all kinds of community based forms of projects and services for children, young people and families, elderly people, people with disabilities and other special groups of people with few resources);
- a special importance do have the shifts towards rephrasing governments responsibilities in face of the mixed economy of care, turning from „protective" serviceprovision to the provision of „enabling" cash-based entitlements and payments (see: Evers a.o. 1994); there have been well evaluated model projects (Rotterdam: combining advice and advocacy by a care manager with money for clients in Rotterdam) but as well overall reforms (Denmark: giving the full pension back to people in old age homes who are then free how and where to spend it) or even recent structural reforms (in Austria the new care reform is based on a graduated payments scheme, given to people classified alongside the degree of their individual impairment; they are free to decide how to spend it; in Germany the recent introduction of a care insurance offers a choice between cash and a certain number of hours from licensed professional service-providers); this all touches upon the plural economy of care insofar (in contrast to public service provision or vouchers) payments do not predetermine which specific economies will get support from this way to increase choice and resources of users.

So, summing up, while some of the new state policies and experiments foresee to upgrade the role of specific economies in the plural economy of care or to make mixed bags of care more easy to arrange, others make the spending of resources less prescriptive. Rather than thinking merely in terms of substitution (by socializing/privatizing care) the emphasis of these policies is on more synergetic types of interlinkages between the contributions of the different economies. The respective arrangements to be developed especially by local policies can lead to what in the French debate has been called „solidaristic economies" (Laville 1994).

There are at least four other policy sectors with plural and mixed economies and where public policies have at least begun to think about interactive approaches which try to use and develop further the specific strengths and virtues of „big" and „small", „public" and „private" economic activities:

- environmental policies depend as much on the level of activities of voluntary organisaton and the degree private households internalize ecological goals, as they depend on the progress of multinational high-tech-sectors;
- education and training is an issue where it is well known that the quality of the social and family-background of the trainees is as important as the quality of the services offered by the schools; social innovaton in this area is often aiming at a better cooperation between these two educational „economies";
- urban planning and renewal is basing itself increasingly on public-private-partnerships, having learned that the stimulation of community initiatives which (re)create a liveable public space is as important as attracting private capital;
- health policies are increasingly concerned with strategies of health promotion, creating interactive linkages between health services, health-movements and families/informal networks.

4. Ambiguities and dangers

Basically the shifts and changes concerned

- can create risks due to the mere deregulation of old hierarchies in the mix of economies of care without setting new consented rules;
- can create negative effects by simple load-shedding operations, where more burdens are put on families and voluntary based organisations without balancing this by a respective increase in respect, rights and resources.

In each country it is a difficult task to analyse, to what degree policies have shifted not only responsibilities but as well resources, not only taken in a plurality of economies but as well tried to get a realistic idea of their potentials and limits, speaking of a mixed economy of care but in reality trying to extend and lay on it inherited onedimensional concepts. Even if one differentiates between public policies which mainly *colonize* non-state economies of care in a more planned way than in the past – as (perhaps) cheap resources – and public policies which act as *"developmental policies"* towards bringing about a better balance and mix of economies at work in the care areas, it is well known that colonialism and developmental policies are strongly interrelated. Perhaps the question of deconcentrating resource control is a most important complement of a policy supporting the plural care economy. Three questions on the international policy agenda are of special importance:

1. The role of payments to clients and carers will be a very delicate and controversial one; while Finland and recently as well Sweden have created schemes where parents of small children under 3 years of age can choose between a guaranteed place in a crèche and a care allowance, this is very controversial in the countries („do we have the money to throw it this way to well off parents of healthy young children?").
2. Emphasizing economies different to the well regulated state sector inevitably creates all kinds of conflictive questions concerning employment especially of women.
3. Throughout Europe there is a clear and enormous shift back to a one-dimensional market economism and rationalism. Stemming from the broad literature on „Modernizing the public sector" (see the respective OECD publications) and centering on areas which are most similar to market producer-consumer-relations (transport, gas & electricity a.o.), its simple transfer to the area of personal social services and care is most dangerous. While we can find here as well the dimension of users as consumers and of competing suppliers there are – as it has been shown – a broad number of other economies and rationales at work here which get basically no place when a plain „one for all" market and managerial speech functions as a blueprint for restructuring the plural economy of care.

This final observation leads back to the reflections at the beginning of this paper – the need for differentiating between different economies. Only those policies will deserve the label of being policies for „welfare pluralism", which respect the different logics and rationales at work behind these economies. Extending the pure managerial logic which has shaped „big business" to all other areas of economic activities in society would in the long run mean to destroy large parts of the so far underrated social and cultural capital which is represented by this diversity of locally and community based economies.

Literature

Biesecker, A. (1992): Habermas und die ökonomische Wissenschaft. Überlegungen zur lebensweltlichen Orientierung der Wirtschaftstheorie. Institut Ökonomie und Soziales Handeln, Universität Bremen, Diskussionsbeiträge Nr. 1.

Evers, A./Wintersberger,H. (1990): Shifts in the Welfare Mix. Their Impact on Work, Social Services and Welfare Policies, Campus/Westview, Frankfurt/BoulderColorado 1990.

Evers, A./Svetlik, I. (eds.) (1993): Balancing Pluralism. New Welfare Mixes in Care for the Elderly, Avebury, Aldershot 1993.

Evers, A./Pijl, M./Ungerson, C. (eds.) (1994): Payments for Care. A Comparative Overview, Avebury, Aldershot 1994.

Evers, A. /Olk, Th. (eds.) (1995): Wohlfahrtspluralismus, Westdeutscher Verlag, Opladen 1995.

Laville, J. L. (ed.) (1994): L'économie solidaire. Une perspective internationale, Desclée de Brouwer, Paris 1994.

Verschave, F. X. (1994): Libres lecons de Braudel. Passerelles pour une société non excluante, Syros, Paris 1994.

Individuelle Genesung durch Gemeinschaft – Ein Beitrag zur Begründung demokratischer Sozialpolitik

Hans Peter Widmaier

Einleitung: Die Dialogik als Entdeckungsverfahren

Die dialogische Position steht heute zwischen dem homo oeconomicus und einer Theorie des Menschen, die ihn als Exponent gesellschaftlicher Prozesse versteht. Die Dialogik ist für die Sozialpolitik ein zentrales Paradigma zur Lösung des problematischen Verhältnisses von Theorie und Praxis – ebenso ein Beitrag zu einer humanen und menschenorientierten politischen Ökonomie.

Es gibt im Altertum weder bei Aristoteles noch bei Platon eine anthropologische Position, die ohne die Interdependenz zwischen Menschen, ohne Mitmenschlichkeit auskommt. Der Mensch ist Mitglied der polis und später als Weltbürger Teil der Welt.

Als Christ ist der Bezug zum Gegenüber gleichfalls wichtiger Bestandteil der anthropologischen Auffassung. In der Nächstenliebe („Liebe Deinen Nächsten wie dich selbst.") führt die Caritas zur gesamtgesellschaftlichen Gleichgewichtslösung.

Demgegenüber handelt der homo oeconomicus gemäß einem verkürzten Rationalismus nur aus sich selbst und für sich selbst als Erwartungsnutzenmaximierer. Er braucht das Gegenüber nicht. Die Präferenzen sind ihm exogen vorgegeben, er kann und darf sie nicht beeinflussen. Wir wissen heute aus vielen Untersuchungen, daß ein so ohne den Mitmenschen lebender homo oeconomicus den Evolutionsprozeß nie durchgestanden hätte. Er wäre zugrunde gegangen. Sozial geprägte Verhaltensweisen, wie Gewohnheiten, normgeleitetes Handeln, von schichtspezifischen Anspruchsniveaus bestimmtes Verhalten, spielen im praktischen Leben eine wichtige und *quantitativ bedeutsamere Rolle.*

So ist Sympathie im Verhältnis zum Mitmenschen eine zentrale Grundkategorie der Anthropologie bei David Hume ebenso wie bei Adam Smith in seiner Theorie der moralischen Gefühle.

Auch Jean Jacques Rousseau unterlegt eine positive Anthropologie: Der Mensch ist ursprünglich ein guter; erst die Sozialisierung in der bürgerlichen Gesellschaft entfremdet ihn von diesem positiven Ursprung. Dieser Entfremdungsprozeß ist jedoch umkehrbar durch Lernen in Richtung einer Kultur, die nicht nur durch die Gegensätze der bürgerlichen Gesellschaft gekennzeichnet ist. Der Mensch als gutes, auf Sozialität bezogenes, lernfähiges Individuum: eine doppelt positive Anthropologie als Grundlage.

Ausgesprochen aktuell für unsere anthropologische Grundlegung der Dialogik ist die Position von Hegel. Widersprüche und Gegensätze, These und Antithese begründen als in jedem einzelnen vorhanden eine Dialogik, in der diese sich entfaltet mit und entlang dieser Gegensätze. Der Mensch, die Geschichte und die zugrundeliegende Anthropologie ist positiv: Die Entfremdung wird durch die Aufhebung der Gegensätze einer Lösung zugeführt.

Eine wichtige anthropologische Einsicht läuft über die Entdeckung der *Sprache* als einer Möglichkeit, den anderen Menschen als Gegenüber zu erkennen und sozial mit ihm umzugehen. Mit Ludwig Feuerbach wird das dialogische Prinzip als wesentlicher Bestandteil der zugrundeliegenden Philosophie und Anthropologie eingeführt.

Dialogisch leben – Dialogik als neues Denken

Die Überschrift ist Programm und Botschaft der modernen Dialogiker, unter ihnen Martin Buber, Karl Löwith sowie Karl Jaspers in seiner Theorie der Kommunikation.

Dialogik wird zum Entdeckungsverfahren[1] des Wechselverhältnisses zwischen Personen, dem Ich und dem Du, einem besseren Rollenverständnis der Menschen in der Gesellschaft. Entdeckt wird dabei nicht nur die Struktur des eigenen Ichs, sondern auch die des Gegenübers und des gesellschaftlichen Umfeldes. Im Dialog wer-

---

1 Goldschmidt, Hermann L., Dialogik – Philosophie auf dem Boden der Neuzeit, Frankfurt a. M. 1964, S. 28 ff.

den die differentia spezifica des Ichs und die des Gegenübers über das Medium der Sprache entdeckt und bei Entscheidungen systematisch einbezogen. Entscheidend ist weiter die durch Dialogik zu erfassende Zwischenmenschlichkeit.

Dialogik als Entdeckungsverfahren heißt die Entdeckung zurechenbarer Rollen, die Entdeckung zwischenmenschlicher Beziehungen und die Entdeckung zwischenmenschlicher Präferenzinterdependenzen und das Finden von Kompromissen. Nicht aus sich selbst ist der Mensch vernünftig (der Kantianische Autonomiegedanke), sondern über das soziale Verhältnis zum anderen.

Für den Ursprung der Dialogik ist Reziprozität unerläßliche Grundlage ebenso wie Zusammenarbeit (Kooperation). Hier geht es nicht um Manipulation des anderen, sondern um einen Austauschprozeß. Der Dialog gründet in der Tatsache, daß das Gegenüber in seiner Struktur verschieden ist, und *damit lebt der Dialog von der Überraschung*. Dies wiederum begründet die Bezeichnung *Dialogik als Entdeckungsverfahren*. Dialogik ist auch immer zwischenmenschliche Verständigung und damit auch die Entdeckung neuer Positionen im Kompromiß. Als Grundlage der dialogischen Beziehungen als Entdeckungsverfahren ist anzuerkennen, daß das Gegenüber etwas Einmaliges, etwas Besonderes ist, das es zu entdecken gilt und das die Überraschung in sich trägt. Er oder sie ist also kein durchschnittlich repräsentatives Individuum. Das Gegenüber ist auch immer ein Stück Geschichte, und beide Partner des Dialogs beziehen ihre historische Dimension bewußt oder unbewußt in den Dialog mit ein.

Erstarrt der Dialog in Nützlichkeitserwägungen und erhält das wirtschaftliche Denken Dominanz, so gerinnt der Zusammenhang zum Gefangenendilemma. Hier hat die These der Konditionierung der Menschen zu homines oeconomici erneut ihren Platz, ebenso die Position des entfremdeten Menschen und die Verdinglichungsthese.

Exemplarisch verwirklicht sich Dialogik als Entdeckungsverfahren in modernen Selbsthilfegruppen. Selbsthilfe wird als Hilfe zur Selbsthilfe und als Lebensform verstanden. Die Selbsthilfegruppe versucht, über den Prozeß der Dialogik zwischen gemeinsam Betroffenen und gemeinsam Engagierten Gemeinschaft zu bilden. Krankheiten und bewußte oder zu Bewußtsein gebrachte Deformationen werden in diesem dialogischen Prozeß der Genesung zugeführt, soziale Defekte geheilt.

Hier wird die Frage nach dem Schwerpunkt der Dialogik als Lebensform beantwortet. Gefragt wird nach den Bedingungen, die eine Emanzipation der Verfahrensbedingungen gegenüber den konkreten sozialen Konflikten am ehesten erlauben und so der Dialogik über eine Freilegung ihrer *anthropologischen Wurzeln* am schnellsten und nachhaltigsten den nötigenden Charakter nehmen. Es werden dies diejenigen Konflikte sein, deren Reichweite aufgrund der problematisierten Verkörperung von Macht gering und deren zugehöriges Auditorium deshalb überschaubar ist. Als Beispiele können die *Familie* oder die *Selbsthilfegruppe* genannt werden.

Sämtliche Beweisschritte zur Identifikation der *Dialogik als Lebensform* verlieren auf einer solchen Ebene ihren bloß theoretischen Charakter, da sie im Zusammenhandeln individuell nachvollzogen, (wieder-)entdeckt werden und damit *praktische, lebensstiftende* Bedeutung gewinnen.

Dem hier verinnerlichten, über eine entsprechende anthropologische Wurzel stabilisierten sozialen Wertekanon werden die Individuen auch in „unübersichtlicheren" Szenarien (d. h. größeren Gruppen) nachhandeln und so dort die bezeichnete Emanzipation beschleunigen oder stabilisieren. In diesem Sinne kann auch von einer *aufsteigenden Sozialität* gesprochen werden.

Ein Modell

Wir gehen von der These aus, daß die Chancen zur Artikulation von sozialen Bedürfnissen und Interessen durch die Bürger in der Zivilgesellschaft die demokratische mit der sozialen Frage verbinden. Ist die Koordination von individuellen Handlungen in der Demokratie durch eine Dialogik als Entdeckungsverfahren im Medium öffentlicher Auseinandersetzungen möglich?

Soll Demokratie als Lebensform, als Lebensprozeß – und nicht als Herrschaft einer politischen Klasse –, als dialogischer Prozeß – und nicht als Herrschaft der Büros – begriffen werden, so ist der Umwelt des Individuums eine lediglich ermöglichende Funktion zugewiesen.

Diese ermöglichende Funktion von Umwelt behauptet weder eine Deduktions- noch eine einseitige Determinationsbeziehung zwischen Bedürfnis und Institution, das heißt:

- Es werden sowohl Bedürfnisse von Institutionen gebildet (z. B. „Sozialpolitische Bedürfnisse *im Gefolge* der wirtschaftlichen Entwicklung" bzw. „Sozialpolitische Bedürfnisse *als Folge* der langfristigen Wirkungen der Herrschaftsverhältnisse"[2]),
- als auch Institutionen von Bedürfnissen (z. B. „Sozialpolitische Bedürfnisse als *Voraussetzung* wirtschaftlicher Entwicklung"[3]).

---

2 Vgl. Widmaier 1976.
3 Vgl. Widmaier 1976.

Die Bedürfnisse werden durch die Kultur näher spezifiziert: *einmal* durch Ideensysteme wie den Contract Social von Jean Jacques Rousseau, *zum zweiten* durch ihre zeitgemäße und durchaus interessengeleitete Rezeption, wie in der Französischen Revolution, sowie *drittens* durch ihre institutionelle Umsetzung, wie etwa durch die Herrschaft der Jacobiner geschehen. Innere Überzeugungen und äußerer Zwang schließen damit den Kreis bei der Spezifizierung sozialer Bedürfnisse.

Wird als Voraussetzung zur Entwicklung einer der demokratischen Lebensform eingeschriebenen politischen Moral die *Chance* identifiziert, daß Demokraten an der dialogischen Auseinandersetzung um politische Werte, Probleme und Bedürfnisse teilnehmen und an ihrer Lösung und Verwirklichung gemeinsam und solidarisch partizipieren, bedeutet demokratische Kultur primär die Formulierung von Verfahrensbedingungen, unter denen sich das individuelle Sozialitätspotential *intra*personell und beim *inter*personellen Zusammenhandeln entfalten kann. Die conditio sine qua non hat also relativen Charakter („Chance"); sie setzt den Rahmen des demokratischen Verfahrens unter Spannung.

Die Gefolgschaft gegenüber einem Resultat wird für die es stützende Majorität in der für diese Individuen *unmittelbaren* Geltungskraft begründet. Die Akzeptanz des Resultats durch die negierende Minorität wird durch die im demokratischen Verfahren symbolisierte Legitimität bewerkstelligt. Akzeptanz bedeutet hier entweder Befolgung und gegebenenfalls Initiierung eines dialogischen Prozesses oder aber Rekurs auf innere Überzeugungen und bewußte Inkaufnahme der vereinbarten Sanktionen bei Nicht-Befolgung.

Entscheidend ist, daß die Majorität bei einer Institutionalisierung „ihres" Resultats auf der Umweltebene den öffentlichen Raum politischer Dialogik nicht so einschränkt, daß die prinzipielle Zeitbegrenzung demokratischer Entscheidungen in Frage gestellt wird. Der Minorität von heute darf nicht die Chance genommen werden, Motor der Mehrheit von morgen zu werden. Damit würde das jeweilige Resultat die über den Entstehungszusammenhang generierte Legitimität verlieren. Geschieht dies fortgesetzt, verschiebt sich die Qualität der durch Rekurs auf innere Überzeugungen angeleiteten, individuellen Nicht-Geltung vom legitimen zivilen Ungehorsam hin auf den notwendigen politischen Widerstand[4].

Ein derart die *„aktive Freiheit"* („Spielraum für die Durchsetzung eigener Wünsche"[5]) verbürgender öffentlicher Raum politischer Dialogik gewährleistet komplementär auch die *„passive Freiheit"* des Individuums („Freiheit von Eingriffen seitens Dritter"[6]), schützt es also vor demokratischem Terror.

---
4 Vgl. i. d. S. Rödel et al. 1989, S. 45 f.
5 Rothschild 1992, S. 36.
6 Rothschild 1992, S. 36.

Der „aktivische" Schutz der zu minoritären sozialen Bedürfnissen konkretisierten, institutionell gefilterten inneren Überzeugungen bedeutet nämlich anders gewendet, daß sich das konfliktäre Verhältnis verschiedener sozialer Bedürfnisse einer Vielzahl von Individuen in gleicher Weise erschließen muß, um im demokratischen Raum problematisiert werden zu können. Dies gilt nicht nur für „neue", durch die Problematisierung historischer Kontingenzen aufbrechende Konflikte, sondern auch für diejenigen, die zeitweilig als zufriedenstellend beigelegt betrachtet werden.

Der Konflikt selbst besagt noch nicht, wie er geregelt wird. Die im politischen Raum entfesselte Dialogik wird neue Gründe offenbaren, aber auch Interessen. Interessen werden im Prozeß von Ideen abgesprengt, verlieren also über die fortbestehende innere Überzeugung ihre intrapersonelle Basis. Neue Allianzen werden generiert, sei es *strategischen Charakters* (Interesse - Interesse, Interesse - Idee/ Überzeugung, wobei der zweite Typus über die Zeit zum ersten hin tendieren wird), sei es *ethischen Charakters* (Idee/ Überzeugung - Idee/ Überzeugung).

Die passive Freiheit ist also einem dialogischen Raum ebenfalls eingeschrieben. Alle zeitweilig beigelegten Konflikte bzw. alle Konflikte, die ein gewisses gesellschaftliches Intensitätsniveau nicht zu erreichen vermögen, bleiben einer erneuten Regelung entzogen. Die private Autonomie des einen Individuums reicht also vom Standpunkt des anderen Individuums aus betrachtet genau so weit, wie ersteres „*nicht* Rede und Antwort stehen, für seine Handlungen *keine* öffentlich akzeptablen Gründe angeben muß"[7].

Der Rahmen des demokratischen Verfahrens wird aber neben aktiver und passiver Freiheit noch über einen *dritten* Punkt gespannt. Die postulierte Chance der dialogischen Partizipation stellt auch die Frage nach den Zugangsbedingungen zum demokratischen Raum, nach dem Auditorium, in dem in konfliktäre soziale Bedürfnisse übersetzte innere Überzeugungen zu einem Ausgleich gebracht werden sollen, sei es über die unmittelbare Geltungskraft des Resultats, sei es über die Legitimität des dialogischen Verfahrens.

Zunächst kann gesagt werden, daß Zugangsbeschränkungen zu einem dialogischen Raum für diejenigen, die es angeht, nicht dauerhaft existieren können. Dies läßt die Logik des eben dargelegten Konfliktlösungsverfahrens nicht zu. Die Dialogik bestimmt neben dem „ob" bzw. „wie" einer Regelung auch ihre etwaigen Grenzen und damit das Auditorium selbst.

Ist nun die Klassifikation des Begriffs „Chance einer gemeinsamen und solidarischen Partizipation an einer dialogischen Auseinandersetzung", wenn auch zunächst unzureichend, geleistet, so stellt sich die Frage nach dem, was diese Chance voraussetzt: nach der politischen Moral. Es ist die Frage nach den Implikationen desjenigen Dialogs, der die demokratische Hülle ausfüllt, sie stabilisiert und nicht sprengt.

---

7 Habermas 1992, S. 153.

Hierzu muß das *Material der Dialogik* identifiziert werden.
- Das Material ist die ihres Legitimitätsanspruchs entkleidete Macht. „Macht bedeutet jede Chance, innerhalb einer sozialen Beziehung den eigenen Willen auch gegen Widerstreben durchzusetzen, gleichviel worauf diese Chance beruht"[8].
- Der *außerhalb* des dialogischen Raums vermittelt (z. B. legal) oder unvermittelt (z. B. traditional) herrschenden Verkörperung eines Autoritätsanspruchs (z. B. Rechtsform, Sitte) wird *innerhalb* seiner die bisher „an und für sich" legitimierende Haut vom Leibe gezogen, so daß die Aspekte des „gleichviel, worauf diese Chance beruht" sichtbar werden. Was eben noch „selbstherrlich" Quelle von Legitimität gewesen sein mag, sinkt auf die Qualität eines Grundes zurück, der nun selbst innerhalb des dialogischen Prozesses Geltung erheischen muß.
- Dies ist es, was die Protagonisten der mit ihren Gründen im Untergang befindlichen Legitimitätsressource nötigt, den anderen Individuen im dialogischen Prozeß Statusgleichheit zuzubilligen und deren zu sozialen Bedürfnissen verdichteten, an Institutionen gebrochenen inneren Überzeugungen als andere, aber gleichberechtigte Gründe anzuerkennen.
- Wie bereits bei der Erörterung des Chancenbegriffs angedeutet, bemißt sich die Stabilität des neuen, legitimitätsstiftenden, kollektiven Deutungsmusters nach der Qualität der es generierenden Gründe. Hier soll nur soviel gesagt werden, daß eine Legitimitätsressource, die direkt auf inneren moralischen Überzeugungen beruht, eine größere Stabilität aufweisen wird als die aus inneren Überzeugungen und strategischen Interessen gebildete Legitimitätsressource.

Dialogik ist also das Entdeckungsverfahren des Wechselverhältnisses zwischen Personen, dem Ich und dem Du, und dem besseren Rollenverständnis der Menschen in der Gesellschaft. Im Dialog werden die differentia spezifica des eigenen Ichs und die des Gegenübers über das Medium der Sprache entdeckt und bei Entscheidungen systematisch einbezogen.

Unter Berücksichtigung des aktive *und* passive Freiheit gewährleistenden dialogischen Raumes *kann* sich das Individuum im – wie gezeigt – notwendig gleichberechtigten Zusammenhandeln als originäre Quelle von Macht begreifen. Diese Selbstbestimmung bleibt jedoch an die aufgezeigten Ausfertigungsbedingungen geknüpft: Anders als die zum Ausgleich zu bringenden konkreten Konflikte ist diese über die Zeit konstant. Eine zeitliche Konstanz begründet ihre Emanzipation gegenüber einem jeweils konkreten Zusammenhang für das Individuum. Der im Konflikt wurzelnde nötigende Charakter stirbt in dem Maße ab, wie die der Dialogik einge-

---

8 Weber 1972, Soziologische Grundbegriffe § 16.

schriebenen Abstraktionen in den Kanon der inneren Überzeugungen der Individuen diffundieren: Es sind dies vorderhand aktive und passive Freiheit sowie Statusgleichheit.

Sind diese Abstraktionen gesellschaftlich umfassend intrapersonell begründet, wird ihnen lediglich nachgehandelt, d. h. sie werden beim Zusammenhandeln nicht mehr problematisiert: Eine politische Moral ist etabliert.

Aufgrund der eben getroffenen Aussagen kann nun eine nähere Bestimmung der weiter oben unzureichend entwickelten Begrifflichkeit „Zugangsbeschränkungen zu einem dialogischen Raum für diejenigen, die es angeht" geleistet werden. Dort wurde behauptet, daß die Dialogik auch die Grenzen einer Regelung und damit das Auditorium bestimmt.

- Als Initialzündung des dialogischen Prozesses wurde die Problematisierung der Legitimitätskomponente von Macht identifiziert.
- Diese Macht wird in der Umwelt durch einen bisher vermittelt oder unvermittelt geltenden Autoritätsanspruch verkörpert.
- Die konkrete Verkörperung ist dabei nach der Art des Machtanspruchs (z. B. traditional, charismatisch) sowie nach dem den Problematisierungssog entfaltenden sozialen Sub-System (z. B. Familie) zu differenzieren.
- Bei vollzogener Etablierung einer politischen Moral wird jeder zu Wort kommen *können* (aktive und passive Freiheit), der in Anbetracht der kritisierten Verkörperung begründet eine Betroffenheit reklamieren kann. Die Ausfallbürgschaft für diese politische Moral übernimmt der oben abgeleitete, dann nötigende Charakter eines jeweiligen dialogischen Prozesses.

Damit bestimmt die Dialogik die Reichweite eines Konflikts als genauso weit, wie unter Berücksichtigung der Verkörperung des kritisierten Machtanspruchs Gründe zu seinem Ausgleich intersubjektiv anerkannt existieren. Sie bestimmt diejenigen zum Auditorium, die diese Gründe glaubhaft vorbringen können.

Nachdem über eine genauere Bestimmung des Chancenbegriffs die Möglichkeit zur Etablierung einer politischen Moral gezeigt wurde, soll nun noch der diese Elemente umschließende Begriff der *demokratischen Lebensform* näher spezifiziert werden. Als Grundlage der Emanzipation der dialogischen Verfahrensbedingungen gegenüber dem jeweils konkreten Konflikt wurde ihre zeitliche Invarianz identifiziert. Ausgangspunkt hierfür war die Problematisierung institutionell verkörperter Kontingenzen, das Antasten der unantastbaren göttlichen Ordnung des Mittelalters durch Machthaber und Unterworfene.[9] Entsprechend dem postulierten Verhältnis zwischen Bedürfnis und Institutionen läßt unsere methodologische Position ein we-

---

9 Vgl. auch Rödel et al. 1989, S. 86.

senslogisches Verhältnis zwischen innerer Notwendigkeit und äußerer Zufälligkeit nicht zu (anders: Marxismus). Sind aber die konkreten Bedürfnisse ein zufälliges, historisch zu erklärendes Produkt, so müssen die Implikate eines über die Zeit fortbestehenden Konfliktlösungsverfahrens *anthropologisch verwurzelt* sein.

Neben einer philosophischen Tradition der „Dialogik" weisen auch die demokratietheoretischen Klassiker in der Zeit zunehmende qualitative Ansprüche bezüglich gesellschaftlich legitimer Macht (Umweltebene!) an dieses Konfliktlösungsverfahren aus. Die wachsenden qualitativen Ansprüche an eine Dialogik gehen mit einer positiven Anthropologie einher. Der Verweisungszusammenhang *Hobbes-Locke-Rousseau* kann als empirisches Indiz gewertet werden, wenn man deren Schriften zunächst selbst den Status von Gründen im dialogischen Prozeß zubilligt.

Die methodisch zwingend abgeleitete anthropologisch verwurzelte Dialogfähigkeit kann also durch zwei empirische Indizien gestützt werden: die philosophische Tradition der Dialogik und die demokratietheoretischen Klassiker. Die Erfüllung der notwendigen Bedingung einer Emanzipation, der Existenznachweis einer zureichenden Quantität dialogisch zu lösender sozialer Konflikte zu jedem *Zeitpunkt*, konnte über die Erhellung des Begriffs der „Verkörperung" geleistet werden.

Paradigmenwechsel: Auf dem Wege zur Solidarität durch Subsidiarität

Problemstellung

Ergebnisse von Marktgesellschaften sind Güter und Dienstleistungen, externe Effekte in Form von sozialen Kosten, krankmachende Vereinzelung, schließlich Zerstörung (Kumulierungsthese). Die Individualisierung wird erzeugt durch die anonymen Marktgesetze (Konditionierungsthese). Die wissenschaftliche Antwort darauf ist der methodologische Individualismus. Die Produktionsverhältnisse erzeugen Leidensdruck in der Form von körperlichen und seelischen Krankheiten. Solidarisches Handeln wird provoziert. Hilfe zur Selbsthilfe in dialogischen Gruppen öffnet Chancen für individuelle *und* soziale Genesung. Die methodologische Herausforderung läßt sich im Paradigma der Selbsthilfe fassen.

Problemwahrnehmung

Die Effekte gesellschaftlicher Konditionierung auf das Individuum werden mit der Zeit als Leidensdruck empfunden. Dieser Leidensdruck wird durch die anonymen Marktkräfte gleichsam hinter dem Rücken des einzelnen allmählich wirksam. Er führt zu einem Interesse an abstrakter Abhilfe: denn er wird als eine Beeinträchtigung der autonomen Lebensführung empfunden. Dabei bleiben die Ursachen zunächst unbekannt.

Die durch das Interesse an abstrakter Abhilfe hervorgerufene Reflexion des Leidensdrucks bestimmt zunächst nur die Lösungsidee:

- monologisch-individuell,
- dialogisch-kollektiv.

Methodisch gesprochen wird damit ein Verhältnis zwischen innerer Notwendigkeit und äußerer Zufälligkeit, wie wir sie etwa bei der Marxschen Position finden, wie sie aber auch andere geschichtsdeterministische Positionen auszeichnet, abgelehnt. Der soziale äußere Druck beeinflußt nur die Wahl der Lösungs*form* als eine monologische bzw. dialogische Lösungsform. In der Regel sind nämlich nur die äußeren Symptome der menschlichen Deformation (etwa als Krankheitssymptome) zugänglich bzw. einsichtig.

Das Eintrittskalkül in die subsidiäre Selbsthilfegruppe

Die Selbsthilfegruppe kennzeichnet ein doppelter Aspekt: sie ist eine dialogische Lösungs*form*, und ihr ist zugleich eine dialogische Lösungs*idee* eingeschrieben. Der Eintritt beruht entweder auf einer Kongruenz von Idee und Form oder auf einer Divergenz zwischen einer monologisch-indivuellen Lösungs*idee* und einer dialogisch-kollektiven Lösungs*form* (Eintritt aufgrund sozialen Drucks). Ruht das Interesse auf der über die Form verstärkten Lösungsidee auf, so ist die Zukunftsprognose positiver, als dann, wenn die mit dem Interesse einhergehende Lösungsidee keine interne Verbindung zur Lösungsform herstellen kann.

Dies im voraus. Für den *Zugang* zu einer Selbsthilfegruppe freilich ist die Unterscheidung nicht relevant, da es sich bei der Mitgliedschaft um eine freiwillige handelt. Es herrscht Motivfreiheit. Damit ist es für den Zugang unerheblich, ob das Individuum von der Idee überzeugt ist oder nur auf sozialen Druck antwortet. Die physische Anwesenheit wird als Indiz einer individuellen Betroffenheit gedeutet.

Das Verbleibekalkül

Hat sich das Interesse mit einer monologisch-individuellen Lösungsidee verbunden, so kann das Individuum – neoklassisch gesprochen – die dialogische Lösungsform der Selbsthilfegruppe nur als Restriktion rezipieren. Die anderen Gruppenmitglieder werden zur Nebenbedingung individuell-monologischen Handelns herabgesetzt. Damit ist die Bedingung der Statusgleichheit, die dem dialogischen Raum inhärent ist, verletzt. Das Individuum kann den dialogischen Prozeß nicht als Entdeckungsverfahren verstehen, der Sinn der Dialogik bleibt unerschlossen. Das Individuum ist stumm; verbale Äußerungen haben strategischen Charakter. Das Individuum vergewissert sich seiner passiven Freiheit oder instrumentalisiert bestenfalls die mit der aktiven Freiheit verbundene Möglichkeit, sich in den Dialog einzubringen. Wenn dieser Zustand fortbesteht, kann die Dialogik nicht als das Medium erkannt werden, das in der Lage ist, die vielfältigen Ursachen des Leidensdrucks aufzuspüren. Die verweigerte Statusgleichheit blockiert die Erkenntnis, daß man sich in der gleichen Lage befindet. So kann eine gemeinsame Situationsdeutung gar nicht erst stattfinden.

Zwei Entwicklungen sind denkbar: Entweder versetzt der dialogische Prozeß das Individuum in die Lage, sich aus seinem monologisch-individuellen Gefängnis zu befreien; das würde heißen, daß der einzelne in der Lage ist, vermittels der konstanten Lösungsform einen Ideenswitch zu vollziehen. Oder aber die Restriktion der Selbsthilfegruppe wird bei sich ändernden Kosten, etwa bei abnehmendem äußeren Druck durch die Familie, eliminiert.

Die erste positive Möglichkeit zwingt uns zu einer genaueren Analyse des dialogischen Prozesses. Verbindet sich das Interesse aber von vornherein mit der dialogisch-kollektiven Lösungsidee, beeinflußt sozialer Druck also schlimmstenfalls die Auswahl der konkreten Lösungsform (sozialer Druck als Information), so wird das Individuum die freiwillig gewählte Lösungsform nicht als Restriktion ansehen. Das Individuum wird der Selbsthilfegruppe als Institutionalisierung dieser Lösungsidee auch gegen Widerstand beitreten und Hilfe erwarten. Ein solcher durch die Lösungsidee gedeckter Vertrauensvorschuß erstreckt sich auch auf die Voraussetzung des dialogischen Raumes, die Statusgleichheit.

Das Individuum kann den *dialogischen Prozeß als Entdeckungsverfahren* verstehen. Es wird sich aktiv beteiligen und die mit der aktiven Freiheit einhergehenden verbalen Äußerungen in einem nicht-strategischen Sinne verwenden. Die über der Lösungsform liegende Lösungsidee als dialogisch-kollektive Selbsthilfegruppe heißt ja auch Anerkennung der Voraussetzung der Statusgleichheit: Wir befinden uns alle in der gleichen Lage, sitzen in einem Boot. Auch diese Zusammenhänge verweisen auf eine genauere Analyse des dialogischen Prozesses.

Die Dialogik der Selbsthilfe

Der dialogische Prozeß innerhalb der Selbsthilfegruppe vermag dreierlei zu leisten: Er muß erstens für einen Ideenswitch zuträgliche Bedingungen bereitstellen und/oder zweitens die Möglichkeit zu abstrakter Abhilfe als real gerechtfertigt erweisen und deshalb drittens über eine gemeinsame Situationsdeutung die diffusen Ursachen des Leidensdrucks benennen.

Zuträgliche Bedingungen

Zieht man die Selbsthilfeform der „Twelve-Steps-Groups" als empirisch vorfindliche Interpretation der dialogisch-kollektiven Lösungsidee beispielhaft heran, so sind es hier die „Zwölf Traditionen", die die für einen Ideenswitch zuträglichen Bedingungen formulieren. Ihre Formulierung erfolgte aus der erfolgreichen Selbsthilfepraxis der ersten zehn Jahre dieser Selbsthilfeform. Ihre prinzipielle Vereinbarkeit mit der Selbsthilfeform der „Twelve-Steps-Groups" wurde 1950 auf einem ersten internationalen Kongreß festgestellt. Der Charakter dieser Traditionen ist moralischer Natur. Sie sind in Form von Soll-Sätzen formuliert. Nur individuelle Einsicht erzwingt letztlich ihre Einhaltung. Über die Geburt aus praktischen positiven wie negativen Erfahrungen, über ihre Reproduktion im konkreten Prozeß, d. h. ihre akzeptierte Invarianz in der Zeit und ihre Unabhängigkeit von einem konkreten Ort kann aber ein zweckrational orientiertes Individuum die Traditionen als ein Signal interpretieren, als einen Preis, der für die erwartbare individuelle Genesung gemäß einer individuell *nicht* gewünschten Lösungsform zu entrichten ist. Ist dieser Preis höher als der Preis einer Aufgabe der „Selbsthilfe-Restriktion" (sozialer Druck sowie entgangener Nutzen der erwartbaren Genesung gemäß einer individuell *nicht* gewünschten

Lösungsform), so wird das Individuum diese Restriktion eliminieren. Wie wird aber nun ein Individuum, das die Traditionen aus zweckrationalen Erwägungen akzeptiert, diese nutzen?

Erste Tradition: Unser gemeinsames Wohlergehen sollte an erster Stelle stehen; die Genesung des einzelnen beruht auf der Einigkeit.

Diese Tradition drückt aus, daß der Mensch zugleich Individuum und Mitglied der Gruppe ist, daß er den oder die anderen zum Überleben braucht. Während der Primat der Gruppe mit einer dialogisch-kollektiven Lösungsidee kongruent ist (vgl. oben), kann ein individuell-monologisch bestimmtes Individuum die Gruppe nur als Bedingung individueller Genesung begreifen. Für dieses steht die individuelle Genesung im Vordergrund, es meint, der anderen nicht zu bedürfen.

Zweite Tradition: Für den Sinn und Zweck unserer Gruppe gibt es nur eine höchste Autorität – einen liebenden Gott, wie er sich in dem Gewissen unserer Gruppe zu erkennen gibt. Unsere Vertrauensleute sind nur betraute Diener; sie herrschen nicht.

Unter säkularem Vorzeichen bedeutet diese Tradition die Abwesenheit von Ideologie und Herrschaft innerhalb der Selbsthilfegruppe. Diese Bedingung kann sowohl vom dialogisch wie vom monologisch bestimmten Individuum verstanden werden, wenn auch das erstere von dieser Tradition ein weniger extensives Verständnis haben wird als das zweite.

Dritte Tradition: Die einzige Voraussetzung für die Zugehörigkeit ist der aufrichtige Wunsch, mit dem Suchtmittel aufzuhören.

Auch diese Tradition kann unabhängig von der individuellen Lösungsidee verstanden werden, da sie am Symptom der sozialen Deformation ansetzt, die zumeist selbst schon Außenstehenden zugänglich ist.

Vierte Tradition: Jede Gruppe sollte selbständig sein, außer in Dingen, die andere Gruppen oder die Gemeinschaft als Ganzes angehen.

Während diese Tradition für das dialogisch inspirierte Individuum durch die Erste Tradition ausgelegt, der andere so vor „dialogischem Eifer" geschützt wird, akzeptiert der andere die Nichteinmischung unmittelbar aufgrund seiner Lösungsidee.

Fünfte Tradition: Die Hauptaufgabe jeder Gruppe ist, unsere Botschaft zu Menschen zu bringen, die noch leiden.

Die von dieser Tradition bezeichnete Empathie kann vom dialogisch ausgerichteten Individuum als integraler Bestandteil der Lösungsform verstanden werden. Dem monologischen Individuum bleibt der Sinn dieser Tradition verschlossen, da es ihm nicht möglich ist, sich anders als strategisch gegenüber Dritten zu verhalten.

Sechste Tradition: Eine Gruppe sollte niemals irgendein außenstehendes Unternehmen unterstützen, finanzieren oder mit Namen decken, damit uns nicht Geld-, Besitz- und Prestigeprobleme von unserem eigentlichen Zweck ablenken.

Hier wird eine Konzentration auf das Anliegen der individuellen Genesung gefordert. Das Ziel der individuellen Genesung soll nicht durch intern begründete, vornehmlich materiell orientierte Interessen gefährdet werden. Die Gruppen haben deshalb Nicht-Erwerbscharakter. Die Sechste Tradition stellt so für das kollektiv orientierte Individuum auch eine Auslegung der Fünften Tradition dar: Empathie und nicht materielle Unterstützung ist entscheidend. Das rein monologisch orientierte Individuum kann dieser Tradition ebenfalls folgen, insofern ein über die Gruppe hinausgehendes Engagement eine Erhöhung seines Preises für „individuelle Genesung" darstellt.

Siebente Tradition: Jede Gruppe sollte sich selbst erhalten und von außen kommende Unterstützungen ablehnen.

Diese Tradition stellt das Komplement zur vorher vorgestellten Tradition dar. So wenig die Gruppen Abhängigkeiten begründen sollten, die dann auf den Dialog selbst zurückschlagen, so wenig sollte die Bewegung die Möglichkeit zur Induzierung materieller Interessen von außen geben, die sich intern als Zwänge manifestieren. Das dialogisch inspirierte Individuum kann den Sinn dieser Tradition über die Gefahr der Verfremdung des dialogischen Prozesses durch wesensfremde Elemente erschließen (Fremd-bestimmung vs. Selbstverantwortung). Der homo oeconomicus wird diese Tradition nur übernehmen, wenn er innerhalb der Gruppe eine „free rider"-Position einnehmen kann, da einerseits eine Beteiligung an der Sicherung des materiellen Substrats der Gruppe eine Erhöhung seines Preises bedeutet, andererseits sich ihm der Sinn dieser „Preiserhöhung" nicht erschließt.

Achte Tradition: Die Tätigkeit bei den Gruppen sollte immer ehrenamtlich bleiben, jedoch dürfen unsere zentralen Dienststellen Angestellte beschäftigen.

Die Statusgleichheit innerhalb des dialogischen Prozesses soll sich auch im materiellen Status manifestieren. Diese Tradition ist schon integraler Bestandteil der dialogisch-kollektiven Lösungsidee.

Neunte Tradition: Die Selbsthilfegruppen sollten niemals organisiert werden. Jedoch dürfen wir Dienst-Ausschüsse und -Komitees bilden, die denjenigen verantwortlich sind, denen sie dienen.

Hier geht es um den dienenden Charakter von organisatorisch notwendiger Führung. Eine Weisungsbefugnis gegenüber Mitgliedern oder Gruppen besteht nicht. Externe Steuerungsimperative in Form von Macht, die den dialogischen Charakter des internen Prozesses zerstören würden, werden vermieden. Während ein zweckrational motiviertes Individuum diese Tradition nur wegen der Vermeidung von Zwang goutiert, erschließt sich dem anderen Individuum die Geltung dieser Tradition aufgrund der Bedrohung des dialogischen Prozesses, der Bedrohung seiner Interpretation der Lösungsidee.

Zehnte Tradition: Die Mitglieder der Selbsthilfegruppe nehmen niemals Stellung zu Fragen außerhalb ihrer Gemeinschaft; deshalb sollte auch der Name niemals in öffentliche Streitfragen verwickelt werden.

Die Statusgleichheit innerhalb der Gruppe bedeutet u.a. eine Abstraktion von Rasse, Nation, Geschlecht, politischem Standpunkt. Für den Zugang ist nur die Reklamation individueller Betroffenheit erforderlich. Diese Tradition ist mit beiden Lösungsideen vereinbar. Das dialogisch motivierte Individuum wird o.g. Merkmale beim Zusammenhandeln in der Selbsthilfegruppe nicht in einer qualitativ differenzierenden Hinsicht verstehen, insbesondere wenn der Sinn des konkreten Zusammenhandelns davon unberührt bleibt. Für das monologisch-individuell ausgerichtete Individuum ist diese Tradition eine Bestandsgarantie seiner Präferenzen.

Elfte Tradition: Unsere Beziehungen zur Öffentlichkeit stützen sich mehr auf Anziehung als auf Werbung. Deshalb sollten wir auch gegenüber Presse, Rundfunk, Film und Fernsehen stets unsere persönliche Anonymität wahren.

Diese Tradition zielt darauf ab, daß der einzelne dem in der Ersten Tradition postulierten Primat der Gruppe auch in seinem Auftreten nach außen Rechnung trägt. Das dialogisch motivierte Individuum weiß um seine Angewiesenheit auf die Gruppe. Eine Aufgabe der individuellen Anonymität würde eine Personalisierung des durch die Gruppe entscheidend mitgetragenen Erfolges bedeuten, die Gruppe würde zur Nebenbedingung der individuellen Genesung herabgesetzt. Dies ist mit der dialogisch-kollektiven Lösungsidee unvereinbar. Die monologisch-individuelle Lösungsidee bedeutet aber gerade die Herabsetzung der dialogischen Selbsthilfeform zur Restriktion. Voraussetzung wäre aber, daß ein derart motiviertes Individuum in einer Lösungsform Genesung finden könnte, die seiner Lösungsidee widerspricht. Dies ist aber auszuschließen, da sich ihm der Sinn des dialogischen Prozesses nicht erschließen kann, dieser aber im Zusammenhandeln die Genesung generieren soll.

Zwölfte Tradition: Anonymität ist die spirituelle Grundlage aller unserer Traditionen, die uns immer daran erinnern soll, Prinzipien über Personen zu stellen.

Werte stehen im Vordergrund, der einzelne als Mensch, Individuum und Mitglied der Gruppe zugleich, nicht die konkrete Person. Diese Tradition ist mit einer individuell-monologischen Lösungsidee unvereinbar, der anderen ist sie implizit.

Der Durchgang durch die Traditionen sollte zeigen, daß die Lösungsform der Selbsthilfegruppe auch einem zunächst zweckrational orientierten, aber an Genesung interessierten Individuum u.U. (vgl. „Preiskalkül") eine Nische gewährt, insofern für einen Ideenswitch *zuträgliche* Bedingungen bereitstellt. Dieses Ergebnis lenkt dann die Aufmerksamkeit auf die „Zwölf Schritte". Deren Vollzug muß die zunächst kontrafaktische, jetzt von *beiden* Lösungsideen gedeckte Möglichkeit zu abstrakter Abhilfe als gerechtfertigt erweisen. In diesem Prozeß muß also auch die Möglichkeit zu einem Ideenswitch gezeigt werden, damit dann über eine *gemeinsame* Situationsdeutung die bis dato diffuse Ursache des Leidensdrucks *benennen*. Letztlich muß dann der Status des Erklärungsansatzes geklärt werden. Die Selbsthilfegruppe als solche wird nicht als sozialpolitisches Allheilmittel vorgestellt. Vielmehr soll überprüft werden, ob und wo im politischen Bereich schon entsprechende Strukturen aufzufinden bzw. ob und wo bereits wichtige Elemente versammelt sind.

Die Traditionen haben einen durchaus paradoxen Charakter, gewähren sie doch einerseits einem monologisch-individuell motivierten Individuum eine Nische, andererseits gemahnen sie das dialogisch-kollektiv inspirierte Individuum, nicht in einen dialogisch bemäntelten, letztlich dann aber wieder zweckrationalen Eifer zu verfallen („Held der Zwölf Schritte").

Bei der genaueren Analyse der Traditionen ist zu beachten, daß sich eine innere Ablehnung nicht in einer „Widerstandshandlung" manifestieren muß. Allerdings kann auch Indifferenz oder gar Bejahung bei „passender Gelegenheit" zu einer den Traditionen zuwiderlaufenden Handlung führen.

Das Gerüst des dialogischen Prozesses ist ebenfalls konstant („Zwölf Schritte"), es ist wie die Zwölf Traditionen Bestandteil der interpretierten Lösungsidee: der Lösungsform „Selbsthilfegruppe". Die Zwölf Schritte beziehen sich aber stärker auf die *interne* Struktur des dialogischen Prozesses. Hier muß aber der *Ideenswitch* möglich sein. Die *Konstanz* des aus der monologisch-individuellen Perspektive als Nebenbedingung wahrgenommenen Gerüsts und des einhergehenden Dialogs bei gleichzeitigem Auftreten von „individueller Genesung" führt zu einer *zweckrational begründbaren* Infragestellung dieser Perspektive. Sind die Bedingungen konstant und ist individuelle Genesung offenkundig möglich, so ist die Beibehaltung dieser Perspektive in zweckrationalen Begriffen irrational. Der Motivationsswitch ist zweckrational rationalisierbar, da ein Rückfall in die monologisch-individuelle Lösungsidee, ja sogar der Austritt aus der Selbsthilfegruppe jederzeit – zu nicht höheren Kosten als zuvor – möglich bleibt. Ein derart motiviertes Individuum kann also zweckrational der Selbsthilfegruppe zunächst kontrafaktisch eine abstrakte Abhilfe ermöglichende Funktion zubilligen. Ein aufgrund des Motivationsswitchs einsetzender Genesungsprozeß wird aber die monologisch-individuelle Lösungsidee über den nun erschließbaren Sinn der Dialogik entwerten. Die zunächst provisorisch übernommene Perspektive, die die Erfahrbarkeit illokutionärer Bindungsenergien ermöglicht, wird mit der Zeit in den Kanon der inneren Überzeugungen diffundieren (Mensch als Individuum und Mitglied von Gruppen).

Jetzt geht es um die Benennung der diffusen Ursache des Leidensdrucks durch eine gemeinsame Situationsdeutung. Zentral ist dabei die Unterscheidung von handlungs- und gesellschaftstheoretischen Grundbegriffen. Der dialogische Prozeß generiert Sinn, Solidarität und Ich-autonome Lebensführung, keine Gesellschaftsanalyse. Dem durch äußere Einflüsse, gleichsam hinter dem Rücken des Individuums induzierten Leidensdruck werden in Begriffen des Alltagshandelns (Familie etc.) Widerstände entgegengesetzt. Die in die Selbsthilfestruktur eingebettete, durch die Solidarität der Gruppe gestärkte menschliche Existenz wird gegenüber systemischen

Imperativen und einer enttraditionalisierten Alltagswelt wieder zur Geltung gebracht. Das neue Leben beginnt. Die neugewonnene Sozialität hat die Möglichkeit, in anderen sozialen Zusammenhängen wirksam zu werden.

Die kleine Gruppe in der sozialen Bewegung – Ein Musterbeispiel

Einer stillen Revolution vergleichbar ist die soziale Bewegung der kleinen Selbsthilfegruppen in den Vereinigten Staaten von Amerika. Diese Revolution fand im stillen statt und geschah so inkremental, also in kleinen Schritten, daß sie besser als eine Reise denn als eine soziale Bewegung bezeichnet werden kann. Dennoch: Die kleinen Selbsthilfegruppen beginnen, die amerikanische Gesellschaft drastisch zu verändern, und zwar im Hinblick auf das Verständnis von Gemeinschaft, aber auch bei der Wiedergewinnung von Glaubensinhalten. Die Bewegung ist ohne Beispiel in der Geschichte. In einer Gesellschaft, die von Individualismus und harschem Egoismus geprägt zu sein scheint, besuchen gegenwärtig etwa 40 Prozent der erwachsenen Amerikaner kleine Gruppen, die sich regelmäßig treffen und Hilfe und Unterstützung für ihre Mitglieder bereithalten. Mitglieder finden hier nicht nur Freunde, sondern zugleich emotionale Unterstützung und in vielen Fällen Genesung von Krankheit. Viele sagen, daß ihr Leben neu begonnen hat, daß ihre Identität sich verändert hat – immer als Ergebnis eines besonderen Engagements in der Gruppe.

Diese Bewegung steht in der Tradition freiwilliger Vereinigungen, wie wir sie im Europa des 19. Jahrhunderts etwa aus der Arbeiter- und Genossenschaftsbewegung kennen. Im Gegensatz dazu freilich ist die aktuelle Bewegung eher auf traditionelle Werte hin orientiert. Zugleich werden aber traditionelle Weisheiten in Form von Doktrinen und Ideologien auch in Frage gestellt. Generell allerdings wird ein pragmatischer Ansatz vertreten (z. B. zwölf einfache Schritte in den Programmen der Anonymen-Gruppierungen).

Das dramatische Wachstum dieser Gruppen ist nur erklärlich aus dem sozialen Zusammenhang der Anonymität des Lebens in der amerikanischen Gesellschaft des ausgehenden 20. Jahrhunderts. Gesucht wird vom einzelnen ein stärkerer Bezug zur Gemeinschaft. Menschen helfen einander, teilen Probleme, Kraft und Hoffnung, und gewinnen auf diese Weise einen neuen Bezug zu sich selbst und zu ihrer gesellschaftlichen Umwelt.

Interessant ist, daß die kleinen Gruppen im wesentlichen von kirchlichen Vereinigungen und Organisationen entweder gesponsert oder beheimatet werden, indem man ihnen zumindestens den Platz für Meetings gewährt. So betrachtet ist die Bewegung so etwas wie eine Ausweitung der Rolle, die kirchliche Organisationen in der amerikanischen Gesellschaft immer gespielt haben. Einschränkend muß allerdings gesagt werden, daß die Bewegung kleiner Gruppen in den USA eine größere Breite und eine größere Freiheit bei der Auswahl religiöser und weltlicher Werte zuläßt als in Deutschland: Glaube ist eher fließend, fördert Genesung und Wandel und schafft Gemeinschaften, die sich sehr leicht etablieren, aber auch ebenso leicht wieder verschwinden können.

Gemeinschaft durch Selbsthilfe

Amerikaner werden oft als in einer einsamen Gesellschaft lebende, selbstsüchtige Individualisten, die sich durch Isolation auszeichnen, beschrieben. Zerrissene Familien, der Mangel an Freundschaften und Beziehungen und die zunehmende Anonymität großmächtiger Institutionen sind Stereotype, die wir in bezug auf die USA kennen. Demgegenüber konfrontiert uns die Bewegung der kleinen Selbsthilfegruppen mit einem anderen Bild der amerikanischen Gesellschaft. Die kleinen Gruppen erzeugen Gemeinschaft und fördern Verständnis für Gemeinschaft: Sie halten die amerikanische Gesellschaft zusammen. Sie sind ein eigener sozialer Mechanismus, der eine scheinbar auseinanderfallende Gesellschaft offensichtlich zusammenschweißt. In der Gruppe können die Individuen ihre Bedürfnisse und Interessen einbringen, sie können sich Freunde schaffen und sich auf weitere soziale Beziehungen und Netzwerke hin entwickeln. Damit haben sie die Möglichkeit, ihr Selbstinteresse zu transzendieren, den Individualismus zu konterkarieren.

Freilich muß vermerkt werden, daß die Art und Weise der Gemeinschaft, die durch kleine Selbsthilfegruppen erzeugt wird, anders ist als die, die charakteristisch ist für Familien, nachbarschaftliche Beziehungen oder ethnische Gruppierungen, wie wir sie aus der Geschichte kennen. Die Gemeinschaft ist in diesem Vergleich von geringerer persönlicher Nähe. Die Gruppen sind oft sehr zweckgebunden und voluntaristisch. Dementsprechend wird Gemeinschaft in diesen Kleingruppen weiter definiert. Der gefühlsmäßige Teil wird unterstrichen und der Bezug zum Gegenüber durch Dialog gefördert. Gemeinschaft wird dadurch stärker intentional. Zugleich erfährt das Individuum vielleicht zum ersten Mal einen besonderen Impuls, über sich selbst nachzudenken. All diese Punkte sind deshalb wichtig, weil die zwischenmenschlichen Beziehungen für die Gesellschaft eine solch große Rolle spielen.[10]

Das Ende des Dogmatismus

Über Jahrhunderte haben kleine religiöse Gruppen einen wichtigen Beitrag dazu geleistet, daß doktrinäre und autoritäre Positionen in Frage gestellt wurden. Dies tun heute Selbsthilfegruppen in besonderer und intensiver Weise, indem sie sich nur wenig auf traditionelle Texte beziehen und sehr viele Normen innerhalb der Gruppe implizit bleiben. Manchmal ist es der Blinde, der den Blinden führt, oder der Oldtimer den neu Hinzukommenden, manchmal ist es schlicht und einfach die dialogische Auseinandersetzung innerhalb der Gruppe. Ja, die Gruppe selbst kann so etwas wie Autorität gewinnen. Insgesamt spielt die Technik der dialogischen Auseinandersetzung eine zentrale Rolle in der Gruppe.

Die Rolle der kleinen Gruppen in der Transformation

Die kleinen Gruppen tragen nicht nur dazu bei, daß Gruppenmitglieder ihre sozialen Bedürfnisse befriedigen können, sondern ermöglichen ihnen zugleich die systematische Anpassung an Trends, die die Gesellschaft verändern. Ihre große Interessenvielfalt hilft ihnen dabei: Zwölf-Schritte-Gruppierungen, Diskussionsgruppen, religiöse Gruppen – alle vereinigen Menschen mit sehr unterschiedlichen Interessen. Entsprechend ist die Zusammensetzung der Mitgliederschaft einer Gruppe sehr verschiedenartig; das fördert geographische und berufliche Mobilität. Auch können sich

---

10 Freilich dürfen wir von der Bewegung kleiner Gruppen nicht zuviel erwarten. Aber gerade in Transformationsprozessen kann sie ermöglichen, daß wir den emotionalen Druck, der aus den Ansprüchen einer individualisierten Gesellschaft, einer Marktgesellschaft entsteht, besser ertragen. Kleine Gruppen geben uns die Möglichkeit, im Transformationsprozeß zu überleben und dem von der Systemveränderung ausgehenden Druck standzuhalten. Dies ist eine entscheidende Möglichkeit für die Übertragung des Konzepts der kleinen Gruppen auf die Situation in Polen.

kleine Gruppen sehr viel schneller und effizienter an eine sich verändernde soziale Umwelt anpassen. Schließlich brauchen sie kaum Ressourcen. Diese Möglichkeit der Anpassung hat zu einem wesentlichen Teil zum Erfolg dieser Bewegung beigetragen.

Eine solche Flexibilität und eine so geartete, von unten her sich entfaltende Kleingruppenkultur kann auch bedeuten, daß Modelle wie das deutsche Sozialstaatsmodell nicht notwendigerweise kopiert werden müssen, sondern daß es alternative Muster der Entwicklung im sozialen Bereich gibt.

Diese Entwicklung von unten, diese gemeinsame Reise in das Unbekannte ist Stärke und Schwäche der Kleingruppenbewegung. Dialogik als Lebensform, als praktiziertes Leben im heute erscheint als fruchtbare Alternative zum patriarchalischen Wohlfahrtsstaat.

Das Modell der Selbsthilfegruppe – life

Der Rahmen des demokratischen und dialogischen Verfahrens einer Selbsthilfegruppe wird durch das Gewähren aktiver und passiver Freiheit für den einzelnen gespannt. Aktive Freiheit heißt dabei die Gewährleistung eines Spielraums für die Durchsetzung eigener Wünsche, während passive Freiheit das Individuum vor dem Eingreifen seitens Dritter schützt.

Als drittes Element der Abgrenzung der Selbsthilfegruppe kommt hinzu die Formulierung von Bedingungen für den Zugang zur Gruppe und damit für die Zusammensetzung der Mitgliedschaft hinzu. Grundsätzlich bedeutet jede existentielle Bedrohung für den einzelnen, daß Zugangsbeschränkungen zum demokratischen und dialogischen Kontext der Selbsthilfegruppe nicht existieren. Dies läßt schon die Logik des Konfliktlösungsverfahrens nicht zu und ist zudem festgeschrieben dort, wo es heißt, die einzige Voraussetzung für die Mitgliedschaft in der Selbsthilfegruppe ist der Wunsch zu leben.

Damit ist also die Chance einer gemeinsamen und solidarischen Partizipation in einer dialogischen, demokratischen Auseinandersetzung grundsätzlich gewährleistet.

Durch die gemeinsame Betroffenheit wird im Rahmen der aktiven und passiven Freiheit der Selbsthilfegruppe jeder zu Wort kommen, der für sich eine persönliche Betroffenheit reklamieren kann: er/sie bringt Erfahrung aus der Betroffenheit und Kraft und Hoffnung aus dem Prozeß des Lebens in das dialogische Verfahren ein. Damit wird Dialogik zum Entdeckungsverfahren des Wechselverhältnisses zwischen

Personen, dem Ich und dem Du. Dabei werden außerdem die differentia spezifica des eigenen Ichs entdeckt. Die differentia spezifica des Gegenüber wirken über das Medium der Sprache als ein Spiegel des Ichs im anderen, im Du. Das Individuum wird durch Dialogik zur originären Quelle von Kraft und Hoffnung.

Das Material der Dialogik ist Erfahrung, Kraft und Hoffnung, die mit den anderen Teilnehmern innerhalb der Gruppe *geteilt* werden. Die Anonymität der Gruppe gewährleistet Statusgleichheit, und legale und traditionale Autoritätsansprüche haben keine Geltung. Was gilt, ist die Erfahrung des Lebensprozesses: Dabei werden die positiven und negativen Erfahrungen als gleichberechtigte Gründe anerkannt.

Die Dialogik ist der Beginn und die Durchführung eines Entdeckungsverfahrens, in dem die Teilnehmer sowohl ihr eigenes Ich als auch ihr Wechselverhältnis mit dem anderen erfahren. Sie können im Prozeß selbst den lebensgeschichtlichen Zusammenhang und damit Gründe für ihre Probleme in einem permanenten analytischen Prozeß rekonstruieren.

Dieser analytische Prozeß hat auch und im besonderen moralischen Charakter, das heißt er ist auf bestimmte Moralvorstellungen, wie etwa die zehn Gebote, begründet. In dem Maße, in dem der dialogische Prozeß fortschreitet, kann der zunächst abstrakt ablaufende Prozeß der Dialogik bei einzelnen in den Kanon der inneren Überzeugungen der Individuen eindringen. Moralische Positionen werden intrapersonell verankert; sie werden beim Handeln nicht mehr problematisiert, eine individuelle und soziale Moral etabliert sich.

Aus dem Gesagten wird deutlich, daß die theoretische Modellierung der Dialogik als Entdeckungsverfahren und als Lebensform in der Selbsthilfegruppe ihren bloß theoretischen Charakter verliert. Im Zusammenhandeln der Mitglieder einer Selbsthilfegruppe können die Beweisschritte individuell entdeckt bzw. nachvollzogen werden, und damit erlangen sie praktische, lebensstiftende Bedeutung.

Darüber hinaus läßt sich anhand der Untersuchung von Robert Wuthnow empirisch belegen, daß die Individuen auch in größeren Gruppen den in Selbsthilfegruppen erlernten Positionen und moralischen Kategorien nachhandeln. Es ist auch empirisch zu beobachten, was ich *aufsteigende Sozialität* genannt habe.

Fazit

Die Lösung konkreter sozialer Probleme sowie die direkte Erfahrbarkeit demokratischer Werte, die diesen intra- und interpersonell durch Dialogik zum Durchbruch verhilft, sind gute Gründe, den bisher „an und für sich" legitimierenden sozialbürokratischen Autoritätsanspruch einer dialogischen Überprüfung auszusetzen, ihm diese legitimierende Haut vom Leibe zu ziehen, um so einen kritischen Blick auf die bisher vorenthaltenen Aspekte von Herrschaft werfen zu können.

Literatur

Baier, Horst (1977), Herrschaft im Sozialstaat. Auf der Suche nach einem soziologischen Paradigma der Sozialpolitik, in: Ferber, Ch. v./ Kaufmann, F.-X. (Hg.), Soziologie und Sozialpolitik (Kölner Zeitschrift für Soziologie und Sozialpsychologie, Sonderheft 19), Opladen, S. 128 ff.

Gäfgen, Gérard (1987), Kollektivverhandlungen als konstitutiver Allokationsmechanismus korporatistischer Ordnungen, in: Zeitschrift für Wirtschaftspolitik, Jg. 36, S. 125 ff.

Habermas, Jürgen (1992), Faktizität und Geltung, 2. Aufl., Frankfurt a. M.

Rödel, Ulrich et al. (1989), Die demokratische Frage, Frankfurt a. M.

Rothschild, Kurt W. (1992), Ethik und Wirtschaftstheorie, Tübingen.

Schluchter, Wolfgang (1991), Religion und Lebensführung, Bd. 1, Frankfurt a. M.

Weber, Max (1968), Roscher und Knies und die logischen Probleme der historischen Nationalökonomie, in: Winckelmann, J. (Hg.), Gesammelte Aufsätze zur Wissenschaftslehre von Max Weber, 3. Aufl., Tübingen, S. 1 ff.

Weber, Max (1972), Wirtschaft und Gesellschaft, 5. Aufl., Tübingen.

Widmaier, Hans Peter (1976), Sozialpolitik im Wohlfahrtsstaat, Reinbek.

Widmaier, Hans Peter (1994), Demokratische Sozialpolitik, in: Wahl, J. (Hg.), Sozialpolitik in der ökonomischen Diskussion, Marburg, S. 15 ff.

Widmaier, Hans Peter/ Wichert, Christian (1995), Kultur- und demokratietheoretische Begründung sozialer Bedürfnisse, in: Grenzdörffer, K./ Biesecker, A./ Heide, H./ Wolf, S. (Hg.), Neue Bewertungen in der Ökonomie (Ökonomie und soziales Handeln, Bd. 1), Pfaffenweiler, S. 149 ff.

Wuthnow, Robert (1994), Sharing the Journey – Support Groups and America's New Quest for Community, New York - Toronto u. a.

Wuthnow, Robert (Hg.) (1994), I Come Away Stronger – How Small Groups are Shaping American Religion, Michigan.

Kooperative Prozesse von Weiterbildung

Klaus Grenzdörffer

1. Einleitung

Kooperation in der Weiterbildung gilt heute als selbstverständlich. Wesentliche Impulse hierfür kommen aus einer in vielen Arbeits- und Lebenszusammenhängen verbreiteten Intention zu kooperativem Handeln. Darüber hinaus kann sich gerade die Weiterbildung kooperativer Elemente in ihren Wurzeln des 19. Jahrhunderts rühmen. In Handwerksgemeinschaften, Genossenschaften, Gruppen der Arbeiterbewegung und bürgerlichen Vereinigungen bemühten sich erwachsene Menschen in einem Miteinander um mehr Bildung. Ein Blick in die Durchführung eines Weiterbildungsganges früher oder heute zeigt, daß dazu immer zwei gehören, Lehrende und Lernende – anders als in anderen Wirtschaftsbereichen, in denen Kooperation mit Arbeitsteilung erklärt wird. Hat sich gegenüber früher etwas geändert, so daß wir nun von Kooperation sprechen?

Überdies: Alle Ko-/Kol-/Kom-/Kon- haben heute Kon-Junktur. Angesichts von Haß und Zerstörung der Menschen untereinander steigt der Wunsch nach einem cum, einem Zusammen. Ein paar Wechselbälger wie Kom-Merz und Kom-Munismus sollen das Bild nicht trüben, hilft uns doch der Com-Puter aus der Not. Nun also ko-operieren – zusammen ein Werk erstellen. Darüber hinaus: Verstärkt sich die positive Substanz nicht bei den Begriffen Bildung und Weiter (im Gegensatz zu Enger)? Wo also liegt das Problem? Und wir WissenschaftlerInnen – haben wir damit zu schaffen?

Ein Problem liegt nun gerade darin, daß mit diesen Begriffen Kooperation, Bildung und Weiter oftmals ausschließlich eine positive Vorstellung verbunden wird, daß vor den Kon-Flikten die Augen verschlossen werden. In allen dreien ist auch eine zerstörerische Möglichkeit enthalten. In der Kooperation mag ein Mächtiger sein Interesse gegen den Willen anderer durchsetzen oder umgekehrt ein schwacher

Trittbrettfahrer vor seinen eigenen Aufgaben flüchten; in der Bildung mögen Lernende bevormundet sein; in dem Weiter mag der Zwang zu lebenslänglichem Lernen zu einer leidvollen Anpassung oder einer chancenlosen Ausgrenzung führen. Und die Ökonomie? Mit ihr kann die eine oder andere Tendenz behindert oder verstärkt werden. Bei aller Neigung zu mehr Kooperation wird häufig beklagt, daß der Erfolg eines gemeinsamen Vorgehens zu ungewiß sei, daß einige PartnerInnen andere „über den Tisch" zögen und so den Gewinn allein für sich einstrichen. Auf der anderen Seite stürzen sich immer wieder OrganisatorInnen, AndragogInnen, Weiterbildungseinrichtungen, Unternehmen und staatliche Behörden in kooperative Abenteuer und erwarten, daß es sich – irgendwie, irgendwann – für alle Beteiligten lohnt. Der Zweck dieses Beitrags liegt zunächst darin, die ökonomische Dimension in derartigen Kooperationen zu verdeutlichen. Die Schwierigkeit bei diesem Unterfangen liegt nicht nur in dem Aufblühen und Verwelken immer wieder neuer Arten von kooperativer Weiterbildung, sondern auch und vor allem in einem Mangel geeigneter ökonomischer Theorie bei deren Analyse. Kooperation setzt wechselseitige Anerkennung der Beteiligten untereinander voraus. Soweit dies sich auf einen Interessenausgleich bezieht, bietet die am individuellen Interesse orientierte Ökonomik guten Zugang zur Erklärung. Für andere Menschenbeziehungen steht die Ökonomik vor denkwürdigen Herausforderungen. Kooperation schließt Gemeinsamkeiten ein, die über punktuelle Zielidentität hinausgehen. Achtung des Anderen soll auch beinhalten, ihn zu fördern, zumindest alles zu unterlassen, was ihm schaden könnte. Unsicherheiten und Ungewißheiten über die eigene Position könnten den Anderen veranlassen, sich vorschnell auf eine für ihn ungeeignete Absprache einzulassen, eine auf förderliche Achtung bezogene Kooperation dagegen deckt dies auf. Hierbei orientieren sich die Beteiligten nicht an vertrauten ökonomischen Mechanismen, sondern (er)finden in einem Hin und Her neue ökonomische Regeln. Dies erfordert ein Denken in einer Ökonomik, die sich nicht auf die traditionelle ökonomische Rationalität von Ressourceneffizienz und Konkurrenz am Markt beschränkt, sondern eine kommunikative Vernunft einschließt. Die zentrale Frage lautet dann: *Welche Ökonomie fördert eine verständigungsorientierte Kooperation in der Weiterbildung?*

Das Neue an Kooperationen in der Weiterbildung soll anhand einiger Beispiele charakterisiert werden (Teil 2). Die darin eingelagerte Ökonomie kann nur in Grenzen mit herkömmlicher Vorstellung erfaßt und beurteilt werden (Teil 3), zu fragen ist nach Besonderheiten von kooperativer Weiterbildung, die auch ein erweitertes ökonomisches Denken erfordern (Teil 4). Abschließend sollen Möglichkeiten einer ökonomisch-praktischen Förderung von verständigungsorientierter Kooperation in der Weiterbildung aufgezeigt werden (Teil 5).

2. Kooperation in der Weiterbildung

Die Weiterbildung „franst aus" – wie ein Teppich, auf dem man gern bleiben möchte. Welchen Stand hat er bisher ermöglicht? Trägergestützte gemeinnützige Einrichtungen hatten in den siebziger und achtziger Jahren ihr Profil erarbeitet, ihren Adressatenkreis bestimmt, sich finanziell und organisatorisch mit hauptberuflich Beschäftigten etabliert. Die Betriebliche Weiterbildung hatte in der Personalentwicklung einen festen Platz erhalten bis hin zum Weiterbildungsmarketing in einem Profit-Center. Privatwirtschaftlich geführte Institute konnten sich auf die Attraktivität ihrer Spezialprogramme verlassen. Der Staat stellte Gelder für eine Qualifizierungsoffensive bereit. Und Alternativ-Gruppen machten in Kursen auf andere Über-Lebensmöglichkeiten aufmerksam. Jedoch änderte sich in den letzten Jahren mehreres: Professionalisierung und Verbetrieblichung gehen nun in der Erwachsenenbildung einher mit steigender Vernetzung im Stadtgebiet, in der Betrieblichen Weiterbildung wird der Lernort Arbeitsplatz und zugleich die Arbeitsplatz-übergreifende Systemqualifikation propagiert, beim Arbeitsamt werden Geldbeträge für Fortbildung und Umschulung verkleinert und andererseits für Modellversuche bereitgestellt, die TeilnehmerInnen verwischen mit ihren Interessen die bisherigen Trennungslinien zwischen beruflicher, politischer und allgemeiner Weiterbildung. In diese Ausfransung und Neu-Verwebung mischt sich nun allerlei, was mit Kooperation bezeichnet wird. Über bisherige Animositäten hinweg kooperieren Betriebe mit Volkshochschulen, das Arbeitsamt mit Herrn M. von der ökologischen Gruppe, die PC-Expertin Frau N. mit dem Sprachlehrer Herrn O., der BWL-Student Herr P. über ein schnell gegründetes westdeutsches Controlling International mit einer ostdeutschen Gruppe von Frauen und Männern aus ehemaligen Volkseigenen Betrieben. Was für ein bunter Patchwork-Teppich! Oder ein Scheuerlappen? Oder ein – hoch hinaus – Fliegender Teppich? Nun soll ein informativer Tip einer PC-Expertin an einen Dozenten nicht gleich zur Kooperation erhoben werden. Umgekehrt wäre es auch verfehlt, die traditionelle Amtsstelle einer Volkshochschule als Kooperation zwischen ihr und der Kommune anzusehen. Schließlich soll auch die „kooperative Selbstqualifikation – die effektivste Form der Aus- und Weiterbildung im Betrieb" (Heidack, 1992 (1989)) hier außer acht gelassen werden, insofern sie nur auf das Individuum gerichtet ist. Allgemeine Kriterien von kooperativer Weiterbildung sollen anhand von drei Beispielen herausgefunden werden.

Beispiel 1: *Kooperation von Einrichtungen der Erwachsenenbildung*

In der Erwachsenenbildungsforschung will sich der Begriff Kooperation nicht so recht breit machen. Der noch recht junge Institutionen-orientierte Zweig spricht lieber von Netz(werk), und Kooperation ist dort ein Handeln in dem Netz.

> „Kooperationen, die eine Aktionsform von Netzwerken darstellen, sind für den Kultur- und Bildungsbereich seit den 60er Jahren wiederholt postuliert und gesetzlich festgeschrieben worden ..." (Jungk, 1994, S. 63).

Diese Art wurde in einem Gutachten für die Bildungskommission des Deutschen Bildungsrates vor zwei Jahrzehnten ausführlich erläutert und begründet (Bocklet, 1992 (1975)). Im Hintergrund stand damals die Frage der staatlichen Finanzierung von Weiterbildung an nicht-öffentlichen Einrichtungen. Aus einem Konzept von Öffentlicher Verantwortung heraus wurde die Verpflichtung des Staates abgeleitet, neben der Weiterbildung in öffentlichen Einrichtungen auch solche in nicht-öffentlichen zu finanzieren. Diese – so die Begründung – leisteten einen notwendigen Beitrag zur Vielfalt des Angebotes und entlasteten damit die Verantwortung der Kommunen und Länder. Alle derartigen Programme und Einrichtungen sollten in einem „Gesamtplan für ein Kooperatives System der Erwachsenenbildung" abgestimmt werden, unter Gewährleistung von Freiwilligkeit und Autonomie der Kooperierenden. Dennoch war nun nicht an beliebige Kurse und Seminare gedacht, sondern an solche, die sich selbst an öffentlicher Verantwortung messen lassen. Das hieß damals, daß Programme in Einrichtungen gemeint waren, die von gesellschaftspolitisch relevanten Korporationen wie z.B. Gewerkschaften, Kirchen usw. getragen wurden.

Die neuere handlungsorientierte Institutionenforschung spinnt das Netz und damit auch die Kooperation weiter, über Träger-gestützte Einrichtungen hinaus. Nicht nur Prinzipien „von oben" – legitimiert über die Geldquelle – sollten praktiziert werden, sondern auch solche „von unten". Von Bürgerinitiativen sprach man in den siebziger Jahren, heute von selbstorganisierten Gruppen.

> „Inhaltlich besteht die gemeinsame Basis solcher Projekte darin, daß sie Menschen als handelnde, denkende, fühlende und lebendige Subjekte in einem gesellschaftlichen Kontext zum Ausgangspunkt macht" (Blättner, 1994, S. 98).

An Volkshochschulen wurde beispielsweise in der zweiten Hälfte der achtziger Jahre die Gesundheits(weiter)bildung systematisch mit einem kooperativen und interdisziplinären Modell gefördert. Träger des Modells war der Landesverband der Volkshochschulen Niedersachsen, ideelle Unterstützung kam vom Landesverein für Gesundheitspflege, praktisch beteiligt waren Gesundheitsämter, der Kneipp-Bund, Menschen aus verschiedenen kommunalen Behörden und aus Krankenkassen, ÄrztInnen, LehrerInnen usw.. Der Zweck dieser Kooperation über Städte und Landgemeinden hinweg lag in der Gesundheitsförderung, speziell in der Herausbildung dafür geeigneter komplexer Qualifikationen: Grundkenntnisse in Medizin und Psychologie, Fähigkeiten in Sozialmanagement und Organisationsentwicklung bis hin zu taktisch-politischem Geschick. Finanzielle Unterstützung kam aus dem Sozialministerium.

Einige Kooperationserfahrungen sind zu verallgemeinern:

a) In der Kooperation gehen Aufgaben von Einrichtungen, Behörden usw. einerseits und Lebensorientierungen von Menschen andererseits ineinander über. Als wesentlich für das Gelingen erwiesen sich Bereitschaft und Kompetenz der beteiligten Frauen und Männer.

„Solche Kooperationsprojekte sind nur glaubwürdig, wenn die zuständigen pädagogischen Mitarbeiter/innen als kooperative Personen in der Kommune bekannt sind" (Blättner, 1994, S. 103).

Die einzelnen Menschen mit ihren freundschaftlichen und parteipolitischen Verbindungen können die Tätigkeit unterstützen, allerdings auch hindern.

a) Kooperation ist nicht eine Verabredung, sondern ein Prozeß, in dem z.B. aus einem Schwerpunkt „Gesundheit fördern – Vielfalt leben" wieder neue Kurse initiiert werden. Der Kreis der Kooperierenden verkleinert sich und/oder erweitert sich, die Inhalte verändern sich. Allerdings ufert das Prozeßgeschehen nicht einfach aus, sondern ist inhaltlich an den Zweck gebunden, formal an ein befristetes Modell bzw. Projekt.

b) Das Projekt hat eine Wirkung nicht nur während seiner Dauer, sondern auch im Anschluß daran, nämlich mit weiteren Kooperationsstrukturen von Krankenkassen, Gesundheitsämtern, Selbsthilfegruppen, Schulen und Kindergärten.

Beispiel 2: *Weiterbildung in der Region*

In Nordrhein-Westfalen sind zu Qualifizierung/ Weiterbildung mehrere Arten von Zusammenarbeit entstanden (vgl. Wegge/ Zander, 1994): Netzwerke, Arbeitskreise, Verbünde, Vereine, Arbeitsgemeinschaften, Stiftungen usw.. An diesen kooperativen Zusammenschlüssen beteiligten sich Unternehmen, Arbeitsämter, Kammern von Industrie und Handel sowie Handwerk, Gewerkschaften, Gemeinde- und Kreisämter, Kirchen, Selbsthilfegruppen, Frauenbeauftragte usw. Die Teilnahme in den einzelnen Gruppen ist allerdings recht verschieden. Oftmals wird das Fehlen von kleinen und mittleren Unternehmen beklagt, die angesichts des organisatorischen Aufwandes einen zu geringen Nutzen sehen, oder das zu kurze Hereinschauen von privatwirtschaftlichen Weiterbildungseinrichtungen, die nur nach Finanz-Töpfen Ausschau halten. In anderen Kooperationen werden Betriebe abgewehrt, weil deren Weiterbildung nicht für alle Menschen zugänglich ist. Dann wiederum wird das Übergewicht an Menschen aus städtisch-sozialen Aufgabenfeldern kritisiert. Die Ziele dieser Kooperationen liegen in Ermittlung und Beurteilung zukünftiger Qualifikationsanforderungen, in Verbreitung von Vermittlungsmethoden und Lernmedien, im Entdecken von Angebotslücken, in Errichtung eines Informationssystems, in Beratung, in Moderation der lokalen Weiterbildungsszene, im Einbezug bildungsungewohnter und -ferner Adressaten usw.. Die Finanzierung erfolgt über Beiträge der Mitglieder, über Gelder aus öffentlichen Etats, durch Überlassung von personellen, räumlichen und organisatorischen Ressourcen.

Zur Bestimmung des Kooperativen soll hier viererlei hervorgehoben werden:

a) Eine Zusammenarbeit in der Weiterbildung ist auch mit einer Vereinbarung zwischen Anbietern (z.b. über eine Lerninsel) oder durch verbandliche Regulierung (z.B. über Module eines Curriculums) denkbar. Jedoch erweist sich eine Koordination nur über den Markt bzw. nur durch den Staat als schwer erfüllbar. Eine bessere Option ist ein Netz, in dem die verschiedenen Akteursgruppen wenigstens die Chance haben, sich zu beteiligen.

b) Die Kooperation wird praktiziert nicht als eine Verbindung zwischen Einrichtungen, Unternehmen, Behörden usw., sondern als solche zwischen Menschen aus diesen Einrichtungen. „Aber nicht Entscheidungsregeln bringen Vernetzungsprozesse voran, sondern Personen, die 'sich den Schuh anziehen'." (Zander in Wegge/ Zander, 1994, S. 76) Beispielsweise wird als Sprecher nicht der Einflußreichste bestimmt, sondern derjenige gewählt, der sich vorher schon bei anderer Gelegenheit als Moderator bewährt hat. Mit dieser Bedeutung von persönlich anwesenden Menschen ist auch erklärt, weshalb die Kooperation lokal gebunden ist.

c) Die Initiativen zur Kooperation gehen zum Teil „von oben", zum Teil „von unten" aus. Obwohl dieser Ursprung Art und Umfang der realisierten Kooperation prägt, entstehen neue Gebilde einer Vermischung von oben und unten.

d) Kooperation ist zwar in der Entstehung auf bestimmte Ziele fixiert, entwickelt dann aber in einem diskursiven Prozeß eine Eigendynamik, in der die Ziele einem allgemeineren Zweck untergeordnet werden können. Eines der Bindungselemente ist Vertrauen – als Voraussetzung und Ergebnis zugleich. „Entscheidend ist der Aufbau von Vertrauensbeziehungen zwischen den beteiligten Akteuren ..." (Zander in Wegge/ Zander, 1994, S. 75).

Beispiel 3: *Selbstorganisation im locker verkoppelten Netzwerk*

Ein kleiner Teil der heute praktizierten Weiterbildung geht aus der Initiative von Gruppen hervor, deren Mitglieder ein persönliches oder öffentliches Interesse haben, welches durch Weiterbildung unterstützt werden soll. Das Spektrum reicht von gesundheitsbezogenen Selbsthilfegruppen über Gruppen zum ökologischen Konsum und zur Stadtteilentwicklung bis hin zu Arbeitslosengruppen. Derartige Gruppierungen werden als Ausdruck neuer sozialer Bewegungen gedeutet.

> „Dabei läßt die Beobachtung, daß die Entstehung selbstorganisierter Weiterbildungsprojekte eng an persönliche Entscheidungsfähigkeit und an subjektive Vorstellungen von beruflicher Selbstverwirklichung gebunden ist, einen engen Zusammenhang mit gesamtgesellschaftlich wirksamen Prozessen der Individualisierung herstellen."

Mit dieser Charakterisierung eröffnen Becher/ Dinter/ Schäffter (1993) ihren Bericht zu einer Untersuchung über selbstorganisierte Weiterbildungsprojekte in Berlin. Die Weiterbildung sehen sie in der Form von Projekten organisiert, nicht als Ergebnis langjähriger beruflicher Programmgestaltung. Als Grund hierfür nennen sie zunächst die Art der Finanzierung: Drittmittel aus öffentlichen Haushalten werden für die Durchführung in sich abgeschlossener Maßnahmen gezahlt. Darüber hinaus entspricht das Projekthafte auch dem Gruppenzusammenhalt.

> „Es werden flexible Organisationsformen benötigt, die ein Zusammenspiel des je vorhandenen Erfahrungswissens, der persönlichen Fähigkeiten und Interessen der Kursleiter mit den dazu passenden Bildungs-, Orientierungs- und Unterhaltungsbedürfnissen verschiedener Adressatengruppen ermöglichen. Dieses Zusammenspiel läßt sich immer weniger über antizipatorische Planung herstellen" (Ebenda S. 27).

Allerdings fangen die Beteiligten nicht jedesmal von vorn an, sondern entwickeln mit immer wieder neuen Projekten ihre eigene Routine. Basis hierfür ist ein „locker verkoppeltes Netzwerk" (Schäffter, 1994) der selbstorganisierten Gruppen mit Arbeitsamt, Kommune, Gewerkschaft, Kirche, anderen Bildungseinrichtungen usw. über ein einzelnes Projekt hinaus. Die VerfasserInnen unterscheiden sechs Arten von Projekten: Qualifizierungsprojekte (zur Vorbereitung auf formalisierte Tätigkeiten), Unterstützungsprojekte (z.B. Alphabetisierungskurse, Sucht-Kurse), Informationsprojekte (z.B. Sprache, Stattreisen), Förderprojekte (umfassender als Unterstützung, z.B. Förderung arbeitsloser Jugendlicher), Beratungsprojekte (z.B. Betriebsgründung), Orientierungsprojekte (z.B. Flotte Lotte). Die Finanzierung erfolgt in Mischform aus Eigenmitteln, Mitteln der öffentlichen Hand, Stiftungszuwendungen und anderen Quellen. Art und Quantum der Mischfinanzierung erscheint von außen im Einzelfall als zufällig. Insgesamt entspricht sie einer Weiterbildungsorganisation, die die VerfasserInnen in zwei Begründungsebenen darstellen. In der ersten Ebene sind die Selbstbeschreibungen der Gruppen und die vorgetragenen Argumente zu erkennen. In einer „Tiefenstruktur des Weiterbildungssystems" sehen die VerfasserInnen latente Grundströmungen, deren Aufdeckung eine Neubewertung der Funktionen und Strukturen des Weiterbildungssystems nach sich zieht. Anhand von Ausführungen zu Begriffen wie „Übergänge von der Reproduktions- zur Reflexionsfunktion" oder „Passungsverhältnis als organisatorisches Leistungsproblem" tragen sie gleich selbst zur Neubewertung bei. Damit unterstützen sie als WissenschaftlerInnen die untersuchten Projekte, indem sie ihnen den Geruch des unentwickelten Irrationalen nehmen, stattdessen ihnen den Duft neuer Vernunft beimischen. Die Trennung in eine Ebene offen ausgesprochener Argumentation und eine Ebene latenter Normen ist zwar analytisch nützlich, entspricht aber nicht voll der Praxis. In den diskursiven Beziehungen zwischen den Gruppenmitgliedern und anderen Menschen aus Behörden, Betrieben, Einrichtungen usw. werden Elemente normgesteuerter „Tiefenstruktur" durchaus offen angesprochen und auch als solche aufgedeckt. Gerade hierin liegt das produktive Moment von selbstorganisierter Weiterbildung.

Die drei Beispiele unterscheiden sich hinsichtlich der Bezeichnung Kooperation. Zentral wird hiervon bei der Verzahnung von Einrichtungen mit ihren Menschen in dem Beispiel 2 aus Nordrhein-Westfalen gesprochen. In der Erwachsenenbildung mit der Volkshochschule als Zentrum erscheint häufiger – so das Beispiel 1 aus Niedersachsen – der Begriff Netz(werk); Kooperation ist hierin eine Aktionsform. Ähnliches gilt für die Gruppen mit lebensweltlichem Weiterbildungs-Hintergrund in dem Beispiel 3 aus Berlin, die mit dem Begriff Selbstorganisation charakterisiert werden.
Aus den Beispielen lassen sich gemeinsame Merkmale von Kooperation in der Weiterbildung herausfiltern:

a) Kooperation ist nicht eine Zusammenarbeit allein von Einrichtungen, Behörden, Gruppen, auch nicht allein von Individuen, sondern von beidem zugleich.

b) Die Kooperations-PartnerInnen kommen aus dem Staat, aus Privaten Haushalten und aus Unternehmen, das Handlungsfeld liegt also intermediär zwischen diesen dreien.

c) Kooperation ist nicht ein punktueller Akt, sondern ein Prozeßgeschehen, allerdings mit zeitlicher Begrenzung.

d) Kooperation ist nicht eine Abmachung über Tele-Medien hinweg, sondern erfordert eine Anwesenheit im Raum, d.h. sie ist regional oder lokal begrenzt.

Gegenstand der kooperativen Weiterbildung ist zunächst der Bildungsprozeß selbst, d.h. das fachlich-andragogische Geschehen. In dieses Geschehen sind Arrangements über Geld, Gebäude, Material, Information, Arbeitszeit und über Nutzanwendung eingelagert. Damit ist die ökonomische Dimension angesprochen, und es ist zu fragen, in welcher Weise sich die kooperative Weiterbildung auf ökonomische Strukturen und Regeln bezieht.

3. Grenzen von Ressource und Markt in der kooperativen Weiterbildung

Kooperation ist aus Sicht von Betrieben – den herkömmlichen Zentren ökonomischen Geschehens – heutzutage eine Selbstverständlichkeit. Auch mit Weiterbildungseinrichtungen wurden in den letzten Jahren viele einzelne Konzepte in Kooperation entwickelt, oftmals als Modellversuche, weil die bis dahin erprobten angebotsorientierten Standard-Programme sich vor dem Hintergrund von Strukturveränderungen innerhalb der Betriebe und innerhalb der Weiterbildungseinrichtungen als untauglich erwiesen hatten (vgl. Döring/ Faulstich, 1995). Doch auch diesen versuchsartigen Kooperationen ist nicht sofort ein Erfolg beschieden:

> „Es liegen auch schon ernüchternde Erfahrungen mit solchen Versuchen vor. Diese sind meist darauf zurückzuführen, daß die Interessenkonstellationen der verschiedenen Partner nicht genügend reflektiert worden sind" (Ebenda, S. 25).

Wie lassen sich derartige Interessenkonstellationen in der kooperativen Weiterbildung ökonomisch begreifen?

Aus der herkömmlichen Wirtschaftsbetrachtung läßt sich das Konzept ableiten, die ökonomischen Vorgänge mit den Begriffen Ressource und Markt zu erfassen. Die kooperative Weiterbildung wird dann als eine effiziente Verwendung von Ressourcen für ein Produkt verstanden, das effektiv am Markt gehandelt wird. Einfache Situationen können mit einfachen Schemata einer Input-Output-Ökonomie bewältigt werden, komplexe Situationen erfordern personell, inhaltlich und zeitlich verzweigte Schemata einer System-Ökonomie. Möglichkeiten und Grenzen dieser Betrachtung sollen zunächst an der Weiterbildung allgemein vorgestellt werden, anschließend an kooperativer Weiterbildung.

3.1 Grenzen von Ressource und Markt in der Weiterbildung

Wesentliche Grenzen dieser Begriffe bzw. Handlungsschemata liegen schon in der Weiterbildung allgemein. Diese kann nur in übertragenem Sinn als ein ökonomisches Gut verstanden und behandelt werden. Es ist durchaus in manchen Fällen sinnvoll, die Weiterbildung wie eine Ware zu analysieren. Sie wird durch effiziente Verwendung der Arbeitskraft von Lehrenden mit Einsatz von Medien hergestellt, die Lernenden erwerben sie zu einem Preis und konsumieren oder investieren sie. Dieses Bild gilt nur für einfache Situationen mit eindeutiger Bewertung. Ein Beispiel hierfür ist ein Sprachkurs, dessen Inhalt, Ablauf und Ziel allen Beteiligten klar sind, dessen Kosten und Ertrag beide Seiten eindeutig zu bewerten vermögen.

Diese Charakteristika treffen allerdings nur für einen geringen Teil der Weiterbildungsveranstaltungen zu. Die anderen sind nicht einfach, sondern stehen in einem komplexen Zusammenhang. Weiterbildung ist hier nicht einfach eine Verwandlung von Voraussetzung und Mitteln in ein Ergebnis, sondern ein Prozeß von ineinandergreifenden Aktivitäten sowohl der DozentInnen als auch der TeilnehmerInnen. Die DozentInnen sind nicht bloß Ressource, sie lernen selbst. Das Ergebnis besteht nicht nur in einem neuen Wissen von TeilnehmerInnen, sondern auch in dem Grad der Fähigkeit, damit später umgehen zu können, ja das erworbene zusätzliche Wissen eigenständig zu vertiefen. Das Ergebnis wirkt sich dann auch auf die soziale Mitwelt der Lernenden aus. Umgekehrt wirkt diese auch in vielfältigster Weise bei den Voraussetzungen der individuellen Weiterbildung mit. Der Prozeß des Weiterbildens ist also nur mit einer Kosten-Nutzen-Analyse zu erfassen. Das andere Problem, nämlich gängige Methoden der Marktanalyse zu übertragen, zeigt sich bei der Frage nach der Finanzierung. Nur selten zahlen die TeilnehmerInnen selbst, meistens übernehmen diese Aufgabe der Staat oder das Unternehmen. Zumindest bei der Betrieblichen Weiterbildung kann nicht von einem Weiterbildungsmarkt gesprochen werden, die Regelungen erfolgen hier nicht über einen Preis, sondern durch Entscheidungen. Bei einer außerbetrieblichen beruflichen Weiterbildung müssen alle diejenigen Hilfskonstruktionen herangezogen werden, die einen Arbeitsmarkt als normalen Waren-Markt erscheinen lassen, und darüber hinaus noch weitere. Herkömmlicherweise wird deshalb in der Weiterbildung auch nicht von Anbietern und Nachfragern gesprochen, sondern von Instituten, Schulen usw. einerseits und von Zielgruppen, Adressaten, TeilnehmerInnen o.ä. andererseits. Schließlich paßt auch der in der staatlichen Verwaltung und im Betrieb benutzte Begriff Maßnahme nicht mehr zu einem Marktgeschehen.

Um das komplexe Geflecht dennoch ökonomisch handhaben zu können, werden Kosten-Nutzen-Analysen erprobt, werden Methoden von Controlling, Marketing usw. auf die Praxis von Weiterbildung übertragen, wird dem Ergebnis mit dem Zertifikat der Stempel einer Ware aufgedrückt, werden Verfahren zur Transfersicherung entwickelt und angewandt.

3.2 Grenzen von Ressource und Markt in der Kooperation von Weiterbildung

Was sind Kosten und Nutzen einer Kooperation? Wenn diese als eine Art Organisation in einer *Produktions-Kooperative* aufgefaßt wird, treten dieselben Bestimmungsprobleme auf wie bei der Organisation im Betrieb. Früher galt Organisation als Voraussetzung, über deren Bewertung nicht weiter nachgedacht wurde. Heute – im betriebswirtschaftlichen Jahrzehnt von Organisation – wissen alle Beteiligten um deren zentrale Bedeutung. Aber selbst die Betriebswirtschaftslehre traut sich kaum an Bewertungsfragen heran. Landauf, landab wird auch in den Betrieben Kooperation empfohlen und in verschiedensten Varianten praktiziert. Aber die Bewertung wird in den Bereich der Organisationsentwicklung geschoben und diese in den hehren Raum von Unternehmenskultur. Um wieviel mehr gelten dann Schwierigkeiten in der ökonomischen Abwägung von kooperativer Weiterbildung. In der Regel muß man sich hier mit noch diffuseren Kosten-Nutzen-Betrachtungen abplagen als in der Weiterbildung selbst. Einbezogen werden nur die unmittelbar ausgabewirksamen Kosten auf der einen Seite und auf der anderen die unmittelbar sichtbaren Ergebnisse wie z.B. ein neu konzipierter Kurs.

Wird dagegen die Kooperation als eine Art Absprache in einer *Markt-Kooperative* aufgefaßt, so ist zu fragen, welche Eigenheiten der Weiterbildung es zulassen oder sogar erfordern, die Konkurrenz aufzuheben. Nach dem einfachen Schema eines Marktmodells wären Absprachen nicht einmal erlaubt, der Staat hätte die Aufgabe, gegen Wettbewerbsbeschränkungen einzuschreiten. Stattdessen kooperiert er selbst wacker mit. Und in diesen kooperativen Zusammenschlüssen finden sich nicht nur Anbieter vereint, sondern Anbieter mit Nachfragern samt Staat. Auf diese Weise kann ein Projekt zwischen Arbeitsamt, bestimmter Weiterbildungs-Einrichtung und einem Unternehmen in einer bestimmten Region entstehen, das für ausgewählte Arbeitslose gedacht ist. Es wäre nun allerdings eine falsche Sichtweise, in derartigen an einem Markt orientierten Kooperationen eine vollständige Aufhebung der Konkurrenz zu sehen. Erstens mag dagegen eingewandt werden, daß die staatlich unterstützte kooperative Weiterbildung ein Element der Ordnungspolitik darstellt, d.h. dazu dient, die Wettbewerbsfähigkeit – der Menschen, der Region usw. – zu fördern. Zweitens – und das hat größeres Gewicht – kooperieren hier nicht Einrichtungen, Unternehmen bzw. Staat jeweils als Gesamtheit, sondern einzelne Abteilungen von ihnen. So sehen sich die Weiterbildungseinrichtungen trotz partieller Kooperation in Konkurrenz untereinander. Die Klein- und Mittelunternehmen, die an einem Weiterbildungswerk oder Fortbildungszentrum der Wirtschaft partizipieren, heben ihre Konkurrenz selbstverständlich auch nicht auf. Schließlich ist hier auch noch die kooperative Weiterbildung innerhalb eines Unternehmens anzusprechen, deren Aktivitäten – zwischen Abteilungen, zwischen Vorgesetzten und Beschäftigten – zwar gemäß Unternehmensplanung aufeinander abgestimmt sind, deren Akteure andererseits aber – über Cost-Center – in eine wettbewerbsähnliche Lage versetzt werden.

Die ökonomische Bewertung der Kooperation im Hinblick auf Effizienz der Ressourcennutzung und der Effektivität am Markt fällt je nach strategischem Interesse der Partner unterschiedlich aus. Betriebe suchen in ihr maßgeschneiderte Kurse für bestimmte Beschäftigtengruppen und Arbeitsanforderungen. Privatwirtschaftliche Einrichtungen erhoffen sich einen Anteil an den staatlichen Geldflüssen. Der Staat weist viele Anforderungen mit dem Subsidiaritätsprinzip zunächst einmal ab, im übrigen vertraut er bei Bereitstellen eines Fonds für Einrichtungen darauf, daß die Kooperationspartner mit Verantwortung und Synergieeffekten bei verringertem Fondsbetrag eine zumindest gleich große Wirkung wie vorher erzielen. Die öffentlichen Einrichtungen für Weiterbildung setzen auf die produktive Kraft ungewohnter Zusammenarbeit für neue Inhalte und Formen. Erkennen Kooperationspartner, daß ihre Interessen sich trotz Verschiedenheit in einem Punkt decken, so kann dieser gleich aufgegriffen werden, z.B. die Herstellung eines Informationssystems. Deshalb hatten Kooperationen mit dem Ziel einer Weiterbildungs-Datenbank bisher auch die am meisten sichtbaren Erfolge. Außer der Bündelung von Ressourcen sind auch Marktstrategien erfolgversprechend. Erstens kann es für die Partner nützlich sein, sich den Markt durch Programmabsprache aufzuteilen, zweitens gewährleistet eine Abschottung gegenüber konkurrierenden Dritten den erstrebten Umsatz. Problematisch werden die kooperativen Prozesse dann, wenn Absprachen wegen übergeordneter Strategie-Prinzipien von einzelnen Partnern nicht eingehalten werden oder wenn sich für sie besondere Vor- bzw. Nachteile erst im Verlauf ergeben.

Die einfachen ökonomischen Modelle tragen umso weniger zur Erklärung der Weiterbildung bei, je mehr sich Elemente von Produktions- und Markt-Kooperative miteinander vermischen. Was dem einen Partner als bessere Nutzung von Ressource erscheint, bedeutet für den anderen möglicherweise eine Marktstrategie. Gerade für diesen Mischbereich ist die neue Institutionenökonomie entwickelt worden, deren Ziel es ist, in diese Mixtur wieder eine säuberliche, d.h. ökonomisch-rational begründete Trennlinie zu bringen. Kritiker dieser Theorie lehnen sie als ökonomistisch ab und verweben sie – im Rahmen der Organisationstheorie bzw. der Theorie der Unternehmensverfassung – mit sozialen und mit makro- bzw. mikro-politischen Dimensionen. Diese Überlegungen sollten intensiver als bisher auf ihre Übertragung für Kooperationen in der Weiterbildung geprüft werden.

Eine zusätzliche ökonomische Bestimmung ergibt sich bei Kooperationen mit verständigungsorientiertem Anliegen der Beteiligten.

4. Kommunikative Ökonomie in der kooperativen Weiterbildung

Kooperation in der Weiterbildung ist mehr als eine Bündelung von Ressourcen, mehr als ein Zusammenfügen von in Arbeitsteilung Getrenntem. Kooperation enthält die Möglichkeit und zugleich die latente Aufforderung zu einem reflexiven, kommunikativ begleiteten Wandel in der Weiterbildung. Nicht instrumentelles, nicht strategisches Interesse allein reichen zur Bestimmung aus. Wesentliche Momente der Kooperation in der Weiterbildung liegen in einem kommunikativen Handeln auf der Basis einer Verständigungsorientierung (vgl. Grenzdörffer, 1994). Zu fragen ist hier nach der ökonomischen Dimension eines kommunikativ-kooperativen Handelns in der Weiterbildung. Dem soll mit einer Transzendenz der beiden Begriffe Markt und Ressource nachgegangen werden.

Kooperation statt Konkurrenz – dies betrifft den Markt. Kooperation in der Weiterbildung ist zunächst eine Wunschvorstellung, um dem zerstörerischen Kampf am Markt zu entgehen. Sie ist aber zugleich ein reales Phänomen, weil dort eben kaum Markt existiert. Die Weiterbildung in einer Region entsteht zur Hauptsache in einem Mix aus verschiedenen privaten und staatlichen Aufgaben und Initiativen. Die Kooperation nimmt diesen Mix auf und entwickelt ihn zu einem neuen Konzept. Entgegen dem Konkurrenz-Gedanken werden beide Seiten des Marktes einbezogen, also in eine Anbieter-initiierte Kooperation auch die mögliche Nachfrage-Seite.

Die hauptberuflich beschäftigten pädagogischen MitarbeiterInnen und die DozentInnen beispielsweise liefern nicht nur etwas ab bzw. nehmen nicht einfach etwas entgegen, sondern sehen in vielerlei individuellen und gesellschaftlichen Entwicklungen Anlaß, sich mit anderen zusammenzusetzen und gemeinsam über neue Inhalte, neue Formen zu beraten. Menschen in Betrieben lassen sich in Vorgesprächen und in erster gemeinsamer Praxis mit Menschen in Kommunalstellen und beim Arbeitsamt davon überzeugen, daß UmschülerInnen vorschnell ein Stigma aufgestempelt wurde. Menschen in Unternehmensverbänden unterstützen auch aus einer kommunikativ geförderten Verantwortung heraus eine Weiterbildung für Frauen nach der

Familienphase. In Erwägung gezogen wird auch ein Sponsoring durch Unternehmen, die aufgrund kommunikativer Beziehungen bereit sind, sich mit einem Beitrag an der auch für das Wirtschaftsleben einer Stadt förderlichen Weiterbildungskultur zu beteiligen (vgl. Hagedorn u.a., 1994, S. 80-81). Menschen in Kultureinrichtungen sind nicht nur von der Management-Welle eingeholt, sondern schwimmen auch gegen eine ästhetische Verarmung, indem sie in Gemeinsamkeit mit Bevölkerungsgruppen, Stadtplanung und Bildungseinrichtungen neue Möglichkeiten der Wahrnehmung erproben. Die TeilnehmerInnen sind nicht mehr nur Adressaten, sondern kooperativ – z.b. über gewerkschaftliche Gruppen, über Gesundheitszirkel oder ökologische Stadtteilinitiativen – in die Programm-Entstehung einbezogen, oder sie wirken sogar selbst initiativ. Menschen aus staatlichen Behörden wie z.b. dem Sozialdezernat nehmen anregend und nachdenklich an der Gestaltung teil. Kommunale PolitikerInnen begeben sich aus öffentlicher Verantwortung heraus in eine Diskussion um geeignete Unterstützung für eine Kooperation in der Weiterbildung.

Die daran beteiligten Menschen handeln nicht einfach gemäß ihren Funktionen oder Rollen, sondern lassen sich auf neue Situationen ein. Ein Volkshochschulmitarbeiter erachtet es als wesentlich,

„daß man sich von einer Zielvorstellung leiten läßt, die in Grenzen moderierbar ist. Ich gehe nie offen in eine Kooperation. Es ist nicht alles möglich. Aber es ist mehr möglich als das, womit ich reingehe" (Zitat bei Jungk, 1994, S. 68).

Auf diese Weise wird eine Weiterbildung hervorgebracht, die auf andere Weise nicht entstanden wäre. Es kann nicht mehr die Rede davon sein, daß sie an einem – wie auch immer gearteten – Markt gehandelt wird. Wenn in derartigen Beziehungen von Tausch die Rede ist, dann jedenfalls nicht von einem Äquivalenten-Tausch. Zwar bringen die PartnerInnen jeweils ihre Beiträge ein, können diese aber nur recht beschränkt sich wechselseitig vorrechnen:

„Neben dem Tausch von 'Waren' kann der Gewinn kooperativen Vorgehens Anerkennung, Reputation und Aufbau einer Lobby in der Kommune sein" (Jungk, 1994, S. 67).

Häufig können sie dies nicht und – sie wollen dies auch nicht. Sie gehen in diesen Fällen von vornherein von einer Gemeinsamkeit des Anliegens aus. Moralisch ist dieses verständigungsorientierte Handeln als Vertrauen untereinander zu deuten. Es bleibt aber nicht in dem Sinne Moral, daß es nun einmal gute oder böse Menschen gäbe. Vielmehr ist Vertrauen eine unentrinnbare Dimension menschlichen Handelns in der modernen Gesellschaft. An eine derartige Moral ist auch bei der Außenwirkung einer kooperativen Weiterbildung zu denken. Hier wirkt eine Verantwortung gegenüber Dritten. Diese kann neue Inhalte von Weiterbildung, neue Didaktik, Ansprache neuer Kreise von TeilnehmerInnen, neue Beratungsverfahren usw. bewirken. Das Neue darin liegt nicht in einem zusätzlichen Angebot gegenüber früher, sondern in einer neuen Art von Weiterbildung. Beispielsweise werden in der Kooperation zwischen etablierten Einrichtungen und selbstorganisierten Gruppen die biographischen Elemente mit der Lebenswelt im Hintergrund angesprochen und zur Wirkung gebracht. In der herkömmlichen Art ohne Kooperation wäre dies viel schwieriger bzw. überhaupt nicht zu erreichen gewesen. Wieder soll hier vorausgesetzt sein, daß Kooperation nicht nur Zusammenfügen bedeutet, sondern ein kommunikatives Sich-Einlassen auf die jeweiligen PartnerInnen samt deren lebendiger Kreativität.

Ein Wettbewerb findet nach wie vor statt, aber nicht – und hier endet die Aussagekraft der Nullsummen-Spieltheorie – zum eigenen Vorteil auf Kosten von anderen, sondern im Kräftemessen um den besten Beitrag zu einem lebenswerten Miteinander in der modernen Gesellschaft. Der Markt transzendiert zu einer kooperativen Praxis, deren Werte in einem Diskurs unter den Beteiligten ständig reflexiv bedacht und neu formuliert werden.

Kooperation statt Hierarchie – dies richtet sich gegen die Tendenz, daß jemand die Partner-Menschen bzw. -Einrichtungen als Ressource betrachtet und über sie verfügt. Die AndragogInnen z.B. haben Sorge vor der Dominanz der Geldgeber, die Gewerkschaften vor der Einflußmacht der Unternehmensführung, die selbstorganisierten Gruppen vor der Informationsmacht der etablierten Einrichtungen. Eine dagegen gerichtete Kooperation ist wiederum zunächst eine Wunschvorstellung, dann aber auch in Einzelfällen eine Realität. Sie ermöglicht ein Miteinander, „ohne den anderen über den Tisch zu ziehen". Zwar dürfen die Akteure nicht die Eigeninteressen wie etwa das Profil der Einrichtung aus den Augen verlieren.

> „Allerdings muß in Teilbereichen eine Übereinstimmung in den jeweiligen Positionen zu erzielen und ein *gemeinsames* Ergebnis gewollt sein, sonst kommt die Zusammenarbeit nicht zustande ..." (Jungk, 1994, S. 68).

Wenn auch zu Beginn eines Kooperierens das Einbringen von Ressourcen genau verabredet werden sollte, so ist es durchaus möglich, daß im Verlauf kommunikativer Praxis deren Einsatz und Verwendung individuell verstärkt wird.

> „Obwohl die Industrie- und Handelskammer ein eigenes Info-System besitzt, trägt sie den Förderantrag im Rahmen des 'Handlungsrahmen Kohlegebiete' mit" (Wegge/ Zander, 1994, S. 56).

Zu Beginn können auch die von den Einrichtungen, Behörden usw. eingebrachten Arbeitsplatz-Mittel als Ressourcen angesehen werden. Sehr bald aber wird das Engagement der dort tätigen Menschen den Gedanken an Ressource wegwischen, weil sie mit ihrer kommunikativen Produktivität und Kreativität den eigentlichen Gehalt des Prozesses bilden. Dabei darf das Problem nicht außer acht gelassen werden, daß diese Menschen eventuell überlastet werden, daß sie sich selbst ausbeuten, daß sie nicht genug Anerkennung erhalten. Bei passender Anerkennung – sei es in einer persönlichen Zuwendung, sei es in Form eines Entgeltes – bilden sie ein Sozialkapital, und zwar nicht sie individuell, sondern sie in ihrer Kooperation. Dies ermöglicht nicht nur neue Ergebnisse gegenüber Außenstehenden, sondern hat auch Rückwirkung auf sie selbst. Sie erlangen eine zusätzliche soziale Kompetenz und vermehren dadurch ihr Sozialkapital – analog zur Vermehrung des ökonomischen Kapitals – auch noch weiter. Eine Dimension dieser Kompetenz liegt z.B. darin, daß die kooperierenden Menschen sich darin einüben, zwischen der Funktion ihrer Einrichtung, Behörde, Gruppe einerseits und dem individuellen Handeln andererseits in ihrer eigenen Person zu vermitteln. Sozialkapital ist Ressource und Ergebnis zugleich.

In einer verständigungsorientierten Kooperation können also ökonomisch wertvolle Voraussetzungen für Weiterbildung in besonderer Weise nachhaltig gestärkt werden. Der Bezug auf Ressource transzendiert zu einer kooperativen Praxis, in der die kooperierenden Menschen sich selbst und ihre Einrichtungen, Behörden, Gruppen usw. bewahrend und wertsteigernd pflegen.

Die Ökonomie der kooperativen Weiterbildung umfaßt alle drei Arten: Input-Ökonomie, System-Ökonomie und Kommunikative Ökonomie, innerhalb jeder Kooperation haben alle drei ihren Platz. In etlichen Zusammenhängen der kooperativen Weiterbildung taugen also die herkömmlichen Vorstellungen von Markt und Ressource nicht mehr. An ihre Stelle setzt sich die kommunikative Ökonomie. Sie übernimmt vom Markt das Element einer wechselseitigen ökonomischen Anerkennung und von Ressource das Element eines pfleglichen Umganges unter Menschen in ihren institutionalen Zusammenhängen.

5. Ökonomische Förderung von verständigungsorientierter Kooperation in der Weiterbildung

Welche kooperative Weiterbildung soll gefördert werden? Wie soll sie gefördert werden? Wer soll sie fördern, wer gefördert werden?

Zuerst einmal: Warum soll sie überhaupt gefördert werden? Kooperation läßt die Vision von „rund" entstehen: Händereichen, Tisch. Diese Vision ist gefährlich, wenn sie fälschlich ein harmonisches Ganzes vortäuscht. Zur guten demokratischen Kultur gehört die Behauptung der eigenen kompetenten Existenz mit aller Lebenswelt im Hintergrund sowie ein streitbares Eintreten für Verfeinerungen des geistigen, kulturellen und sozialen Lebens. Dazu gehört auch ein Eigennutz. Aber dies ist noch nicht das ganze soziale Handeln. Zum Eigennutz gehört der Sozialnutz, zum Streit gehört die Streitkompetenz. Diejenigen Kooperationen in der Weiterbildung erweisen sich als tragfähig, die erstens alle drei genannten Ökonomie-Arten (vgl. Teile 3 und 4) miteinander vereinbaren, die zweitens die unterschiedlichen Zwecke der einzelnen Kooperationspartner und die latenten Beziehungen untereinander transparent machen. Dann läßt sich für alle Beteiligten ihr jeweiliger – durchaus unterschiedlicher – ökonomischer Sinn in der kooperativen Weiterbildung erkennen und erfüllen. Sodann: Es geht nicht darum, Weiterbildung über den Trick Kooperation quantitativ auszudehnen. Gerade angesichts des positiven Beiklanges sollte Kooperation inhaltlich befragt werden. Hier könnten Anregungen aus der betrieblichen Managementforschung übernommen werden. Schäden aufgrund steil gestufter Hierarchie sind bekannt, top-down wird erweitert um bottom-up, etwa wenn der Geschäftsführer seinen MitarbeiterInnen die Zusammenarbeit nicht anordnet, sondern auf sie zugeht und fragt: „Wozu brauchen Sie mich?" (zitiert bei Kappler, 1992, S. 313).

Ein absolutes Kriterium für förderungswürdige Inhalte von Weiterbildung gibt es nicht. Beispielsweise ist Gesundheits(weiter)bildung nicht von vornherein besser als ein Kurs in Kostenrechnung, ist eine Biographie-bezogene Einbindung in eine selbstorganisierte Weiterbildungsgruppe nicht von vornherein besser als ein Kurs an einer Gewinn-orientierten Sprachschule, ist eine Finanzierung aus einem Staats-Topf nicht von vornherein besser als eine Eigenbeteiligung. Die Frage nach einer guten Weiterbildung verlagert sich auf die Frage nach dem, was das Leben in der modernen Gesellschaft ausmacht, wo Defizite liegen, welche Chancen gesehen werden. Zu denken ist hier zunächst an herkömmliche Defizite: Benachteiligung von Bevölkerungsgruppen, Vernachlässigung von Bildungsinhalten (z.B. Politische Bildung). Nun haben sich allerdings die bisherigen Konzepte gegen diese Defizite als wenig tauglich erwiesen, im Gegenteil hat die Weiterbildungspraxis den Graben zwischen Bildungs-bevorzugten und -benachteiligten Menschen eher vertieft als eingeebnet. Es gibt keinen Automatismus zu einem besseren Leben. Modernitätstheoretische Ansätze beziehen sich deshalb auch nicht auf bestimmte Inhalte eines guten Lebens, sondern auf die Möglichkeit und Fähigkeit der Menschen, um diese Inhalte zu ringen. Weiterbildung hat hier den Zweck, eine Teilhabe am modernen Leben zu ermöglichen, in reflexivem Umgang mit der eigenen Situation den Anschluß an zivilisatorische Errungenschaften nicht zu verlieren. Die Menschen werden als kompetent erachtet, wechselseitige Vernichtung zu vermeiden. Hier entsteht die Aufgabe und die Chance einer „Erwachsenenbildung als öffentlicher Verständigung" (Schlutz, 1993) und damit ihre „Chance, ihren Status im öffentlichen Raum und ihren Beitrag für ein funktionsfähiges demokratisches Gemeinwesen zeitgemäß zu profilieren ..." (Hagedorn, 1994, S. 141).

Die Partizipation am modernen Leben ist nun weder Ziel noch Mittel; sie ist Praxis. Und eben diese Praxis kann durch Kooperieren gefördert werden. Wohlgemerkt: kann, und zwar nur dann, wenn den einer Kooperation inneliegenden Unterdrükkungsgefahren ins Auge geblickt und begegnet wird. Die Chance hierzu liegt in den Fähigkeiten zum kommunikativen Handeln, d.h. in einem gegenseitigen Einwirken bei wechselseitiger Achtung.

Dazu bedarf es direkter Interaktion am selben Ort und viel Zeit für lange Kommunikationswege und das Hinhören zu anderen. „Die konstatierte Langsamkeit, die erst einmal Ungeduld erzeugt, kann auch produktiv sein" (Jungk, 1994, S. 70). Hierfür sind alle Arten von kooperativer Weiterbildung denkbar und geeignet, in ihrem Prozeß läßt sich das kommunikative Handeln ständig erproben und stärken. Eine besondere Art wird mit dem „Bürgerforum – Kooperationsbeziehungen zwischen Volkshochschulen und Kommune" (Sellnow, 1994) vorgestellt.

Organisatorische und finanzielle Vereinbarungen können (nicht: werden) derartige kooperative Weiterbildung unterstützen:

- persönlich erfahrbarer Kreis von Kooperierenden, d.h. deren lokale und zahlenmäßige Begrenzung,
- vordiskutierter Zweck der Kooperation mit Vertrauen auf Verantwortung aller für diesen Zweck,
- zeitliche Begrenzung, z.B. in Form eines Projekts oder Modellversuchs,
- ökonomische Anerkennung nicht nur der Einrichtungen, sondern in gleicher Weise auch der darin kooperierenden Menschen,
- Kooperation auch im Hinblick auf den Transfer von Weiterbildungs-Leistungen,
- Zuschreibung des Kooperationsgewinns denjenigen, die sich zur Hauptsache darum bemüht haben, in Abwägung mit dem Zur-Verfügung-Stellen von Ressourcen,
- revolvierende Kosten-Nutzen-Überlegungen nicht nur zur Entscheidung, sondern auch zum Erkennen latenter – positiv oder negativ bewerteter – Entwicklungen.

Die Weiterbildung ist hierbei in ökonomischer Hinsicht eine Leistung, und zwar eine besondere. Erstens ist das Ergebnis nicht vorstellbar als ein Stück, sondern als Verkettung von Impulsen, über die sich die Beteiligten bei ihren Situationsdeutungen in ständiger Reflexion vergewissern und die sie selbst durch kommunikatives Handeln geben; die Leistung hat also die Form eines zeitlichen Prozesses, dem nicht ein einzelner Wert beigemessen werden kann, sondern eine fließende Bewertung. Zweitens verwandeln sich in diesem Prozeß die Menschen selbst sowie ihre Sozialbeziehungen, in Anlehnung an „lernende Organisation" läßt sich von lernender Kooperation in der Weiterbildung sprechen. Ressourcen verwandeln sich in Ergebnis verwandelt sich in Ressourcen verwandeln sich ..., bis beides nicht mehr voneinander zu unterscheiden ist. Drittens gibt der eine, nimmt die andere, gibt der eine auf, nimmt die andere Teil, ruft die Ein-Gebung keine Aus-Gabe hervor, gilt die Ein-Nahme nur für Aus-Nahmen – kurz, das marktmäßige Geben und Nehmen transzendiert ohne rechte Anbieter und Nachfrager in eine Interaktivität, die von Geldströmen ohne rechtes Äquivalent umflossen ist.

Das alles kostet viel Geld, vor allem viel Zeit – so ein häufiger Stoßseufzer. Ja. Und nein – wieso kostet? Ist die so erlebte Zeit nur ein Kostenfaktor? Kooperation kostet etwas. Sie ist aber zugleich auch kostbar. Und vielleicht, manchmal – ist sie auch köstlich.

Literatur

Becher, M./ Dinter, I./ Schäfer, O. (1993): Selbstorganisierte Projekte in der Weiterbildung, in: Literatur- und Forschungsreport Weiterbildung. Report 32, S. 25-42.

Blättner, B. (1994): Vom Fachbereich zum Projekt. Komplexe Themen und vernetzte Bildungsangebote in der Volkshochschule, In: Hagedorn, F. u.a. (Hg.), Anders Arbeiten in Bildung und Kultur. Kooperation und Vernetzung als soziales Kapital, Weinheim/ Basel, Beltz, S. 93-107.

Bocklet, R. (1975): Öffentliche Verantwortung und Kooperativen. Kriterien zur Organisation der Weiterbildung, In: Deutscher Bildungsrat (Hg.), Umrisse und Perspektiven der Weiterbildung, Gutachten und Studien der Bildungskommission, 46, Stuttgart, S. 109-145, nachgedruckt in: Pädagogische Arbeitsstelle des Deutschen Volkshochschul-Verbandes (Hg.) (1992), Gesellschaftliche Voraussetzungen der Erwachsenenbildung, Studienbibliothek für Erwachsenenbildung, 1, Frankfurt a.M., Pädagogische Arbeitsstelle, S. 66-104.

Döring, O./ Faulstich, P. (1995): Zusammenarbeit von Betrieben und Erwachsenenbildungsträgern, in: Hessische Blätter für Volksbildung, S. 16-27.

Grenzdörffer, K. (1994): Kommunikative Momente der Weiterbildungsökonomie, in: Biesecker, A./ Grenzdörffer, K. (Hg.), Ökonomie als Raum sozialen Handelns, Bremen, Donat, S. 132-152.

Hagedorn, F. (1994): Bildung und Kultur als öffentliche Agenturen. Voraussetzungen für ein neues Aufgabenverständnis, In: Hagedorn, F. u.a. (Hg.), Anders arbeiten in Bildung und Kultur. Kooperation und Vernetzung als soziales Kapital, Weinheim/ Basel, Beltz, S. 129-144.

Hagedorn, F. u.a. (1994): Netzwerk-Impulse für die Bildungs- und Kulturorganisation, Marl, Adolf Grimme Institut.

Heidack, C. (Hg.) (1992 (1989)): Lernen der Zukunft. Kooperative Selbstqualifikation – die effektivste Form der Aus- und Weiterbildung. Mit aktuellen Beispielen aus der Praxis von Industrie, High-Tech-Bereichen, Banken und Versicherungen, 2. Aufl., München, Lexika.

Jungk, S. (1994): Kooperation und Vernetzung. Strukturwandel als Kompetenzanforderung, In: Hagedorn, F. u.a., Anders arbeiten in Bildung und Kultur. Kooperation und Vernetzung als soziales Kapital, Weinheim/ Basel, Beltz, S. 61-76.

Kappler, E. (1992): Management by Sokrates, In: Zeitschrift für Personalforschung, S. 312-326.

Schäffter, O. (1994): Zwischen Einheit und Vollständigkeit. Weiterbildungsorganisation – ein locker verkoppeltes Netzwerk, In: Hagedorn, F. u.a. (Hg.), Anders arbeiten in Bildung und Kultur. Kooperation und Vernetzung als soziales Kapital, Weinheim/ Basel, S. 77-92.

Schlutz, E. (1993): Erwachsenenbildung als öffentliche Verständigung. Abnehmende Chancen bei steigender Bedeutung, in: Internationales Jahrbuch der Erwachsenenbildung, S. 99-114.

Sellnow, R. (1994): Bürgerforum – Kooperationsbeziehungen zwischen Volkshochschulen und Kommune, In: Hessische Blätter für Volksbildung, S. 253-260.

Wegge, M./ Zander, I. (1994): Qualifizieren im Strukturwandel. Erfahrungen mit Kooperationen in der regionalen Weiterbildung, Gelsenkirchen, Wissenschaftszentrum Nordrhein-Westfalen.

Selbstorganisation in der Regionalentwicklung – das Beispiel der Regionalentwicklungsagentur am Bauhaus Dessau

Babette Scurrell

Der Titel verspricht – so fürchte ich – mehr als ich heute halten kann. Es gibt noch keine Regionalentwicklungsagentur am Bauhaus Dessau, aber es gibt seit einiger Zeit Experimente mit neuen Formen, Instrumenten und Institutionen zur Regionalentwicklung. Diese Arbeiten haben jetzt einen Stand erreicht, auf dem die Zusammenfassung von Erfahrungen und Erkenntnissen und die Schlußfolgerung aus Diskussionen und Vergleichen mit anderen Ansätzen sowie ihre Reflexion auf dem Hintergrund einer allgemeineren und multidisziplinären Diskussion von Nachhaltigkeit und Regionalentwicklung notwendig wird.

Insofern möchte ich unser Arbeitstreffen nutzen, um eine Konzeption vorzustellen, die sowohl aus theoretischer Diskussion als auch aus praktischen Versuchen gespeist ist und wiederum theoretischer Reflexion und sozialem Experiment dienen soll.

In dem „call for papers" hieß es:

> „Mit den neuen Formen und Inhalten ökonomischen Handelns werden die Grenzen der herkömmlichen Institutionen (Unternehmen, Haushalt, Staat, Markt usw.) praktisch überschritten und theoretisch infragegestellt."

Davon ausgehend müssen wir einige Fragen behandeln:

1. Wie gelingt es, Grenzen herkömmlicher Institutionen zu überschreiten? Welche inneren Voraussetzungen und welche Rahmenbedingungen müssen solche Institutionen aufweisen? Das sind nicht nur theoretische Fragen, denn von ihrer Beantwortung hängt das praktische Handeln in und gegenüber solchen Institutionen und/oder das Verlassen/Zerschlagen bestehender Institutionen und Instrumente ab.
2. Welche Grenzen dürfen neu zu schaffende Institutionen gar nicht erst ziehen?

3. Welche soziale Reichweite (sowohl nach der gesellschaftlichen Dimension als auch nach soziogeographischen Bereichen) haben herkömmliche Institutionen bzw. welche müssen künftige haben, um die Integration der Gesellschaft, um ein minimales zivilisatorisches Niveau, aufrechtzuerhalten?

Ich will im folgenden versuchen, unseren Ausgangspunkt für die Beantwortung dieser Fragen und unser Handeln in der Entwicklung der Region Bitterfeld-Dessau-Wittenberg zu skizzieren:

Die gegenwärtige wirtschaftliche und soziale Entwicklung in den altindustriellen Regionen Mitteldeutschlands (und nicht nur hier) ist vom Zusammenbruch der Großindustrie, sehr hoher Arbeitslosigkeit, zögerlicher Ansiedlung von Kleingewerbe, insbesondere produzierendem Gewerbe und einer Wirtschaftspolitik geprägt, die zwar verstärkt auf Regionalisierung setzt und die endogenen Potentiale der Regionen für die Wiederherstellung der Wirtschaftskraft nutzen will, sich dabei aber weiterhin konsequent am Weltmarkt orientiert, wofür wiederum die nicht vorhandene und nicht investitionswillige Großindustrie benötigt würde. Die *Konkurrenz* zwischen den Regionen, die ihre endogenen Potentiale und Ressourcen entdecken, entwickeln und für das Wachstum ihrer Wirtschaft und damit des Lebensstandards der Bevölkerung einsetzen sollen, wird als Antrieb für die wirtschaftliche und soziale Entwicklung gesehen.

Beim Wettbewerb von Regionen wie beim Wettbewerb zwischen Firmen und Individuen kann es aber – der Erfahrung nach – nicht nur Gewinner, sondern muß es auch Verlierer geben.

Verliererregionen, deren Ressourcen verbraucht, deren Potentiale verschlissen oder wertlos geworden sind, so daß sie aus den Weltmarktzusammenhängen herausfallen, ebenso Menschen, die ihre Arbeitskraft nicht mehr verwerten können, so daß Langzeitarbeitslosigkeit und damit verbunden Dequalifizierung und Demoralisierung ihr Wohlergehen untergraben, leben aber weiter, sind nicht plötzlich verschwunden, nur weil sie „auf dem Markt" nicht mehr auftauchen. Die bisher genutzten Instrumente und Verfahren zu ihrer Alimentierung werden zunehmend unbrauchbar, weil sie sich aus der Wirtschaftskraft einer abnehmenden Anzahl von „Gewinnern" speisen und für immer mehr „Verlierer" nicht mehr ausreichen.

Um einen gewissen Grad von sozialer Gerechtigkeit und darüber ein zivilisatorisches Minimum gesellschaftlicher Regeln aufrechtzuerhalten, scheint es uns notwendig, über „Strategien für Verlierer" nachzudenken. Darunter sind neben wirtschaftlichen Formen wie der Subsistenz, sozialen Betrieben und Austauschsystemen auch politische Formen einer stärkeren Partizipation und kulturelle Formen der Überwindung der Vereinzelung und des Widergewinns der subjektiven Gestaltungsfähigkeit zu verstehen, die in geeigneten Gemeinschaftsformen ein Mindestmaß an individueller Entfaltung und sozialer Sicherheit schaffen können.

Das zweite wesentliche Problem, das beim Aufbau neuer Wirtschafts- und Sozialformen berücksichtigt werden muß, ist die Unverträglichkeit der bisherigen auf Wachstum ausgerichteten Wirtschaftsweise mit dem begrenzten Ökosystem der Erde. Neuere Überlegungen zum nachhaltigen Wirtschaften und zur Rückbindung des Menschen an seine natürliche Mitwelt verweisen auf notwendige soziale Erfindungen, die ihrem Wesen nach auch die Probleme der „Verlierer(-Regionen)" lösen können.

Diese beiden Gedankengänge lassen sich zu einer gemeinsamen Richtschnur bei Überlegungen für eine Regionalentwicklung im Gebiet Dessau-Bitterfeld-Wittenberg verknüpfen.

Der Verknüpfung liegt die Hypothese zugrunde, daß „Strategien für Verlierer" auch Strategien für eine Rückbindung der menschlichen Lebenstätigkeit in den natürlichen Zyklus unserer Mitwelt sind. Zu dieser Auffassung sind auch andere Wissenschaftler und Gestalter praktischer Regionalentwicklung gekommen.[1]

Sowohl der sozio-ökonomische als auch der ökologische Ausgangspunkt unserer Überlegungen treffen heute in der Arbeit des Bauhauses mit der Traditionslinie dieser Institution zusammen.

Als Hochschule für Gestaltung war das historische Bauhaus untrennbar mit der Gestaltungskultur der Industriegesellschaft assoziiert, aber auch mit den Versuchen zu Alternativen und Reformen.

Das Bauhaus gab einer Epoche des radikalen Bruchs mit den tradierten Gestaltungsformen Impulse für deren gestalterischen Ausdruck und entsprach dabei weitgehend dem kulturellen Paradigma des Fordismus. Leistungsfähigkeit und Entwicklungsdynamik der industriellen Moderne schienen am Beginn des 20. Jahrhunderts Möglichkeiten zur unbegrenzten Vergesellschaftung von Luxus und zur Demokratisierung der Lebensweise in den Bereich des Machbaren zu rücken.

Das Bauhaus stellte die traditionelle Kultur konstruktiv infrage – und zwar vordergründig deren ästhetische und pädagogische Aspekte. Dieser Such- und Entwicklungsprozeß macht das historische Bauhaus aus. Das neue gesellschaftliche Gestaltungsparadigma, das sich auf ein bestimmtes gesellschaftliches Bild von Arbeit und eine entsprechende Lebensweise gründet, fand in der Architektur und im Design „nur" seine formale materielle Realisierung.

Die Suche nach Orientierung mit Hilfe eines „raumgefaßten Zeitwillens" steht heute wieder als eine Orientierungsaufgabe auf der Tagesordnung. Weit über die Gestaltfindung für Alltagsobjekte und Häuser, ja auch über die technische, funktio-

---

1 Vgl. dazu: Peters, Ulla/Sauerborn, Klaus: NARET. Regionale Nachhaltigkeit – ein Leitbild für Regionen, NARET-Diskusionspapier Nr.1, Universität Trier, 1994; und:
Davey, Brian: A Strategy for Losers. Holistic Approaches to Regional and Local Developement (unveröffentliches Manuskript).

nale Anlage von Industrie- und Siedlungsgebieten hinaus, suchen wir heute nach einer integrierten Gestaltung komplexer regionaler Räume (Systeme von Landschaft, Wirtschaft, sozialen Beziehungen, kulturellen Traditionen...), die von der Vernetzung widersprüchlicher Zielvorgaben für soziale, politische, ökonomische und ökologische Entwicklungsgestaltung geprägt sind.

Insofern kann das Bauhaus heute von einer historischen Funktion ausgehen, die aber durch den „Zeitgeist" europäischer Vereinigung, in deren geografischer (und politisch-mentaler) Grenzregion Dessau liegt, eine neue Dimension erhält. Daß hinter diesem Transformationsvorgang ein viel grundsätzlicherer Umbruch steckt, wird an der Instabilität bisher für ehern gehaltener Kategorien deutlich: Arbeit, Wachstum, Unendlichkeit der Naturnutzung.

Der Prozeß der Identifizierung dieser Umbrüche und ihrer Konsequenzen und des Entwerfens komplexer Anpassungsoptionen ist mit der Zeit interdisziplinär und international geworden. Am krassesten und unmittelbarsten stellen sich die Fragen jedoch im regionalen Kontext.

In den vergangenen fünf Jahren wurden am Bauhaus Dessau mit verschiedenen PartnerInnen die folgenden Institutionen geschaffen oder angeregt:

- Verein „Industrielles Gartenreich e.V.", mit den Arbeitskreisen Dessau-Wörlitzer Kulturlandschaft und Siedlungserneuerung
- die „Gesellschaft für Urbanistik e.V." mit dem Urbanistischen Bildungswerk in Dessau und der urban-consult gGmbH in Berlin
- das Archiv Industrielles Gartenreich am Bauhaus Dessau
- die soziokulturelle Initiative K.I.E.Z. e.V. (Kulturelles Informations- und Einwohner Zentrum)
- die ARGE – Arbeitsgemeinschaft für ökonomische Selbsthilfe und regionale Erneuerung
- der Verein Wolfener Siedlung
- der Dachverband der Bergbaufolgelandschaften

- die ABM-Projekte:
  - Kommunale Entwicklungswerkstatt Vockerode
  - Regionale Arbeitsmarktpolitik
  - Regionale Entwicklungswerkstatt Dessau/Wörlitzer Winkel
- das europäische Bauhaus-Forum: Nachhaltige Regionalentwicklung

Darüber hinaus gibt es Kontakte und Unterstützung für verschiedene Aktivitäten und Initiativen anderer, z.B. für den Museumsbahnverein Dessau-Wörlizer Eisenbahn und den Förderverein des Kulturpalastes Bitterfeld. Das Bauhaus beteiligte sich auch in vielfältigen Formen an der Vorbereitung der Antragsstellung des Landes Sachsen-Anhalt als Komplementärstandort für die EXPO 2000 und nimmt nun an den Vorbereitungen bis hin zur Mitwirkung in den Arbeitskreisen des Ende 1994 gegründeten Regionalforums teil.

Die Relevanz dieser Aufzählung von Institutionen für unser Thema: Entdeckung und Entwicklung von Elementen einer neuen Ökonomie wird vielleicht nicht gleich ersichtlich. Deshalb will ich im Folgenden einige dieser Akteursgruppen und ihren wechselseitigen Zusammenhang darstellen:

Die „Gesellschaft für Urbanistik" (GfU) wurde im Juni 1990 von Stadt- und Regionalplanern, Architekten und Landschaftsarchitekten, Kunstwissenschaftlern und Historikern, Soziologen und Ökonomen, Kommunalpolitikern und Vertretern der Bürgerbewegung am Bauhaus Dessau gegründet. Im Programm vom März 1991 heißt es:

„Die *Gesellschaft für Urbanistik*

- vermittelt Kontakte zwischen Wissenschaftlern und Planern, zwischen Politikern und Bürgern, zwischen Fachleuten und Laien, zwischen kommunalen Verwaltungen und Beratungs-, Planungs- sowie Forschungseinrichtungen
- führt Arbeitstagungen zu disziplinären und interdisziplinären Problemlagen durch
- organisiert Weiterbildungsveranstaltungen zu Fragen der Dorf-, Stadt- und Regionalplanung
- unterstützt die Arbeit in den kommunalen Selbstverwaltungen
- fördert Experimente und entwickelt alternative Lösungsansätze
- verallgemeinert und publiziert praktische Erfahrungen und wissenschaftliche Erkenntnisse."

Wie sich die Arbeit der GfU dann entwickelte, war stark von den unmittelbaren Anforderungen der gesellschaftlichen, vor allem auch wirtschaftlichen Entwicklung in den neuen Bundesländern geprägt. Dies wird in den folgenden Berichtsauszügen der GfU deutlich:

„In das Zentrum des Interesses rückten sehr schnell Fragen des kommunalen Rechts sowie der kommunalen Finanz- und Wirtschaftspolitik. ... Das Reagieren auf akuten Problemdruck kennzeichnet die Arbeit der Gesellschaft im ganzen ersten Jahr. So wurden neben den genannten Themenbereichen Fragen des sozialkulturellen Wandels in den neuen Bundesländern, der ökologischen Erneuerung und speziell der Abfallwirtschaft behandelt.
Schrittweise wurde der Charakter der Arbeitstagungen dadurch ausgeprägt, daß Angebote für die Erörterung von Grundsatzfragen im Plenum mit den besonderen Möglichkeiten des Rundtischgesprächs verknüpft wurden. Die Anschaulichkeit der behandelten Probleme wurde durch Exkursionen erhöht. Die Zusammenführung von Experten des In- und Auslandes mit Kommunalpolitikern aus den neuen Bundesländern, insbesondere aus der Region Dessau, Wittenberg, Bitterfeld, und Vertretern von Bürgerinitiativen aus verschiedenen Teilen der Bundesrepublik kennzeichnet das Bestreben, in der Arbeit der Gesellschaft Allgemeingültiges und Standortspezifisches in Beziehung zueinander zu setzen, unterschiedliche Positionen und Interessen zu reflektieren.
Die sich im Anfangsjahr (1990/91) abzeichnenden kommunalen und regionalen Probleme, insbesondere als Folge der zunehmenden sozialen, wirtschaftlichen und kulturellen Krise sowie der ökologischen Schäden der Vergangenheit, verstärkten sich 1991/92. Sie zeitigten vielfach existentielle Gefahren. Zugleich geboten diese Umstände, sich den drängenden praktischen Fragen, insbesondere der Arbeitsmarktpolitik in Gemeinden und Regionen zuzuwenden.
Das Thema Massenarbeitslosigkeit hatte Auswirkungen auf die Struktur des Vereins. Es wurde eine gemeinnützig wirkende Gesellschaft mit beschränkter Haftung für kommunale Beratung gegründet, die sowohl den organisatorischen Fortbestand des Vereins sicherte als auch – vor allem – das erklärte Ziel der GfU, praktisch in der Stadt-, Dorf- und Regionalerneuerung tätig zu werden, schrittweise realisieren konnte...."

Mit der Vertiefung von Fragestellungen, die die Praxis aufwirft,

„wird der Charakter der *Gesellschaft* prägender hervortreten – ohne die Praxisorientierung aufzugeben. Für solche Schritte können die ersten Versuche gelten, im Kontext mit der Arbeitsförderung, Fragen der 'lokalen Ökonomie' oder der 'regionalen Kultur' als Planungs- und Entwicklungsmomente zu erörtern. Hieraus könnte der profilbestimmende Inhalt von Verein und Beratungsgesellschaft erwachsen. Letztere versteht sich, soweit man bei den bescheidenen Anfängen davon bereits sprechen kann, als eine gewissermaßen 'intermediäre Organisationsform', nicht aber als eine Konkurrenz für Planungs- und Architekturbüros."[2]

---

2   Angewandte Urbanistik. Jahresberichte der Gesellschaft für Urbanistik e.V. 1991/92, Gesellschaft für Urbanistik e.V., c/o Bauhaus Dessau

Die damit angedeutete institutionelle Entwicklung fand ihre Fortsetzung mit der Gründung der *Arbeitsgemeinschaft für ökonomische Selbsthilfe und regionale Erneuerung* im September 1993, die ihren Sitz ebenfalls am Bauhaus Dessau hat und dort im September 1994 zusammen mit dem Verband Deutscher Produktivgenossenschaften und dem Social Economy Consortium aus Großbritannien den Kongreß „Wirtschaft von unten – People's Economy" veranstaltete.

> „Der Kongreß wurde ein internationales *Lernfest* – und nur als solches Instrument neuer Art verdient er hier Erwähnung – ein *Lernfest* am Bauhaus, im Bauhaus-Garten, in der 'Bauhaus-Stadt' Dessau, in der 'gebeutelten' und 'verschütteten' Region zwischen Bitterfeld und Wittenberg. Er führte in den ersten Septembertagen rund 400 TeilnehmerInnen aus 21 Ländern Europas, Asiens und Amerikas sowie 200 Tagesbesucher aus der mitteldeutschen Industrieregion zusammen. In den 50 Seminaren und Workshops erörterten die TeilnehmerInnen praktische Erfahrungen und Möglichkeiten der Überwindung von Massenarbeitslosigkeit und Zerstörung der menschlichen Lebensgrundlagen. Letztlich ging es den TeilnehmerInnen um die "Wiederentdeckung von Gemeinschaftsleben, die Wiederherstellung einer sinnvollen Existenz, die Eroberung der Arbeit von unten", wie es der holländische Umweltaktivist Willem Hoogendijk in seinem Einführungsbeitrag zum Kongreß formulierte."[3]

Der Kongreß am Bauhaus Dessau blieb aber nicht nur den VertreterInnen von Initiativen, Vereinigungen und Organisationen vorbehalten. Über 400 Kinder aus Dessau erprobten in Workshops ihre Sichtweisen mit Spiel, Tanz oder Aktion – angeleitet von PädagogInnen aus Dessau und Paris.

Die Veranstaltung war insofern ein Lernfest verschiedener Generationen, Kulturen und Anschauungen vor dem gemeinsamen Hintergrund, reale Perspektiven aus der Krise des gesamten modernen Weltsystems mit seinen sozialen und ökologischen Konflikten zu eröffnen. Praktische Beispiele solcher Perspektiven stellten VertreterInnen von Initiativen und Bewegungen für eine nicht an Wachstum, sondern an regionalen Bedürfnissen orientierte Wirtschafts- und Lebensweise vor. Dabei wurde deutlich, daß zwischen den immer weiter auseinanderdriftenden Welten der Ökonomie und der Ökologie praktische Brückenschläge möglich sind.

Die Arbeitsgemeinschaft für lokale Ökonomie und regionale Erneuerung (ARGE) selbst – um wieder zu den Institutionen zurückzukehren – beschreibt sich als Gemeinschaft, in der

> „Vereine, Unternehmen, Forschungseinrichtungen und Privatpersonen zusammen(wirken), um die Idee von regionaler Erneuerung durch ökonomische Selbsthilfe in der Öffentlichkeit bekanntzumachen, auf entsprechende ökonomische Rahmenbedingungen hinzuwirken und praktische Initiativen ins Leben zu rufen bzw. zu unterstützen."

---

3 Kegler, Harald: Pressemitteilung zum Kongreß „Wirtschaft von unten – People`s Economy"

Gemäß diesen Zielen bekennt sich die ARGE zum „Werkstattprinzip als Methode".

„Das Prinzip der *Werkstatt* ermöglicht es, die Kreativität der Betroffenen zugunsten ökonomischer Selbsthilfe und regionaler Erneuerung zu mobilisieren. Die *Werkstatt* als Raum für die Wiederbelebung des Ortes soll die Schaffung von sinnvollen Beschäftigungsmöglichkeiten fördern und der Arbeitslosigkeit eine konstruktive und kooperative Variante entgegensetzen."[4]

Diesen Überlegungen entsprechend rief die urban-consult gGmbH 1994 im Rahmen von Arbeitsbeschaffungsmaßnahmen Entwicklungswerkstätten ins Leben. Mit Unterstützung des Arbeitsamtes (Lohnfinanzierung) und der Kommunalverwaltungen (Räumlichkeiten) erhalten von Arbeitslosigkeit betroffene Einwohner der Gemeinde Vockerode (bzw. ehemalige Angestellte im Kraftwerk oder in der Gewächshausanlage Vockerode) und der Region Dessau/Wörlitzer Winkel die Möglichkeit einer Neuorientierung. Diese Suche nach Orientierung schließt die Auseinandersetzung mit dem Ort, seiner Geschichte, seinen Potentialen und kulturellen Ansatzpunkten ein. Sie wird durch direkte Wissensvermittlung (Kunsthistoriker, Landschaftsgestalter, Regionalplaner) und den Zugriff auf das Archiv Industrielles Gartenreich unterstützt. Ziel dieser auf zwei Jahre angelegten Werkstattarbeit ist es, daß sich die MitarbeiterInnen einer sinnvollen Lebenstätigkeit versichern, die nicht notwendig auf den ersten Arbeitsmarkt führen muß. Die Ergebnisse der Werkstatt sind weitgehend offen.

Mit diesen Ansätzen wird die gestaltgewordene Geschichte der Region durch die kulturell vermittelte Landschaftsgestalt selbst zum Bildungsobjekt.

Allerdings werden nach den Erfahrungen der ersten Monate eine stärkere Unterstützung durch Bildungsangebote und ein intensives Nachdenken über ein strukturelles, ökonomisch zumindest die Grundsicherung gewährleistendes Netz zur Weiterführung sowohl der selbstgewählten Tätigkeiten einzelner als auch der Werkstattarbeit an sich als Erfordernis sichtbar.

In Zusammenarbeit mit der Gruppe „Weiterbildung im Bereich Umweltwissenschaften/Umweltschutz" der Humboldt-Universität sowie anderen externen Partnern versucht das Bauhaus deshalb, neue Möglichkeiten der Kompetenzerweiterung regionaler Akteure zu entwickeln.

In den letzten Wochen gelang es uns, Kontakt zu einer der großen Arbeitsbeschaffungs-, Bildungs- und Sanierungsgesellschaften (ABS-Gesellschaften) aufzunehmen, in der gegenwärtig in ABM und durch Förderung nach § 246 h des AFG ca. 2500 Menschen Beschäftigung gefunden haben. Die Geschäftsführung dieser Gesellschaft weiß:

---

4 Programm der Arbeitsgemeinschaft für ökonomische Selbsthilfe und regionale Entwicklung, Birkhölzer, Karl (Technologienetzwerk Berlin), Kegler, Harald (Bauhaus Dessau), Schmidt, Angelika (ÖKOLÖWE Leipzig), Schmidt, Bernhard (Ökospeicher Wulkow), c/o Dessau.

- daß die gegenwärtige Alimentierung auslaufen wird,
- daß es in den verbleibenden 1 1/2 Jahren nicht gelingt, alle Beschäftigten auf den ersten Arbeitsmarkt zu bringen,
- daß neue Instrumente und Strukturen gefunden werden müssen, um durch regionale Kreisläufe die finanziellen Fördermittel länger in der Region zu halten und
- daß die Zukunft jeglichen Wirtschaftens in Produktionen liegt, die sich in natürliche Kreisläufe einbinden.

Die Herausforderung für das Bauhaus besteht nun darin, über die Aufdeckung und Entfaltung kultureller und raumgestaltender Potentiale sowie die Einbindung der ABS-Gesellschaft in bestehende Netze und Institutionen die notwendigen soziokulturellen und politischen Rahmenbedingungen zu sichern.

Damit komme ich zu der Hypothese, die meine Arbeit momentan bestimmt: Die Herausbildung neuer Formen des Wirtschaftens,

- die nicht mehr auf Wachstum gerichtet sind,
- sondern mit einer drastischen Senkung des Energie- und Rohstoffeinsatzes einhergehen;
- die vorsorgend auf die Sicherung der Grundbedürfnisse der heutigen und zukünftiger Generationen gerichtet sind und das Wohlergehen dem abstrakten Geld-Reichtum gegenüber vorziehen;
- die in diesem Rahmen das auf Konsens oder Kompromiß gerichtete Aushandeln zwischen verschiedenen Interessengruppen erlauben;
- die eine Vielfalt von Lebensmöglichkeiten entsprechend den vorgefundenen natürlichen und kulturellen Bedingungen erlauben und die Selbstbestimmung des Individuums in funktionstüchtigen sozialen Gemeinschaften sichern,

erfordert ihre Einbindung in ein Geflecht veränderter kultureller, sozialer und politischer Institutionen, die ihre Entwicklung gegenseitig stützen und auch Schutz bedeuten.

Formen der ökonomischen Selbsthilfe, Genossenschaften, geldlose Austauschsysteme, Sozialbetriebe, Erzeuger-Verbraucher-Gemeinschaften u.ä. fristen bisher ein Nischendasein, weil sie sich nicht im Einklang mit dem gültigen System kultureller Werte, sozialer Verhältnisse und politischer Formen befinden.

Im Gegenteil: Die oft unter sozialer Bedrängnis, mit Phantasie und Mut hervorgebrachten lebenssichernden und sinnstiftenden Formen des Wirtschaftens im Einklang mit der Natur werden in das herrschende gesellschaftliche System integriert. Was zuerst aussieht wie eine Nische, wird nicht automatisch zur Sustainability-Insel, sondern viel eher zum Stützgewölbe der wachstumsorientierten Marktwirtschaft.

Das Spannungsfeld von bewußter Entgegensetzung anderer Wirtschafts- und Lebensformen und ihrer Integration in die bestehenden gesellschaftlichen Strukturen wird von einem Prinzip bestimmt, das schon Aristoteles bekannt war, nämlich, daß Politik, Ethik und Ökonomie einer Zivilisation immer einheitlichen Charakters sind, wenn die Zivilisation nicht daran zerbrechen soll. Bemühungen zur Entfaltung neuer ökonomischer Formen sind daher mit Veränderungen in anderen gesellschaftlichen Bereichen verknüpft.

Die Wirksamkeit neuer betriebswirtschaftlicher Modelle und neue Effizienzkriterien sind so an die Überwindung der Erwerbsarbeit gebunden. Die Herausbildung ganzheitlicher Lebenstätigkeit braucht die Akzeptanz einer Werkstattkultur sowie die damit verbundene Öffentlichkeit der Problemlösungen und Partizipation aller Betroffenen. In einer gesellschaftlichen Situation, in der die Gouvernanz des Staates am Ende ist, können Gemeinschaften nur aus ihren demokratischen soziokulturellen Zentren heraus und auf der Basis ihres geschichtlichen Werdens die notwendigen neuen politischen Formen finden. Eine Regionalentwicklungsagentur muß deshalb vor allem die Vernetzung der wirtschaftlichen, politischen, sozialen und kulturellen Innovationen und ihre Verankerung in der räumlichen Struktur leisten.

Nachhaltige Entwicklung als Ziel und selbstorganisierender Verständigungsprozeß

Christiane Busch-Lüty

Vorbemerkungen:

Ich habe angekündigt,

> „anknüpfend an Erkenntnisse der neueren Komplexitätsforschung, die im Rahmen des letztjährigen ÖSO-Workshops von mir bereits für meinen Ansatz zu 'neuen Bewertungen als Voraussetzung und Orientierung für nachhaltiges Wirtschaften' herangezogen wurden[1], in meinem heutigen Beitrag die vielbeschworene 'nachhaltige Entwicklung' (sustainable development) als gesellschaftlichen Suchprozeß im Sinne des 'Offenhaltens möglichst vieler Zukünfte' zu fokussieren."[2]

Für den inhaltlichen Anschluß muß ich zur Erinnerung nochmals die Essenz meines vorjährigen Ansatzes zitieren:

> „Der Paradigmenwechsel zu einer Orientierung des Wirtschaftens am Leitbild der Nachhaltigkeit, – als einer die evolutionäre Substanz der natürlichen Lebensgrundlagen und Produktionspotentiale *erhaltend nutzenden Wirtschaftsweise*, – erfordert zwingend nicht nur die Ausweitung der monetären Ökonomie, sondern insbesondere die Entwicklung und Praktizierung einer *physischen Ökonomie*. Deren Wertmaßstäbe und Qualitätskriterien können ihrem Wesen nach nicht anthropozentrischen Nutzenoptimierungen folgend nachgebildet werden; sie lassen sich vielmehr nur ermitteln in ihrer *Bewährung* im komplexen, zukunftsoffenen Prozeß der 'Ko-Evolution'

---

1   Busch-Lüty, Ch. (1995): Neue Bewertungen als Voraussetzung und Orientierung für nachhaltiges Wirtschaften, in: Grenzdörffer, K., Biesecker, A. u.a. (Hg.) Neue Bewertungen in der Ökonomie, Pfaffenweiler, S. 97-113.
2   Hier sollte angemerkt werden, daß der Brundtland-Bericht die „nachhaltige Entwicklung" sicher in erster Linie als eine global kommunizierbare Konsensformel verstanden und kaum deren theoretische Fundierung und Operationalisierung durch die Wissenschaften beabsichtigt hatte!

ökologischer und ökonomischer Systeme. Deswegen lassen sich dafür auch *kaum inhaltlich definierbare Normen finden, sondern diese 'finden statt'*, *als adaptive Lernprozesse, durch 'lebensnahe' Selbstorganisation.*"

Hier in diesem Rahmen finde ich mich mit meinem Beitrag optimal „eingebettet" zwischen Babette Scurrell und Ortwin Renn, weil mir dies Rückbezüge und Vorverweise erlaubt. Diese ergeben sich zwangsläufig aus meiner Einbindung auch in *Prozesse der Praxis* nachhaltiger Entwicklung in verschiedenen Regionen, die mich u.a. auch zu einer der „geistigen Mütter" und Mitbegründer des von Babette Scurrell gerade vorgestellten „Forums für nachhaltige Regionalentwicklung" am Bauhaus Dessau gemacht hat.

I. Die Einheit von Zielorientierung und Prozeß als Wesen nachhaltiger Entwicklung

Es ist grundsätzlich davon auszugehen, daß die Einheit von Ziel und Prozeß geradezu zum Wesen nachhaltiger, d.h. ko-evolutionärer Entwicklung menschlichen Wirtschaftens gehört, – was in einem ersten Schritt nochmals in aller Kürze verdeutlicht werden soll:[3]

1. Zur inhaltlichen Substanz des Nachhaltigkeits-Prinzips:

Dieses ist – aufgrund seines Herkommens und in subtiler Unterscheidung vom Leitbild der Sustainability – seinem Wesen nach ein *Wirtschaftsprinzip im Umgang mit lebender Natur* schlechthin, das die *Einheit von Produktion* und Reproduktion sowie die *ko-evolutionäre Entwicklung von Human- und Naturpotentialen* beinhaltet.

Es postuliert insofern als *physisches* Prinzip die *Zeitmaß-Verträglichkeit* anthropogener Einwirkungen mit den natürlichen Funktions- und Evolutionsprozessen und das *Offenhalten möglichst vieler Zukünfte.*

---

3 Vgl. dazu ausführlicher Busch-Lüty, Ch. (1994b): Ökonomie als „Lebenswissenschaft". Der Paradigmenwechsel zum Nachhaltigkeitsprinzip als wissenschaftstheoretische Herausforderung, in: Vorsorgendes Wirtschaften. Frauen auf dem Weg zu einer Ökonomie der Nachhaltigkeit. Sonderheft 6 der POLITISCHEN ÖKOLOGIE, München, S. 12-17; desgl. Busch-Lüty, Ch. (1994a): „Sustainability" – Elemente einer am Leitbild der Nachhaltigkeit orientierten ökologischen Ökonomie, in: Biervert, B., Held, M. (Hrsg.): Das Naturverständnis der Ökonomik, Frankfurt, S. 206-223.

Es ist ein ethisches Prinzip („Not to be defined, but declared!").

2. *Nachhaltigkeit ist ein integratives Lebensprinzip:*

Da es durch die Gesunderhaltung der natürlichen Funktionssysteme gerade die *Lebensgrundlagen auch für die Menschen auf Dauer sichern soll*, verlangt es die Optimierung des komplexen Zusammenwirkens der natürlichen und der von Menschen geschaffenen Systeme und setzt somit Stabilität der drei Teilsysteme NATUR, GESELLSCHAFT und WIRTSCHAFT auch in sich voraus. (Abb. 1)

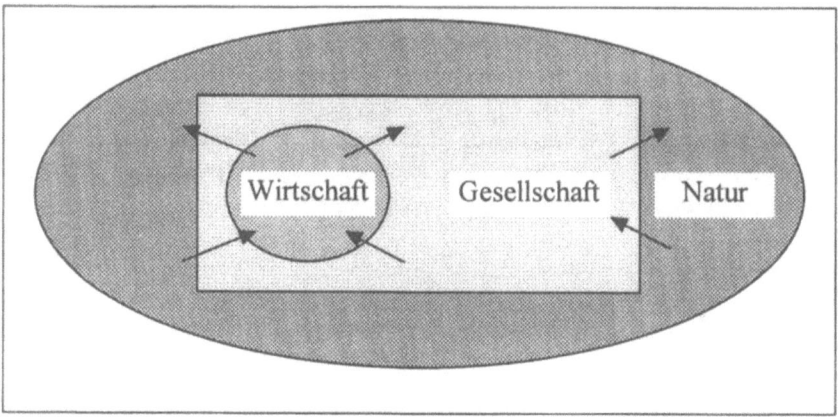

Abb.1: Nachhaltigkeit optimiert das Zusammenwirken der drei Systeme

„Ökologische", „ökonomische" und „sozio-kulturelle" Dimensionen der Nachhaltigkeit bedingen sich als Determinaten im vernetzten System N-G-W wechselseitig und bilden insofern *nur integrativ* die konstituierenden Elemente dieses *ganzheitlichen Lebensprinzips*, das damit *querliegt* zu den Denk-, Ordnungs- und Organisations-Kategorien sowohl der Wissenschaften (Fachdisziplinen) als auch des politisch-administrativen Systems (Ressorts).

3. Die Einheit von Ziel und Prozeß:

Die prinzipielle Nichtbestimmbarkeit von Nachhaltigkeit *abgelöst von der vernetztkomplexen Lebenswirklichkeit* erfordert die *größtmögliche Lebensnähe* der jeweiligen Such- und Entscheidungsprozesse sowie deren Zukunftsoffenheit; Nachhaltigkeit ist also nur als *gesellschaftlich-diskursives Leitbild* bestimmbar.

Da die Annäherung an dieses nur durch Konsensbildung unter den Betroffenen realisiert werden kann, ist die Verständigung über Nachhaltigkeit und nachhaltige Entwicklung Ziel und Selbstorganisations-Prozeß zugleich: „Der Weg entsteht beim Gehen"!

Nicht nur die Komplexität und der chaotische Charakter der Ökologie sprechen daher für das Unvermögen und die Inadäquanz hochaggregierter Leitgrößen und Megapläne sowie zentraler Berechnungs-, Steuerungs- und Kontrollweisen für nachhaltiges Wirtschaften; dieses verlangt die größtmögliche Annäherung an *natürliche* Ordnungsprinzipien, des evolutionären Wechselspiels von Kreativität und Gewohnheit, Spontaneität, trial and error. Weswegen auch anzumerken ist, daß „ökologisch wahre Preise" im Prinzip nicht möglich sind, allenfalls „wahrere", – im Sinne einer Annäherung in die richtige Richtung; auch die Evolution strebt höchstens nach „Verbesserung", *nicht* nach „Vollkommenheit"!

4. Eine Anekdote zur Verdeutlichung:

Im Zusammenhang mit einem Gutachten, das ich im Mai 1994 zu einer Pilotstudie der Akademie für Technikfolgenabschätzung Stuttgart (unter Federführung von Ortwin Renn) zur „Nachhaltigen Entwicklung in Baden-Württemberg" abzugeben hatte, habe ich meine – wissenschaftlich allerdings nicht allzu ernst gemeinte! – Interpretation der mir dabei explizit angetragenen Rolle des „wohlwollenden Landesfürsten, der seine eigenen Vorstellungen von einer nachhaltigen Zukunft Baden-Württembergs konkretisieren sollte," folgendermaßen ausgedrückt (allerdings nur in einer Fußnote!) – was vielleicht die Unterschiede im grundsätzlichen „approach" am besten auf den Punkt bringt:

> „... Zunächst einmal würde ich *abdanken*, um diese Rolle des allwissenden *Landesvaters* und die falschen Erwartungen an seine sowie die prinzipiellen Möglichkeiten *wegweisender Weisheiten 'von oben'* in diesem Prozeß gleich *ad absurdum zu führen*; und dann würde ich – als *Landesmutter* – den zum Suchen und Finden des We-

ges in eine nachhaltige Zukunft notwendigen gesellschaftlichen Diskurs auf allen Ebenen klug organisieren, tatkräftig fördern und – allenfalls! –wohlwollend moderieren!"

II. Das Aufspüren eines Korridors „evolutionärer Bewährung" für die gesellschaftlich-wirtschaftliche Entwicklung als Selbstorganisationsprozeß

Es gilt demnach, das Aufspüren eines Korridors der „evolutionären Bewährung" für die gesellschaftlich-wirtschaftlichen Entwicklungen als Selbstorganisations-Prozeß zu begreifen und verstehen und gestalten zu lernen.

Hierzu liefert die *Theorie der Selbstorganisation – die Synergetik* – hilfreiche Erklärungsansätze für die Evolution von Komplexität, auch in den vielfältigen ökologisch-ökonomischen und sozio-kulturellen Prozessen.[4] Dabei ist nochmals daran zu erinnern, daß es unter dem Gebot der Nachhaltigkeit um die ko-evolutionäre Entwicklung aller interdependenten Teilsysteme von N-G-W geht.

Nach Ebeling sind unter Selbstorganisation ganz allgemein Prozesse zu verstehen, die weitab vom Gleichgewicht ablaufend durch systemimmanente Triebkräfte zu komplexeren (höheren) Ordnungsstrukturen führen.[5]

Da man die Menschen als immanente Bestandteile in die vielfältigen ökologisch-ökonomischen und sozio-kulturellen Prozesse *einbeziehen* muß, die wir mitgestalten und erleiden, handelt es sich hierbei ohne Zweifel um Prozesse der Selbstorganisation im Sinne der obigen Definition. Die Alternative wäre Fremdsteuerung nach einem von außen vorgegebenen Programm und durch einen außenstehenden Organisator; angesichts der prinzipiellen Indeterminiertheit und Zukunftsoffenheit evolutionärer Prozesse und der Eingebundenheit des Menschen in sie als Teil der Natur kann davon aber nicht ausgegangen werden. Aufgrund der rekursiven Verknüpfung der individuellen Mikroebene und der gesamtgesellschaftlichen Makroebene wird der synergetische Ansatz gesellschaftlicher Selbstorganisation auch von ökologischen Ökonomen als womöglich „der interessanteste und facettenreichste Zugang zur Ökologie-Ökonomie-Problematik" angesehen.[6] Da diese allein als „Problem

---

4 Ich folge hier primär der Sicht des Physikers, in Anlehnung an Werner Ebeling, Selbstorganisation und Entropie in ökologischen und ökonomischen Prozessen, in: Beckenbach, F., Diefenbacher, H. (Hg.) (1994): Zwischen Entropie und Selbstorganisation. Perspektiven einer ökologischen Ökonomie, Marburg, S. 29-45.
5 Ebenda, S. 35.
6 Vgl. Pasche, M., Ansätze einer evolutorischen Umweltökonomk, in: Beckenbach, F., Diefenbacher, H. a.a.O., S. 75-118, S. 113.

divergierender Zeitstrukturen interdependenter Systeme" gedeutet wird, wird dies allerdings in meiner Sicht dem Nachhaltigkeitsprinzip nicht in seiner vollen „Lebensfülle" gerecht.

Durch das Nachhaltigkeits-Prinzip wird die sozioökonomische Entwicklung zwar nicht biologisch determiniert, aber doch gewissermaßen auf einen „Evolutionskorridor" (Pasche) verwiesen und verpflichtet, der aber ex ante unbekannt und prinzipiell offen ist. Die Anpassung gesellschaftlicher Normen und Institutionen, von denen die Natur-Nutzungsmuster abhängen, wird nicht etwa durch die Natur „diktiert"; sondern sie wird eingeleitet und getragen durch *Verständigungsprozesse* und in deren Folge Veränderung von Verhaltensweisen auf der Mikroebene.

> „Preise, Präferenzen und Normen sind dabei nicht Garanten für pareto-optimale Allokationsergebnisse, sondern Parameter eines gesellschaftlichen Selbstorganisations-Prozesses, der unter veränderten ökologischen Randbedingungen bisherige Ordnungszustände (Nutzungsmuster etc.) destabilisiert."[7]

Die entscheidende Frage im Suchprozeß ist: ob, wie und nach welchen Gesichtspunkten der – im voraus nicht bestimmbare – Evolutionskorridor zukünftiger Nachhaltigkeitspfade der Entwicklung vom sozioökonomischen System *gelernt* werden kann.

Hier muß ich nochmals einen Schritt zurücktreten und auf meine letztjährigen Ausführungen zu „Neuen Bewertungen als Voraussetzung und Orientierung für nachhaltiges Wirtschaften" zurückgreifen, um daran anknüpfend besser verdeutlichen zu können, daß und wie „lebensähnliches Verhalten" den selbstorganisierenden Suchprozeß für eine nachhaltige Entwicklung auf die Spuren oder – wie ich es im Anschluß an Pasche besser nennen möchte – in einen *Korridor evolutionärer Bewährung* bringen kann und soll:[8]

> „Wenn nachhaltige Wirtschaft und Entwicklung die Einfügung in natürliche Wertschöpfungsprozesse verlangt, muß auch der Wirtschaftsprozeß stärker durch 'lebensähnliches Verhalten' qualifiziert und organisiert werden. Wir stehen dabei vor der unerhörten Schwierigkeit, daß eine solche *natürliche Werteordnung nicht objektivierbar und schon gar nicht qualitativ definierbar ist*, sondern sich nur durch Selbstorganisation unter bestimmten Bedingungen jeweils herausbilden kann. Dieses Wertesystem bemißt positiv, multidimensional und unendlich vieldeutig die Fähigkeit des *Gesamtsystems*, sich im Sinne der bisherigen Evolution auf der Erde zu immer höheren und vielfältigeren Strukturen weiterentwickeln zu können.

---

7 Ebenda.
8 Busch-Lüty, Ch. (1995), a.a.O., S. 104

Soweit also überhaupt von so etwas wie 'Fortschritt' in der Natur gesprochen werden kann, äußert er sich in der dem Leben eigenen *Neigung zu immer mehr 'Qualität' des evolutionären Designs* in Gestalt von Verfeinerung, Vielfalt, Komplexität und Funktionalität. Eine natürliche Werteordnung kann demnach am ehesten festgemacht werden am Maßstab der *'evolutionären Bewährung'*."[9]

Als *Richtschnur* für die Suche nach Kriterien und Prozessen dieser „evolutionären Bewährung" muß gelten – gerade für den hier gegebenen thematischen Zusammenhang – :

„Das Wesen des Lebens liegt in der *Organisation* und nicht in den Molekülen."[10] Konstituierend für lebensähnliches Verhalten ist, daß es sich von unten nach oben entwickeln muß und klaren Interaktionsregeln folgt. In den Computerwissenschaften gilt z.B. als grundlegende Erkenntnis, daß bei Festlegung eines bestimmten erwünschten Verhaltens es *kein allgemeines Verfahren* gibt, eine Menge von Regeln zu finden, die es erzeugen. In der sich ständig in unvorhersehbarer Weise ändernden Umgebung, in der sich Leben vollzieht, gibt es dafür nur den *Weg über Versuch und Irrtum, auf dem das „Bewährte" überlebt*. Eine objektive Definition der Tauglichkeitskriterien für diese Bewährung ist außerordentlich problematisch. Es gilt im Grunde die Tautologie, daß der „Überlebende überlebt."

Zusammenfassend konnte daher im vorjährigen Kontext festgestellt werden, daß Bewertung für nachhaltiges Wirtschaften *als adaptiver Lernprozeß in Selbstorganisation lernender Systeme* stattfinden muß; es gibt dabei keine „statischen" Werte, sondern diese „finden statt", sind identisch mit in Lebensnähe erfolgten Bewertungsschritten.

Die Erforschung adaptiver Lernprozesse im Zuge der Evolution weist aber auf gewisse „Bedingungen" hin, die geeignet sein können, die evolutionäre „Bewährungsprobe" *positiv* zu beeinflussen: *„Vorhersage"* und *„Rückkopplung"*. Voraussicht und Vorausdenken, vermittelt durch das Lernen aus Erfahrungen als sog. implizite Kompetenz hilft Sackgassen = Irreversibilitäten meist intuitiv zu vermeiden und Zukunftsoptionen offenzuhalten. Des weiteren: je vielfältiger das Netz der Rückkopplungen aus der Umgebung durch Anpassung und Kooperation ist, desto größer ist die Überlebenschance im Prozeß der natürlichen Selektion, in dem Organismen sich im Wechselspiel mit ihrer Umwelt *zugleich als durch sie bedingt und sie mit bedingend zu bewähren haben*.

---

9 Busch-Lüty, Ch., Dürr, H.-P. (1993): Ökonomie und Natur, Versuch einer Annäherung im interdisziplinären Dialog, in: Schriften des Vereins für Socialpolitik, NF Bd. 223, König, H. (Hg.): Umweltverträgliches Wirtschaften als Problem von Wissenschaft und Politik, Berlin, S. 12-44, S. 25.
10 Vgl. Waldrop, M.M. (1993): Inseln im Chaos. Die Erforschung komplexer Systeme, Hamburg, S. 374.

Ich komme zurück zu Ebeling und seiner Theorie der Selbstorganisation:[11]

„Das Ausprobieren und Bewerten neuer Wege ist die Hauptmethode der Evolution. In diesem Sinne gibt es zwar Sackgassen, die nach negativer Bewertung wieder verlassen werden, im Gesamtprozeß aber einen Sinn haben. *Im Rahmen der Evolution gibt es keine sinnlosen Versuche*, denn der Irrtum ist sozusagen eingeplant, das Risiko gehört zur Strategie. Der Suchprozeß ist seinem Wesen nach stochastisch.

Wer *Diversität* und stochastische Suche durch einen 'Königsweg' ersetzen möchte, verkennt die treibende Kraft des chaotischen Elementes in der Evolution .... Mit anderen Worten: wo alles normiert und in einen einheitlichen Rahmen gezwängt wird, erlöschen die treibenden Kräfte der Evolution: sie braucht als conditio sine qua non den Weg des 'trial and error' *auf der Basis einer genügend großen Diversität*. Denn die Instabilität bzw. Divergenz der individuellen Bahnen, oder mit anderen Worten: ihr chaotischer Charakter sind eine *notwendige Vorbedingung* für die Erzeugung eines genügend großen *Potentials an Kreativität*."

Für den gesellschaftlichen Suchprozeß einer nachhaltigen Entwicklung heißt das:

„Kreatives und innovatives Verhalten sowie stochastische Suche mit Einschluß individueller und gesellschaftlicher Bewertung ist *Pflicht*; die Abweichung von der Norm dürfte durch die Gesellschaft nicht bestraft werden, wie das heute oft praktiziert wird, sondern müßte belohnt werden."

Wie in der Ökologie der Schutz und die Erhaltung der Vielfalt der Arten und ihrer Lebensräume als *die entscheidende Voraussetzung für die Evolutionsfähigkeit* zu gelten haben, so ist dies auch im gesellschaftlichen Raum mit der Toleranz gegenüber anderen Lebens- und Verhaltensweisen der Fall. Intoleranz, welche die Bewegungsfreiheit anderer Menschen einschränkt und alles nach einheitlichen Maßstäben ausrichtet, schränkt auch die Kreativität und damit die Vielfalt der Wege in die Zukunft in unvertretbarer Weise ein. Zur Erinnerung: unter den zahllosen Definitionen für eine nachhaltige Entwicklung ist mir „das Offenhalten möglichst vieler Zukünfte" die sympatischste!

Ebeling kommt zu dem Fazit:[12]

„Zukunft durch eingeschränkte Selbstorganisation und kontrollierte Instabilität heißt lokal Divergenz und Chaos, heißt global *Diversität der Arten und Bewegungsformen, der Denk- und Lebensweisen*, auf dem Hintergrund einer Selbstbeschränkung der thermodynamischen Kosten. Zukunft durch kontrollierte Selbstorganisation heißt Kreativität in Verbindung mit Toleranz und Verantwortung gegenüber der zukünftigen Entwicklung und insbesondere den Generationen unserer Enkel und Urenkel und der Umwelt, die diese vorfinden werden".

---

11 Ebeling, a.a.O., S. 42.
12 Ebenda, S. 43.

III. Nachhaltige Entwicklung als gesellschaftlicher Verständigungs-, Lern- und Gestaltungsprozeß

Wir haben gesehen: Nachhaltige Entwicklung kann nur „stattfinden" als umfassender gesellschaftlicher Verständigungs-, Lern- und Gestaltungsprozeß, der zur Herausbildung einer „politischen Kultur der Nachhaltigkeit" führen muß, von der einige Elemente und Konturen sich in der Theorie wie der Praxis der Politik abzuzeichnen beginnen. Ich möchte dazu abschließend noch einiges zu deren essentiellen Bedingungen und Ansätzen ausführen.

1. Der komplexe gesellschaftliche Verständigungsprozess

Die von dem Berner Kulturgeographen Paul Messerli zum Abschluß einer interdisziplinären Symposium-Reihe am Berner Geographischen Institut im Wintersemester 1993/94 zum Thema „Nachhaltige Naturnutzung im Spannungsfeld zwischen komplexer Naturdynamik und gesellschaftlicher Komplexität" entworfene und von mir weiterentwickelte Figur soll den gesellschaftlichen Lern- und Verständigungsprozeß in Richtung Nachhaltigkeit veranschaulichen, den zu stimulieren und voranzutreiben zwar die besondere Verantwortung von Politik und Wissenschaft ist, der aber im wesentlichen *aus gesellschaftlichen Selbstorganisations-Prozessen* resultieren muß, die mit *zirkulären Lernprozessen* verbunden sind (Abb. 2).

Sicher ist: damit eine Verständigung in der Gesellschaft über neue Regeln des Handelns im Sinne einer nachhaltigen Entwicklung möglich wird, müssen bestimmte sozio-kulturelle Grundvoraussetzungen erfüllt sein.[13]

Die politischen Hürden für eine *generelle* Konsensfindung in der Gesellschaft für die Gestaltung nachhaltiger Rahmenbedingungen liegen sicherlich hoch – wie im vorjährigen Beitrag anhand der aktuellen Verfassungsdiskussion gezeigt wurde. Eine *problemzentrierte* Konsensfindung – sei es „vor Ort" oder hinsichtlich eines spezifischen Problems, z.B. CO_2, – hat hier sicher mehr Erfolgschancen. Dies macht auch die Vorteile einer *raumbezogenen* Anwendung des Nachhaltigkeits-Prinzips aus, soweit es um *Konkretisierung von nachhaltiger Nutzung* in Raum und Zeit geht.

---

13 S.a. die Arbeiten des Berner Geographen Werner Bätzing über historische Erfahrungen mit nachhaltigen Wirtschaftsweisen in Teilregionen des Alpenraums: Bätzing, W. (1994): Nachhaltige Naturnutzung im Alpenraum. Erfahrungen aus dem Agrarzeitalter als Grundlage einer nachhaltigen Alpenentwicklung in der Dienstleitungsgesellschaft, in: Franz, H. (Hg.): Die Gefährdung und der Schutz der Alpen, Wien, S. 15-52.

Nachhaltigkeit als gesellschaftlicher Lern- und Gestaltungsprozess

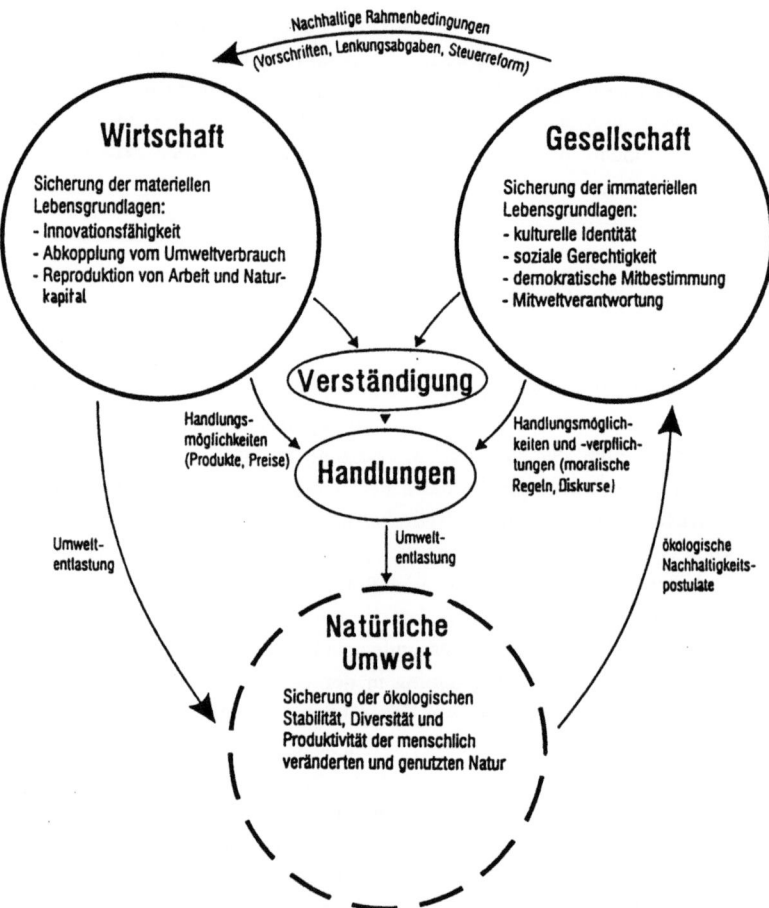

Abbildung 2

Weitere Essentials dieses Prozesses sind:

2. Gelebte Subsidiarität

Primär zielführend sind „bottom-up"-Strategien und -Wege, denn die Wahrnehmung und Verantwortung der „Folgen" wirtschaftlich-technischer Handlungen erfordert „Nähe" zum physischen Geschehen, auch emotional. Dies spricht deshalb für *Regionalisierung, Kommunalisierung, Revitalisierung der kleinen Lebenskreise*, um eine Zusammenschau von bestmöglicher Nutzung der „endogenen Potentiale" mit dem „Für-das-(gute)-Leben-Notwendigen" – also der Effizienz- und Suffizienz-Perspektiven – zu leisten, in Diskurs und Kooperation selbstorganisierender Akteure.

Dies macht übrigens deutlich, warum unsere Krise eines gesellschaftlichen Konsenses über die Ziel- und Wertvorstellungen vom „guten Leben" eine Selbststeuerung zukunftsfähiger Entwicklungs- und Anpassungsprozesse auf den verschiedenen Ebenen unserer Industriegesellschaft praktisch nicht zuläßt.

„Top-down"-Strategien und -Wege sind erforderlich, wenn und soweit auf allen Ebenen veränderte Rahmenbedingungen für die Aussendung „richtiger" Signale im Sinne nachhaltiger Entwicklung sorgen müssen: normativ, institutionell, prozedural. Dazu gehört z.B. die notwendige Veränderung der relativen Preise von Natur und Arbeit durch eine umfassende öko-soziale Finanzreform und die damit verbundene Richtungsänderung des technischen Fortschritts und bessere Entfaltung und Beschäftigung des Humanpotentials u.ä.

Deswegen ist das *Subsidiaritätsprinzip* ein unverzichtbares Gestaltungselement in einer nachhaltig wirtschaftenden Gesellschaft der Zukunft.

3. Diskursive Lernprozesse

Es handelt sich demnach um eine *grundlegende demokratiepolitische Gestaltungsaufgabe*, die sich mit dem Nachhaltigkeits-Prinzip stellt, um ein neues soziopolitisches Paradigma der Industriegesellschaften im Sinne einer stärker „eigenständigen" Entwicklung.

Dabei braucht eine Verständigung über Nachhaltigkeit und nachhaltige Entwicklung *Zeit und Raum*: neue Formen auch von „Commons", die neue Eigentums-(Genossenschaften) und Nutzungsformen bei persönlich zuordenbarer Verantwortung einschließen (siehe z.B. Experimente mit „kommunitären Subsistenzwirtschaften" in den östlichen Bundesländern).

Ortwin Renn spricht in diesem Zusammenhang von „*kooperativen Diskursen*" als „*Instrument der Normengenerierung*" insofern, als sie es zuwege bringen und erlauben, aus dem Zusammenspiel aller Interessen, Werte und Vorstellungen der beteiligten Betroffenen neue gemeinsame Orientierungen zu entwickeln, die die individuellen „Eigennutz-Rationalitäten" zugunsten „nachhaltigerer" Lösungen lernfähig machen und hinter sich lassen können. Die individuell eingebrachten Rationalitäten werden in diesem Prozeß in eine neue Sichtweise sozialer Rationalitäten transformiert, die einer „Gemeinwohl-Vorstellung" näherkommen können.[14]

Ich möchte in diesem Zusammenhang auch auf meine Erfahrungen aus der Kibbuz-Forschung zurückgreifen:[15] Im Kibbuzim leben die Menschen gewissermaßen in einem permanenten Verständigungsprozeß aller mit allen; insbesondere findet ständig ein „kooperativer Diskurs" zwischen den Generationen statt, der alle Beteiligten einem Lernprozeß aussetzt, der dazu führt, daß sie mit ihren Eigeninteressen zurückzustecken lernen müssen zugunsten der Jüngeren bzw. der kommenden Generationen; und dies findet die Akzeptanz *aller* Beteiligten. Es kommt damit Adelheid Bieseckers „fiktivem Diskurs" mit der kommenden Generation nahe, wie auch ihren Vorstellungen über den Weg zu einer „vernünftigen Ökonomie": die notwendige Neubestimmung und -bewertung der Nutzen und Kosten unserer modernen Ökonomie – angesichts der Tatsache, wie sehr sich auch die ökonomische Wissenschaft in ihrer Einschätzung der Wirkung der Ökonomie auf Mensch und Natur verrechnet hat – erfordert es, beim Aufspüren der externen Effekte die davon Betroffenen umfassend einzubeziehen und „zu Wort kommen zu lassen".[16]

---

14 Vgl. Renn, O., Webler, Th. (1994): Konfliktbewältigung durch Kooperation in der Umweltpolitik – Theoretische Grundlagen und Handlungsvorschläge, in: Kooperationen für die Umwelt. Im Dialog zum Handeln, hrsgg. von oikos St. Gallen, Zürich, S. 12-44.
15 Vgl. näher Busch-Lüty, Ch. (1989): Leben und Arbeiten in Kibbuz. Aktuelle Lehren aus einem achtzigjährigen Experiment, Köln.
16 Biesecker, A. (1994/2): Zur Öffnung der Ökonomie für die „Eigenlogik" der Lebenswelt: Kann verständigungsorientiertes Handeln zu einem Koordinationsmedium der Wirtschaft werden? Vortrag zum 5. Kempfenhausener Gespräch der HYPO-Bank, 23.-25.9.94 (Eigenveröffentlichung).

4. Ansätze zu einer verständigungsorientierten politischen Kultur der Nachhaltigkeit[17]

Aus einer Untersuchung umweltpolitischer Erfolgsfälle geht hervor, daß diese in der Regel resultieren aus einer *Interaktionsdynamik*, bei der alle Beteiligten ihre Positionen *im Lichte von Lernprozessen verändert haben*,[18] – also des Prototyps des früher bereits angesprochenen „kooperativen Diskurses". So bewährt sich hier Kooperation als Entdeckungs- und Konsensfindungsverfahren im Prozeß einer nachhaltigen Entwicklung.

Nicht zufällig konstatiert die politikwissenschaftliche Forschung, auf die ich mich hier beziehe, eine im ganzen positive Korrelation zwischen einer konsensbildungsorientierten politischen Kultur in Staaten, wie sie z.B. die kleineren Demokratien des deutschen Kulturraumes aufweisen (Österreich, Schweiz, Niederlande) einerseits und einer qualitativ hochstehenden ökologischen Problemlösungskapazität andererseits. Maßgebliche Politologen empfehlen denn auch einhellig schon seit den 80er Jahren, statt gerade angesichts der ökologischen Herausforderung weiter *der Utopie einer ständig steigenden Eingriffsfähigkeit des Staatsapparates nachzulaufen*, als Ausweg aus der Sackgasse „Formen funktioneller und räumlicher Dezentralisierung in Kombination mit neuen kooperativen Integrationsmechanismen"[19].

„Verantwortliche Kooperation" als Grundprinzip sorgenden und vorsorgenden Wirtschaftens ist ja traditionell in der Familien- und Selbstversorgungsökonomie beheimatet und gilt daher auch als eher „weibliches Wirtschaftsprinzip".[20]

Es prägt aber auch zunehmend die Praxis umweltpolitischer Diskurse[21], sicher auch, aber nicht nur wegen der starken Frauenbeteiligung bei diesen.

Es bleibt hier noch ansatzweise der Frage nachzugehen, wie und wo derartige *konsens- und kooperationsorientierte Politikmodelle* bereits als innovative reale Strukturveränderungen auf dem Weg zu einer politischen Kultur der Nachhaltigkeit Wirkung zeigen. Mangels hinreichend umfassender empirischer Befunde jenseits von

---

17 Vgl. dazu ausführlicher Busch-Lüty, Ch. (1994c): "Welche politische Kultur braucht nachhaltiges Wirtschaften? 'Vater Staat' in der Umweltverträglichkeitsprüfung." Vortrag am 12.12.94 im Rahmen der Münchener Umweltgespräche für die Wirtschaft in der Schweisfurth-Stiftung München. (Erscheint Herbst 1995 in einem von H.P. Dürr und F.T. Gottwald herausgegebenen Sammelband über „Umweltverträgliches Wirtschaften" im agenda-Verlag, Münster).
18 Jänicke, M. (1993/2): Ökologisch tragfähige Entwicklung: Kriterien und Steuerungsansätze ökologischer Ressourcenpolitik, FFU-Report 93-7, Berlin, S. 11.
19 Jänicke, M. (1993/1): Vom Staatsversagen zur politischen Modernisierung? Ein System aus Verlegenheitslösungen sucht seine Form, in: Böhret, D., Wewer, G. (Hg.) Regieren im 21. Jahrhundert. Festgabe für H.-H. Hartwich zum 65. Geburtstag. Opladen, S. 63-77, S. 69.
20 Biesecker, A. (1994/1): Wir sind nicht zur Konkurrenz verdammt, in: Vorsorgendes Wirtschaften, Sonderheft 6 der POLITISCHEN ÖKOLOGIE (siehe Fußnote 27), S. 28-31.
21 oikos-Bericht 1994 (vgl. Fußnote 14).

Einzelbeispielen und eigenen Eindrücken orientiere ich mich dabei an den Trendanalysen der politischen Wissenschaft (insbesondere: Martin Jänicke, Carl Böhret, Ulrich Beck).

Die neue Doppelstruktur des Staates als „System von Verlegenheitslösungen":

Bei der Suche nach erkennbaren Gegentendenzen zum häufig konstatierten „Staatsversagen" ist nicht zu übersehen, daß eben dieses zunehmend zu unkalkulierbaren *gesellschaftlichen Interventionen von unten* führt. So haben umweltschützerische Bürgeraktivitäten heute immer häufiger unmittelbar die Verursacher statt der politischen Instanzen als Adressaten. Martin Jänicke konstatiert deswegen, daß der Staat kaum noch in der Lage sei, das unternehmerische Interesse an kalkulierbaren Marktbedingungen zu befriedigen, und verweist als Beispiel auf Japan, wo die Industrie zu Anfang der 70er Jahre plötzlich, ohne staatlichen Legitimationsschutz, unkalkulierbaren Interventionen von Bürgerinitiativen, Medien und Kommunen ausgesetzt war und deshalb ein Eigeninteresse an schärferen, aber kalkulierbaren Umweltgesetzen bekundete.

Ähnliche Tendenzen können wir auch in unserem Land feststellen. Jänicke zitiert dazu wörtlich die Erkenntnis des vormaligen Wirtschaftsministers Möllemann:

> „Weder positives Recht noch parlamentarisch-demokratische Unterstützung allein sichern heute Investitionen einen hinreichenden Bestandsschutz. Erst die zivilgesellschaftliche Zustimmung einer überwältigenden Bürgermehrheit schafft eine dauerhaft sichere Kalkulationsgrundlage für Investitionen".[22]

Aus der Legitimationsschwäche parlamentarischer Institutionen entsteht hier also plötzlich „die neue Legitimationsformel des Konsenses'".[23]

Als eine der wichtigsten *dezentralen Handlungsebenen* haben sich auf dieser Linie *Regionen*, insbesondere Ballungsräume herausgebildet. Obgleich sie meist institutionelle „nobodies" sind, da ihr Gebiet sich nicht mit den politisch-administrativen Grenzen von Kommunen oder Ländern deckt, treten sie als eigenständige Akteure auf, die sich z.T. neue Handlungssysteme schaffen (z.B. Umlandverbände) und flexibler, problemorientierter und dialogfähiger als die herkömmlichen staatlichen Institutionen arbeiten. Ich kann diese Tendenzen nur bestätigt finden durch meine Erfahrungen, die ich u.a. in der Region Leipzig mit Initiativen für eine nachhaltige regionale Entwicklung mache.

---

22 Süddeutsche Zeitung vom 21.12.1992.
23 Jänicke, M. (1993/1), a.a.O., S. 68.

Ein derart entstandenes und sich weiter entwickelndes „System von Verlegenheitslösungen" enthält im Kern bereits eine Entwicklung in Richtung Nachhaltigkeit. Ulrich Beck hat sie als „Aufgabe der Fiktion zentralisierter Staatsmacht" und „tendenzielle Entmonopolisierung von Politik zugunsten dezentraler „Subpolitiken" in den Entscheidungsfeldern der Risikogesellschaft" beschrieben und identifiziert.[24] Jänicke konstatiert, daß in den letzten beiden Jahrzehnten in unserem Lande so eine *neuartige Doppelstruktur des politisch-administrativen Systems* entstanden sei. (Abb. 3)

HIERARCHIE	KOOPERATION
hierarchische Intervention	„horizontale" Kooperation
demokratische Legitimation	Legitimation durch Konsens
Mehrheitsbezug	Minderheitsbezug
imperativer Politikstil	dialogischer Politikstil
„Feinsteuerung"	Prozeduralisierung
Zentralität	Dezentralität
starke Institutionalisierung	geringe Institutionalisierung

Abb.3: Die neue Doppelstruktur des Staates: Hierarchie und Kooperation

Und:

> „... Zu diesen keineswegs als Alternativen, sondern als komplexes Neben- und Miteinander zu interpretierenden Handlungstypen tritt als dritte Ebene die der privaten zivilgesellschaftlichen Selbstregulation".

Zweifellos kann dies als Paradigmenwechsel hinsichtlich der Steuerungsmechanismen interpretiert werden, hin zu einem *dezentralen und konsensbetonten Politikmodell*, das den Zentralstaat auf strategische Gestaltungsfunktionen konzentriert und Detailregelungen stärker auf dezentrale Akteure und die Nutzung ihrer spezifischen Kreativitätspotentiale verlagert, ganz im Sinne des Nachhaltigkeitsprinzips also „lebensnähere" Verständigungsprozesse und Entscheidungen erlaubt und fördert.

---

24 Zitiert nach Jänicke, ebenda.

Politik als Fähigkeit zur Selbstorganisation:

Der Soziologe Ulrich Beck bezeichnet in Anlehnung an Hans Magnus Enzensberger die „Fähigkeit zur Selbstorganisation" geradezu als den Kern heutiger Politik; er spricht sogar von einer „Machtergreifung der Subpolitik" als der Gesellschaftsgestaltung „von unten", einer „institutionenlosen Renaissance des Politischen" angesichts einer zunehmenden „Aktionsleere der politischen Institutionen".[25] Auch er diagnostiziert also wie Jänicke, daß die Postulate von Subsidiarität, Dezentralisierung und Kooperation nicht mehr nur auf dem Papier stehen, sondern in das „real existierende" Leben unseres Gemeinwesens längst eingesickert sind und Wirkung zeigen.

Innovationsbündnisse:

Auch auf das von dem Politikwissenschaftler Carl Böhret als eine Art „Qualitätszirkel des politischen Management" verstandene Kooperationskonzept der „Innovationsbündnisse" (vgl. Abb. 4) zur Handhabung und Bewältigung der ökologischen Herausforderung der Politik durch die Folgen „schleichender Katastrophen" soll hier kurz hingewiesen werden.[26] Es „paßt" besonders in den gegebenen thematischen Kontext, weil es insbesondere den Laiensachverstand als „2. Form des Wissens (Erahnen und Bewerten)" ausdrücklich mit einbezieht, ohne das das möglichst lebensnahe „Aufspüren" des Nachhaltigkeits-Pfades einer Entwicklung wohl kaum gelingen kann.

Nachhaltige Entwicklung als gesellschaftlicher Lern- und Gestaltungsprozeß – wie in Abb. 2 veranschaulicht – setzt zwingend voraus, daß eine fragmentierte Problembearbeitung auf den verschiedenen Ebenen von Wirtschaft und Gemeinwesen zugunsten ganzheitlicher Ansätze überwunden wird. Es geht dabei auch um einen *kooperativen Politikstil der Nachhaltigkeit* gewissermaßen als „Schmieröl der Insti-

---

25 Beck, U. (1993): Die Erfindung des Politischen, Frankfurt, passim.
26 Böhret, C. (1992): Innovationsbündnisse – Einbruchstellen für eine aktive Politik der Nachhaltigkeit, in: Ökologisch nachhaltige Entwicklung von Regionen, Sonderheft 4 der POLITISCHEN ÖKOLOGIE, hrsgg. von Busch-Lüty, CH., Dürr, H.-P., Langer, H., München, S. 67-70. DERS. (1990): FOLGEN. Entwurf für eine aktive Politik gegen schleichende Katastrophen, Opladen.

tutionen", der integrative Gesamtlösungen für die ökonomischen, ökologischen und sozialen Teilprobleme *ressortübergreifend* ermöglicht und zugleich strategisches Systemdenken erlaubt.

Abb.4: Grundstruktur und Aufgaben eines „Innovationsbündnisses"

a) Grundstruktur

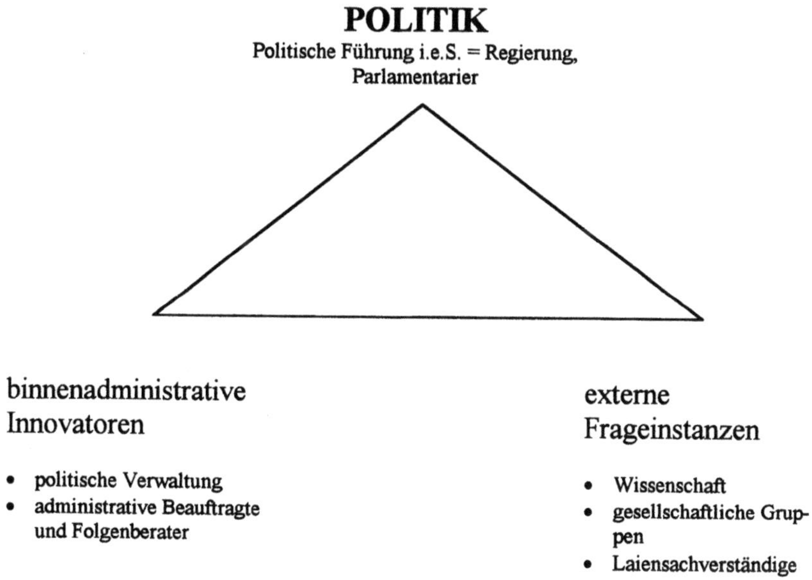

POLITIK
Politische Führung i.e.S. = Regierung,
Parlamentarier

binnenadministrative
Innovatoren

- politische Verwaltung
- administrative Beauftragte und Folgenberater

externe
Frageinstanzen

- Wissenschaft
- gesellschaftliche Gruppen
- Laiensachverständige

b) Aufgaben des Innovationsbündnisses

Beteiligte Personen	Generelle Funktionen	Spezielle Aufgaben („Folgen")
Politische Führung	Innovationsimpuls; Netzwerk knüpfen/erhalten; Ergebnisse in (erste) „Linie" bringen, bearbeiten; Katalysatorfunktion (Prozeß)	Folgendimension und „Gefährdungen" einbringen; potentielle Bewältigungsstrategien angeben; „Bündnisse" herstellen und absichern
binnenadministrative Innovationen (inside innovators)	Sensorfunktionen, Ideensammler; erarbeiten von Vorschlägen (inkl. Transfer/Implementation)	Aktuelle Ermittlung von Folgen und deren administrativer und gesellschaftlicher Auswirkungen. Entwicklung und Abstimmung von folgen"lenkenden" Programmen
externe Frageinstanzen		
• **Wissenschaft**	Auf Entwicklungen hinweisen; Strukturen und Vorgänge verdeutlichen und erklären; Ansätze für Lösungsalternativen vorschlagen	Folgeanalysen; instrumentelles Wissen zur Folgenbehandlung verbessern; Wissenschaftsanwälte, Kurzexpertisen, Materialbündel
• **gesellschaftliche Instanzen/Interessen**	Nachfragen und für Probleme interessieren; Vielfalt der Aspekte einbringen; an Innovations-"zirkeln" mitwirken	Einstellungsänderung (zu folgenerzeugenden Vorgängen); Legitimations- und Akzeptanzbeschaffung für Folgen"behandlung" und Ursachenbeseitigung
• **Laien**	„Zweite Form des Wissens": Erahnen und Bewerten	Unbehagen und Unverständnis thematisieren; neuartige, aufspürende Folgenaspekte einbringen

Ich behaupte, dies ist ein *weiblicher Politikstil*, und er ist *überfällig*!

Chancen der Feminisierung für einen integrativen und kooperativen Politikstil:

Wenn Kurt Biedenkopf einer Politik der „Revitalisierung der kleinen Lebenskreise" das Wort redet, und ich das sehr ähnlich, wenn auch nicht wortgleich, bei Joschka Fischer, Heiner Geißler oder auch bei Werner Riester, also so ziemlich quer durch fast alle politischen Lager, höre und lese, dann sehe ich auch in dieser Hinsicht für eine politische Kultur der Nachhaltigkeit neue Allianzen und Chancen.

Daß ich sie erst recht in der Chance einer „Feminisierung" der Politik im engeren Sinne sehe, gründet sich zum einen auf viele punktuelle Wahrnehmungen und auch eigene Erfahrungen, z.B. aus der Zusammenarbeit in einem Beratungsgremium mit Renate Schmidt in Bayern; oder auch in einem Kreis von Wissenschaftlerinnen, Politikerinnen und Praktikerinnen, wie wir sie in einem Projekt zur Nachhaltigkeit aus weiblicher Sicht in den letzten 3 Jahren, „selbstorganisierend" und mit Hilfe der Münchener Schweisfurth-Stiftung, erproben und auch in einer Publikation dokumentieren konnten[27]; in dem u.a. verständigungsorientiertes Handeln, wie es seit Jahrtausenden in der Lebenswelt der Familienökonomie und insbesondere für Frauen im Rahmen vorsorgenden Wirtschaftens selbstverständlich ist, nicht nur als wissenschaftliche Kategorie analysiert, sonder zugleich quicklebendig „life" praktiziert wird.

Daß dies auch in der Politik nicht unmöglich ist, belegt u.a. eine demnächst erscheinende Untersuchung der Erfahrungen aus dem mit Frauenmehrheit regierenden rot-grünen Berliner Senat der Jahre 1989/90. (Sie erinnern sich vielleicht noch an das berühmte „Hexenfrühstück"?)[28] Die Autorin kommt darin zu der Schlußfolgerung:

---

27 Busch-Lüty, Ch., Jochimsen, M., Knobloch, U., Seidl, I. (Hrsg.) (1994): Vorsorgendes Wirtschaften. Frauen auf dem Weg zu einer Ökonomie der Nachhaltigkeit. Sonderheft 6 der POLITISCHEN ÖKOLOGIE, München.
28 Schaeffer-Hegel, B. u.a. (1995): MitMacht. Zum Wandel der politischen Kultur durch die Präsenz von Frauen in Führungspositionen. Pfaffenweiler (im Ersch.) (Zitat nach A. Biesecker aufgrund einer Vorveröffentlichung).

„Das Bestehen wirksamer und solidarischer Frauenvernetzungen in der Politik ... muß mit Sicherheit als einer der wichtigsten Ansätze zur Veränderung unserer politischen Kultur gewertet werden."

Möglichkeiten und Grenzen diskursiver Verfahren bei umweltrelevanten Planungen[1]

Ortwin Renn

1. Einleitung

Die Sozialwissenschaften, insbesondere die Soziologie, beschäftigen sich intensiv mit Interaktionen als Voraussetzung und Konsequenz sozialen Handelns. Interaktionen können dabei in unterschiedliche Kontexte eingebunden sein. Die klassische Kontexteinbindung in die gesellschaftlichen Subsysteme „Wirtschaft", „Politik", „Kultur" und „Soziales" bedingt unterschiedliche Formen und Strukturen der dort ablaufenden Interaktionen.[2] Während für Wirtschaft und Politik erfolgsorientierte Formen der Interaktion vorherrschen, sind für soziale und kulturelle Prozesse der Interaktion verständigungsorientierte Strukturen eher bestimmend (Habermas 1971, S. 101ff.). Erfolgsorientierte, strategische Interaktion ist strukturell davon geprägt, daß Akteure ihre Ziele durchsetzen wollen, indem sie Interaktion als Mittel des Interessenausgleichs sehen. Demgemäß erfolgt Überzeugung durch Kompensation (im ökonomischen Modell) oder durch Machtausübung und Koalitionsbildung (politisches Modell). Verständigungsorientierte, auf Argumentation aufbauende Interaktion ist dagegen an die Bedingung geknüpft, daß die Interaktionspartner ihre Interessen und Werte offenlegen und durch Austausch von Argumenten eine gemeinsame Lösung anstreben.

---

1 Der folgende Beitrag fußt zum großen Teil auf wissenschaftliche Vorarbeiten durch meinen Kollegen Dr. Thomas Webler und meinen Mentor Prof. Peter Dienel. Danken möchte ich auch meinen beiden Kolleginnen, Frau Dr. Blättel-Mink und Frau Bettina Oppermann sowie dem Redakteur dieses Beitrages, Herrn Stefan Kesting für Anregungen und Verbesserungsvorschläge.

2 Die Einteilung in vier Subsysteme der Gesellschaft ist vor allem in den Werken T. Parsons vorherrschend (vgl. etwa Parsons 1967, S. 399; oder den deutschen Text 1976, S. 302). Ähnlich argumentieren N. Luhmann (Luhmann 1982, S. 175) und R. Münch (1982, S. 103).

Solche groben Klassifizierungen sind immer problematisch, weil sie allzu pauschal die gesellschaftlichen Subsysteme über einen Kamm scheren, sie verweisen jedoch auf einige interessante Strukturbrüche, durch die moderne Gesellschaften in Legitimationsprobleme geraten. Die heute allseits beklagte Politikverdrossenheit der Bürger wie auch umgekehrt der Vorwurf der Politik an die Anspruchsmentalität der Bürger mögen ihre Ursache darin haben, daß die erforderliche Balance zwischen verständigungsorientiertem und erfolgsorientiertem Handeln gestört ist. Auf der einen Seite erhebt das Subsystem „Wirtschaft" zunehmend den Anspruch, auch das soziale und politische Handeln mit der ihm eigenen Logik des Marktes zu kolonisieren, andererseits wird die Lebenswelt im sozialen Bereich zunehmend von politischen Einflüssen durchsetzt und das Alltagsleben durch professionalisierte Eliten fremdbestimmt. Soziale Verständigungsprozesse verkümmern häufig zu Ritualen der kollektiven Orientierung, Solidarität äußert sich nur noch in massenwirksamen Aktionen organisierter Interessen, und soziales Vertrauen bildet sich allenfalls noch im primären Kreis von Verwandten und Freunden, während die Außenwelt als zunehmend anonym und bedrohlich empfunden wird (Renn und Levine 1991, S. 195ff).

Kaum ein Politikbereich ist von dieser Spannung zwischen verständigungsorientierter und erfolgsorientierter Vorgehensweise so sehr geprägt wie der Bereich der Umweltpolitik. Umfragen belegen deutlich, daß die meisten Menschen mit der offiziellen Umweltpolitik höchst unzufrieden sind. In einer 1992 durchgeführten Umfrage der Europäischen Union stuften 85 Prozent der EU-Bevölkerung Umweltverschmutzung als unmittelbares und drängendes Problem ein. Mehr als 90 Prozent sind besorgt über das Verschwinden von Tier- und Pflanzenarten, und über 70 Prozent halten die Luft- und Wasserverschmutzung in Europa für untragbar (Eurobarometer 1992). Im Bild 1 erkennt man anschaulich die Intensität der erlebten Umweltkrise in Deutschland. Die erste Frage lautet: Glauben Sie, daß wir uns zur Zeit in einer schweren Umweltkrise befinden? Die zweite Frage: Und wenn Sie an die Zukunft denken: Glauben Sie, daß wir uns auf eine schwere Umweltkrise zubewegen oder glauben Sie das nicht? Die prozentualen Antworten sind im Bild 1 wiedergegeben (Institut IPOS 1992, S. 12).

An eine Umweltkrise glauben in den alten wie neuen Bundesländer rund 80 Prozent. Daß es in Zukunft besser gehen werde, glaubt so gut wie niemand. Pessimismus bestimmt das Meinungsbild. Von der Politik erwartet kaum jemand eine Verbesserung der Situation. Auf die Frage, ob die Umweltschutzgesetzgebung in Deutschland ausreichend sei und ob genügend für die Einhaltung dieser Gesetze getan werde, treten folgende Antwortmuster auf (Institut IPOS 1992, S. 22).

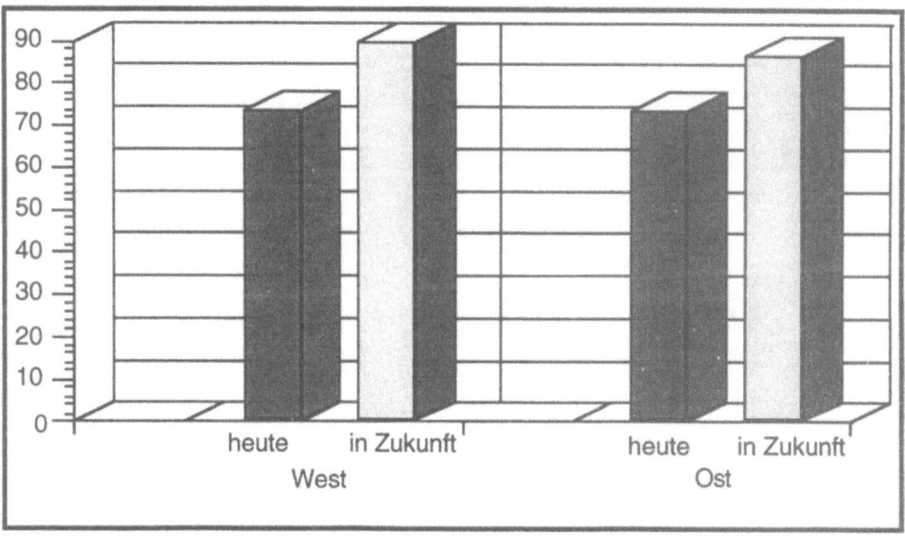

Bild 1: Glaube an eine schwere Umweltkrise in Prozent zustimmender Antworten

Tabelle 1: Zufriedenheit mit der Umweltschutzgesetzgebung in Deutschland 1992 (in Prozent)

Umweltgesetzgebung ist ...	West (in %)	Ost (in %)
ausreichend	26	27
nicht ausreichend	72	72
genug überwacht	13	8
nicht genug überwacht	84	90

Es ist offenkundig, daß in der Wahrnehmung einer Umweltkrise und in dem Wunsch nach mehr Umweltschutz und schärferer Gesetzgebung kaum Widersprüche in der deutschen Gesellschaft bestehen. Kaum eine Sorge einigt die Deutschen so wie die um bessere Umweltqualität. Die poltischen Institutionen, die den Umweltschutz voranbringen sollen, erhalten dabei ein vernichtendes Urteil. Von zehn Deutschen halten sieben die Umweltgesetzgebung für unzureichend, rund neun die Überwachung der Gesetze für zu lasch.

Es ist nicht die Aufgabe dieses Beitrages, die aktuelle Bilanz der Umweltpolitik mit deren Perzeption in der Öffentlichkeit zu vergleichen. Vielmehr interpretiere ich die geradezu einhellige Unzufriedenheit mit der Umweltpolitik als ein Zeichen der Verdrossenheit mit erfolgsorientierten Strategien, sofern die eigene Lebenswelt betroffen ist. Mehr als 90 Prozent der befragten Deutschen legen nach eigenen Angaben besonderen Wert auf eine lebenswerte natürliche Umwelt (Eurobarometer 1992). Der Bereich der Umweltpolitik liegt somit an der Nahtstelle zwischen Politik und Lebenswelt. Mit der zunehmenden Durchdringung der erfolgsorientierten Strategien in die Spähren der Lebenswelt wächst der Druck auf all die Politikbereiche, die als Fremdkörper in die Lebenswelt eindringen. Dies gilt vor allem für die Umweltpolitik.

So ist es kein Wunder, daß gerade im Bereich der Umweltpolitik neue Verfahren der Planung und Konfliktschlichtung mit dem Anspruch verständigungsorientierter Vorgehensweisen eingefordert und zum Teil auch umgesetzt werden. Die Frage lautet: Lassen sich diskursive Verfahren, die den Anspruch auf Verständigungsorientierung erheben, konzeptionell für umweltpolitische Fragestellungen entwerfen und im Rahmen der bestehenden politischen und ökonomischen Strukturen durchsetzen? Im ersten Teil dieses Beitrages werde ich die Merkmale und Anforderungen an einen verständigungsorientierten Diskurs beschreiben. Im zweiten Teil werde ich auf eigene Erfahrungen mit dem von Webler und mir entwickelten Modell des kooperativen Diskurses zurückgreifen. Zum Schluß komme ich dann auf die Umsetzungsmöglichkeiten und Erfolgsbedingungen diskursiver Verfahren in der Umweltpolitik zurück.

2. Theoretische Voraussetzungen eines verständigungsorientierten Diskurses

Was versteht man unter einem verständigungsorientierten Diskurs? Die Definition bleibt so lange inhaltsleer, wie es nicht gelingt, die Strukturmerkmale eines solchen Diskurses und die Regeln für den Argumentations- und Entscheidungsprozeß näher zu spezifizieren. Um dies vorzunehmen, benötigt man zunächst einen theoretischen Rahmen, der die Anforderungen und Strukturmerkmale eines verständigungsorientierten Diskurses systematisch beschreibt. Ein guter Kandidat für die theoretische Grundlage ist die Theorie des kommunikativen Handelns von Jürgen Habermas (grundlegend in Habermas 1971, S. 101-141; Habermas 1981; Habermas 1992). Es kann nicht Aufgabe dieses Beitrages sein, die Theorie des kommunikativen Handelns in all seinen Nuancen wiederzugeben. Zum besseren Verständnis meines Vorgehens ist es aber notwendig, einige Grundbegriffe der Theorie vorzustellen. In diesem Kapitel geht es vor allem um die Grundtypen von Aussagen in typischen Gesprächssituationen und um die Kriterien ihrer Bewertung.

Habermas unterscheidet zwischen kognitiv-instrumenteller und kommunikativer Rationalität. Im ersten Falle geht es um Handlungen, die darauf abzielen, die Welt zu verändern; im zweiten Falle um Handlungen, die darauf abzielen, andere zu überzeugen. Im Rahmen von Beteiligungsverfahren zur Entscheidungsvorbereitung interessiert in erster Linie die kommunikative Rationalität. Ein symmetrischer Austausch von Informationen (im folgenden Diskurs genannt) genügt dann den Ansprüchen der kommunikativen Rationalität, wenn alle Teilnehmer gleiche Rechte und Pflichten besitzen und sie (freiwillig oder durch Regeln der Beweisführung) von strategischen Beeinflussungen Abstand nehmen.

Im Rahmen eines Diskurses werden Aussagen gemacht und ausgetauscht. Aussagen können vielfältige Formen annehmen, sie können zum Beispiel Behauptungen, Argumente, Gefühlsäußerungen, Appelle, Versprechungen u.a.m. umfassen. Derartige Aussagen werden in einem Diskurs zur Diskussion gestellt, d.h. sie werden vorgestellt und begründet und stehen dann den anderen Diskursteilnehmern als Material zur Kommentierung oder Kritik zur Verfügung. Im Rahmen dieses Austauschs von Aussagen werden Geltungsansprüche angemeldet. Diese Ansprüche besagen, daß die Aussagen entweder hilfreich, wahr, wahrhaftig oder angemessen seien. Innerhalb des Diskurses muß dann die Gültigkeit dieser Ansprüche überprüft und eingelöst werden. Habermas unterscheidet dabei vier Formen von Aussagen: kommunikative, kognitive, expressive und normative Sprachakte. Diesen Aussagetypen sind vier Kriterien zur Überprüfung der Geltungsansprüche gegenübergestellt, mit deren Hilfe die Validität der jeweiligen Aussagen intersubjektiv bewertet werden kann. Aussagetypen und Kriterien sind Hilfsmittel, um legitime von illegitimen Aussagen bzw. Einwänden im gemeinsamen Dialog zu trennen. Die vier Aussagetypen, die Formen der Geltungsansprüche und die Kriterien zur Überprüfung dieser Ansprüche sind in Tabelle 2 zusammengefaßt.

Tabelle 2: Typen von Sprechakten und Prinzipien der jeweils anzuwendenden Geltungsansprüche

Geltungs-kriterien	Verständ-lichkeit	Evidenz	Wahr-haftigkeit	Normative Angemes-senheit
Aussage-typus	kommunikativ	kognitiv	expressiv	normativ
Beispiel	Definition	Tatsachen-behauptung	Versprechen, Gefühlsäußerung	Werte, Ziele Interessen
Geltungs-anspruch auf:	Zweckmäßig-keit	Wahrheit	Aufrichtigkeit	Richtigkeit
Kriterien der Über-prüfung	Erleichterung des Verständnisses Kongruenz zwischen Übersetzung und Original Autorisierung durch Verfasser	Für systematisches Wissen: Methodologische Regeln Peer Review Für anekdotisches Wissen: Singuläre Nachprüfbarkeit	Für affektive Aussagen: Übersetzung in kognitive oder normative Aussagen Autorisierung der Übersetzung Für Verhaltens-prognosen: Verhalten in der Vergangenheit Reputation	Kohärenz (Widerspruchs-freiheit) Konsistenz (Logische Folgerichtigkeit) Reziprozität (Verallgemein-nerungsfähig-keit) Kompatibilität mit Gesetzen und allgemein anerkannten Normen

Im folgenden sollen die Kriterien und die dazugehörigen Geltungsansprüche kurz erläutert werden (siehe auch Austin 1969):

- *Verständlichkeit:* Aussagen in dieser Kategorie dienen dazu, eine Basis der Verständigung herbeizuführen. Darunter fallen Begriffsdefinitionen, analytische Sprachwerkzeuge, Klassifikationsschemata und Übersetzungen. Die Gültigkeit von Äußerungen kann dann infrage gestellt werden, wenn Termini inkonsistent oder unklar benutzt werden, wenn der Aufbau von Argumenten nicht logisch nachvollzogen werden kann oder wenn bei Übersetzungen (nicht nur zwischen unterschiedlichen Sprachen, sondern beispielsweise auch bei Popularisierung von wissenschaftlichen Erkenntnissen) keine Kongruenz zwischen Urtext und Übersetzung vorliegt. Dagegen kann der Wahrheitsgehalt von Verständigungs-Aussagen nicht angezweifelt werden. Definitionen können beispielsweise nicht danach beurteilt werden, ob sie wahr sind, sondern nur, ob sie im Rahmen der Diskussion zweckmäßig sind.
- *Evidenz (Wahrheit):* Aussagen über kognitive Sachverhalte können auf systematischem Wissen, auf anekdotischer Erfahrung (personalem Wissen) oder auf Intuition beruhen. Vielfach wird unterstellt, daß für kollektive Entscheidungen nur das systematische Expertenwissen von Bedeutung sei. Diese Forderung ist wissenschaftstheoretisch wie politisch wenig sinnvoll, denn es ist völlig irrelevant, woher das Wissen stammt; es kommt nur darauf an, daß es Regeln gibt, nach denen die Richtigkeit der Aussagen überprüft werden kann. Entscheidend für einen Diskurs ist die Verständigung über Vorgehensweisen, um diese Beurteilung nach Richtigkeit oder Falschheit von Sachaussagen vorzunehmen. Für umweltbezogene Entscheidungen erscheint es sinnvoll, den Bewertungen von Sachaussagen die methodologischen Normen der entsprechenden Wissenschaften zugrundezulegen. Bei anderen Entscheidungen (etwa bei der Planung von Spielplätzen) dürften andere Kriterien (etwa Erfahrungen von Eltern) sinnvoller sein. Wichtig ist, daß es einen Konsens über die Art der Nachprüfung von Sachaussagen gibt.
- *Wahrhaftigkeit:* Aussagen in dieser Kategorie umfassen einerseits die Verbalisierungen von persönlichen Gefühlen, Ahnungen und Befürchtungen, andererseits Verhaltensprognosen in Form von Versprechungen, Beteuerungen und Vertrauensappellen. Affektive Äußerungen lassen sich weder faktisch noch auf ihre Aufrichtigkeit hin intersubjektiv gültig überprüfen. In vielen Diskursformen sind sie deshalb prinzipiell von den Beratungen ausgeschlossen (etwa bei Anhörungen). Dies ist aber problematisch, weil Affekte häufig Indikatoren für vermutete Sachverhalte oder normative Bewertungen sind und sie gleichzeitig die Präferenzen von Bürgern maßgeblich mitbestimmen. Ein Ausschluß von affektiven Aussagen bringt es demgemäß mit sich, daß bestimmte Präferenzen entweder nicht zum Tragen kommen (was dem Prinzip der Fairneß widerspricht) oder aber nicht be-

gründet werden können (wodurch Kompetenz eingeschränkt wird). Habermas glaubt, daß die Erfahrungen der Lebenswelt ausreichen, um den Teilnehmern am Diskurs eine Beurteilung der Authentizität von affektiven Aussagen zu ermöglichen (Habermas 1983, S. 302). Ich bin in dieser Frage skeptischer: Die Lebenswelt ist kein deus ex machina, der uns lehrt, die Wahrhaftigkeit von Gefühlsäußerungen intersubjektiv gültig zu beurteilen. Es ist deshalb notwendig, affektive Aussagen in kognitive oder normative Aussagen zu übersetzen, wobei die Kriterien der Verständlichkeit gelten müssen.

Im Gegensatz zu affektiven Aussagen sind Verhaltensprognosen im Prinzip leichter zu überprüfen. Ob jemand Vertrauen verdient oder Versprechungen auch wirklich einhält, läßt sich (zumindest mit hoher Wahrscheinlichkeit) aus dem Verhalten der Vergangenheit ableiten. Wer in der Vergangenheit selbst übernommene Verpflichtungen versäumt oder Vertrauen mißbraucht hat, muß damit rechnen, daß erneute Versprechungen nicht ernst genommen oder nur mit entsprechenden Kontrollen akzeptiert werden.

- *Normative Angemessenheit:* Aussagen in dieser Kategorie beziehen sich auf Werturteile, Präferenzen und Beurteilungen von Optionen. Hier macht das kognitive Wahrheitskriterium keinen Sinn. Es gibt keine wahren oder falschen Werte. Wenn jemand A lieber mag als B und jemand anders B lieber mag als A, dann lassen sich zwar diese Präferenzen begründen, aber nicht auf ihre Wahrheit hin überprüfen. Aussagen über den Ist-Zustand lassen keine logisch schlüssigen Ableitungen über den Soll-Zustand zu. Zum Teil beruhen Präferenzen jedoch auf kognitiven Erwartungen (etwa daß A zu negativ bewerteten Konsequenzen führt). In diesem Falle können natürlich die kognitiven Implikationen nach Evidenz-Kriterien hin überprüft werden. Abgesehen von diesem Sonderfall lassen sich normative Aussagen nur nach ihrer Angemessenheit beurteilen. Angemessenheit umfaßt die Subkriterien der Kohärenz (Widerspruchsfreiheit), der Konsistenz (logische Folgerichtigkeit) und der Reziprozität (Was Du nicht willst, daß man Dir tut, das füg' auch keinem anderen zu). Es geht also um logische Folgerichtigkeit wie um substantielle Grundforderungen der Gerechtigkeit. In der gesellschaftlichen Wirklichkeit kommt dazu noch die Kompatibilität mit den gesetzlichen Bestimmungen, die im Idealfall die vorangegangenen, auf Konsens oder Mehrheitsbeschluß fußenden Vereinbarungen der Gemeinschaft über kollektiv bindende Werte und Ziele widerspiegeln. Im Gegensatz zur häufig geäußerten Meinung, daß Wertaussagen keiner intersubjektiven Überprüfung zugänglich sind, lassen sich normative Aussagen durchaus intersubjektiv beurteilen, aber nicht nach ihrem Wahrheitsgehalt, sondern nur nach ihrer Angemessenheit in einem bestimmten Entscheidungskontext.

Die Unterscheidung in unterschiedliche Aussagetypen und Arten ihrer Überprüfung ist ein wesentliches Merkmal für die Organisation von Diskursen. Der Diskurs stellt den symbolischen Raum dar, in dem unterschiedliche Personen, Institutionen oder Interessengruppen Aussagen formulieren, begründen und dann anderen Teilnehmern am Diskurs Gelegenheit geben, diese Aussagen zu kritisieren und zu überprüfen. Widersprüche zwischen Aussagen können dadurch aufgelöst werden, daß zunächst der Typus der Aussage bestimmt und dann das entsprechende Verfahren der Überprüfung eingeleitet wird. Anders als bei der rein instrumentellen Sichtweise von Entscheidungen, bei der Aussagen nur nach dem Zweck-Mittel Verhältnis beurteilt werden, bietet das Aussagenschema von Habermas eine breitere Grundlage für die Festlegung von Regeln für den Diskurs und bietet Platz für die Einbindung von alltäglichen Äußerungen, die allzu häufig in formalen Anhörungsverfahren ausgeblendet werden. Gleichzeitig bietet diese Sichtweise Kriterien an, um die notwendige Selektion von Aussagen durchzuführen. Denn Zweck eines Diskurses ist es, Einigung über eine sachgerechte und präferenzadequate Auswahl von Optionen zu erzielen.

Die Unterscheidung in kommunikative, kognitive, expressive und normative Aussagen mit ihren jeweiligen Prüfkriterien der Verständlichkeit, Evidenz, Wahrhaftigkeit und Angemessenheit ist in der Diskussion um Umweltkonflikte vielfach aufgegriffen worden, wobei die kommunikativen Aussagen wegen ihres geringen Konfliktpotentials nicht weiter thematisiert werden. Ray Kemp hat beispielsweise die Terminologie von Habermas auf die Analyse von öffentlichen Anhörungen und Informationskampagnen angewandt (Kemp 1985). Silvio Funtowicz und Jerome Ravetz haben drei Arten von Risikodebatten entworfen, die im wesentlichen diesen drei Aussagetypen entsprechen (Funtowicz und Ravetz 1985).

Das Modell der drei Ebenen der Risikokommunikation ist in geringfügiger Abweichung von Steve Rayner und dann von Debra Levine und mir übernommen und verfeinert worden (Rayner 1987; Renn und Levine 1991). Wegen seiner graphischen Anschaulichkeit ist es in Bild 2 wiedergegeben. Das Bild zeigt die drei Ebenen der Auseinandersetzung: die kognitive Ebene, bei der es um Sachaussagen und Sachkompetenz geht, die expressive Ebene, bei der es um Vertrauenswürdigkeit und Wahrhaftigkeit geht, und die normative Ebene, bei der es um Werte und Weltbilder geht.

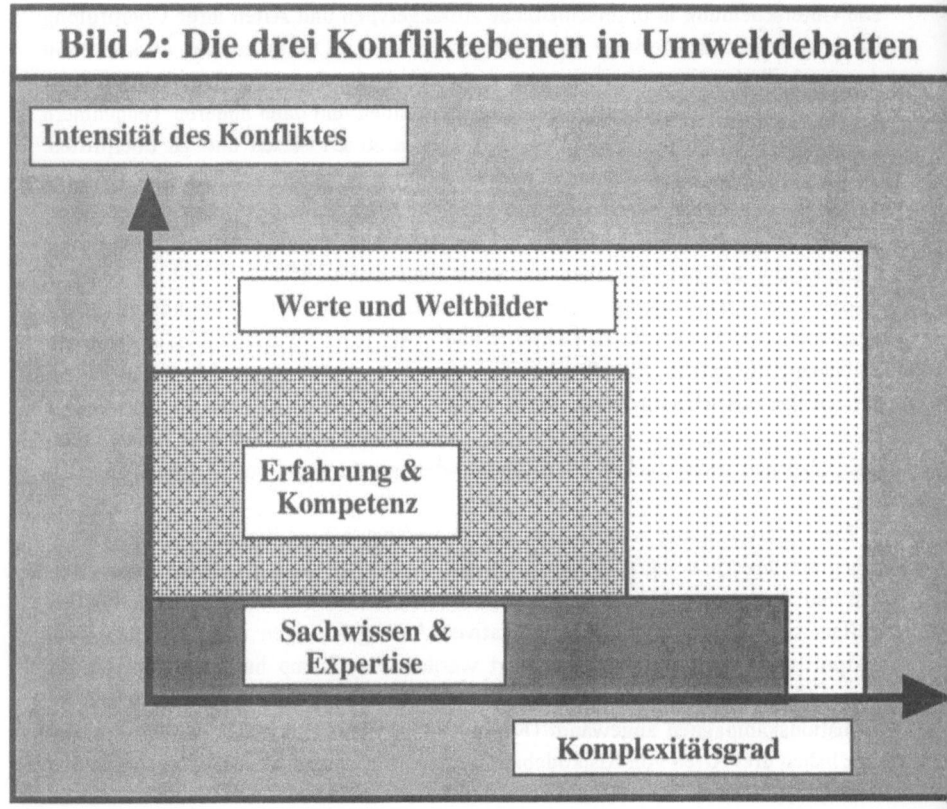

3. Regeln des verständigungsorientierten Diskurses

Auf der Basis der Theorie der kommunikativen Rationalität lassen sich weitere Vorschläge für Verhaltensnormen der Teilnehmer in einem verständigungsorientierten Diskurs entwerfen (Renn 1991). Diese Normen sind z.T. aus praktischer Erfahrung mit Beteiligungsprojekten gewonnen, zum Teil aus der relevanten Literatur übernommen worden (vgl. Habermas 1981; Kemp 1985; Bacow and Wheeler 1984, S. 190-194; Amy 1987; Barber 1984; Burns und Überhorst 1988; Haller 1990; Fiorino 1990; Fietkau 1991; Renn 1991). Darunter fallen:

1. *Zeit:* Ein Diskurs kann nicht innerhalb einer Woche oder eines Monates abgeschlossen sein. Die Vorbereitung und die Durchführung verlangen längere Zeiträume, so daß Verhandlungen ohne allzu großen Zeitdruck stattfinden können. Diese Voraussetzung macht deutlich, daß nicht alle umweltbezogenen Entscheidungen durch Diskurs gefällt werden können (etwa im Falle einer dringend gebotenen Notfallschutzmaßnahme). Gleichzeitig aber drängt das politische System häufig auf schnelle Entscheidungen, ohne daß es dafür einen ausreichenden Grund gibt. Allzuoft wird die Umsetzung solcher schnellen Entscheidungen dann aufgrund von Protesten und Widerständen der betroffenen Bevölkerung über wesentlich längere Zeiträume verzögert, als es bei einer langsameren Entscheidungsfindung unter Einbeziehung eines Diskurses der Fall gewesen wäre (Kasperson 1986).
2. *Offenheit des Verhandlungsergebnisses:* Ein Diskurs wird niemals sein Ziel erreichen, wenn eine der beteiligten Parteien ihre vorab getroffene Entscheidung an die anderen Parteien „verkaufen" will. Niemand verlangt, daß die Parteien bereit sein müssen, ihre Meinung oder Einstellung zu bestimmten Fragen aufgrund der Kommunikation zu ändern (obwohl die Bereitschaft dazu sicherlich hilfreich ist), aber alle Parteien müssen sich bereit erklären, auf ihre präferierte Handlungsoption zugunsten einer anderen Option zu verzichten, sofern diese Option besser als alle anderen Optionen beim Wettstreit der Aussagen und bei der Ausbalancierung von Interessen und Werten der beteiligten Parteien abschneidet. Die eigene Präferenz für eine Handlungsoption steht also immer zur Disposition. Wenn dies aus rechtlichen oder anderen Gründen für eine der Parteien ausgeschlossen ist, dann sollte man auf den Diskurs lieber verzichten und eine andere Form der Konfliktlösung wählen (etwa ein Hearing oder eine Informationsveranstaltung).
3. *Gleiche Rechte und Pflichten für alle am Diskurs beteiligten Parteien:* Diese Bedingung ist bereits in dem Gebot der Fairneß implizit enthalten, sollte aber bei jeder Anwendung immer wieder neu betont werden. Außerhalb des Diskurses bestehen selbstverständlich hierarchische Beziehungen und unterschiedliche Zuständigkeiten, Kompetenzen und Machtverhältnisse. Ob diese immer gerechtfertigt sind oder nicht, spielt hier keine Rolle. Der Diskurs kann diese Struktur nicht auflösen, seine eigene Macht, d.h. die Bindungskraft seiner Empfehlungen, wird sich der rechtlichen und politischen Realität anpassen müssen. Der legitimierte Entscheidungsträger kann das Ergebnis des Diskurses ignorieren, als Empfehlung einbeziehen oder in Gänze übernehmen, je nach dem wie die Entscheidungsbefugnis strukturiert ist und wie stark sich externer politischer Druck zugunsten der Diskurs-Empfehlung artikuliert. Der Diskurs selbst ist aber an die interne Regelung der strikten Egalität gebunden. Keine Partei, mag sie in der politischen Realität auch noch so mächtig sein, kann im Diskurs Privilegien oder Sonderrech-

te beanspruchen. Wie jede andere Partei, steht es ihr frei, den Diskurs zu verlassen, aber sie kann und darf die Spielregeln nicht ohne Zustimmung aller anderen Parteien verändern.

4. *Bereitschaft zum Lernen:* Alle Parteien müssen bereit sein, von den Argumenten und Evidenznachweisen anderer Parteien zu lernen und gegebenenfalls ihre Haltung zu überdenken. Das bedeutet nicht, wie bereits angeklungen, daß einzelne Parteien ihre Präferenzen, Interessen oder Werte zur Disposition stellen müssen, sondern nur, daß sie bereit sind, die von ihnen vorgenommenen Verknüpfungen zwischen Handlungsoptionen und Werten im Lichte neuer Erkenntnisse zu korrigieren. Das gilt auch für die gegenseitige Anerkennung von Wissen. Das anekdotische Wissen der Bevölkerung wird von Experten häufig als irrelevant oder sogar irrational abqualifiziert, während viele Interessengruppen das systematische und auf Generalisierungen beruhende Expertenwissen als Ausdruck technokratischer Arroganz und als Gefühllosigkeit gegenüber dem Einzelschicksal deuten. Erst wenn alle Parteien die argumentative Vorgehensweise der jeweils anderen Partei anerkennen und zu verstehen suchen, wird ein fruchtbarer Dialog möglich sein (Haller 1990). Bereitschaft zum Lernen im rationalen Diskurs ist demnach an drei Bedingungen geknüpft:

- die Anerkennung, daß es mehrere legitime Typen von Wissen gibt, die bei der Aufstellung und Beurteilung des Faktenwissens eine Rolle spielen (etwa das Erfahrungswissen der Bevölkerung);
- die Anerkennung, daß es mehr als eine rationale Art gibt, aus gegebenem Faktenwissen Handlungsoptionen auszuwählen;
- die Anerkennung, daß es bei aller Pluralität von Wissen und Rationalitäten universell gültige Regeln für die Überprüfung der Validität von Aussagen gibt, die für alle Parteien verbindlich sein müssen.

5. *Übersetzung affektiver Aussagen in kognitive oder normative Aussagen:* Eng verbunden mit der Forderung nach Lernbereitschaft ist die Notwendigkeit, affektive Gefühlsäußerungen dadurch kommunikationsfähig und der Kritik zugänglich zu machen, daß sie in kognitive oder normative Aussagen überführt werden. Ausdrücke wie „Ich habe einfach Angst davor" oder „Mir wird schon nichts passieren" sind keine Indikatoren für Verletzungen von argumentativen Regeln, sondern verdichtete Formen von Argumentationszusammenhängen, die sich in Bildern oder emotionsgeladenen, oft in ihrer Bedeutung unscharfen Begriffen zutreffender und schneller ausdrücken lassen als in logisch aufgebauten Argumenten. Es wäre fatal für den Diskurs und auch meist kontraproduktiv für eine rationale Entscheidung, diese gefühlsmäßigen Reaktionen zu ignorieren oder sogar lächerlich zu machen. Gleichzeitig sind sie aber in der Form, in der sie geäußert wer-

den, unbrauchbar für den Diskurs, weil sie in der Regel nur dichotome Lösungen erlauben (Angst führt zur Verneinung, die Verdrängung der eigenen Verwundbarkeit zur Bejahung von Risiken). Konsensuale Lösungen erfordern aber „Grautöne", also Abstufungen zwischen den Extremen. Der Diskurs hat demgemäß die Aufgabe, die gefühlsmäßigen Reaktionen in argumentative, d.h. kommunikationsfähige Elemente zu übersetzen. Wie bei jeder Übersetzung, gehen dabei Bedeutungskomponenten verloren, aber dieser Preis ist unvermeidbar.

Die differenzierte Analyse der Ursachen für Gefühle, die Identifizierung der Elemente einer Technologie oder politischen Maßnahme, die solche Gefühle auslösen, die Entschlüsselung von Assoziationen, die bei der Enstehung des Gefühls beteiligt sind, und das Aufdecken von Zusammenhängen zwischen Objekten und ihren symbolischen Bedeutungen sind wichtige Aufgaben, die erst die Grundlage für einen verständigungsorientierten Diskurs schaffen. Zweckmäßig ist dabei, diese Übersetzungsarbeit durch psychologische Fachkräfte in Klausursitzungen mit den jeweils betroffenen Parteien (also nicht im Plenum) durchführen zu lassen. Die Übersetzung ist aber allein eine Angelegenheit der jeweiligen Partei, die psychologische Beratung darf dazu nur eine Hilfestellung anbieten und in keinem Fall zum Eindruck einer Entmündigung durch professionalisierte Experten führen. Letztendlich muß die jeweilige Partei der Übersetzung zustimmen und die Kongruenz zwischen der Intention der affektiven Äußerung und ihrer kognitiven bzw. normativen Übersetzung beurteilen.

6. *Verbot moralischer Verurteilung von Positionen und Parteien:* Alle beteiligten Parteien in einem Diskurs sollten sich von vorneherein darauf einigen, auf die Moralisierung von Positionen (etwa: „Wer solch ein Risiko propagiert, kann nur ein zynischer oder ignoranter Mensch sein") und von Parteien („Umweltschützer sind doch alles Chaoten" oder „Ingenieure sind rücksichtslose Macher") zu verzichten. Der Verzicht auf Moralisierung hat eine Reihe von Vorteilen:

- Ähnlich wie Gefühlsäußerungen verhindern Moralisierungen die Möglichkeit einer konsensualen Einigung. Etwas kann nicht 30% gut und 70% böse sein. Das moralische Urteil ist meist kategorisch und schließt ein Nachgeben gegenüber der angeblich unmoralischen Partei aus. Gegenseitige Moralisierung vermindert unnötig den Verhandlungsspielraum und macht Einigungen meist unmöglich (Scheuch 1980).
- Moralisierung verhindert die Bereitschaft von Parteien, ihre affektiven Äußerungen in kognitive oder normative Aussagen übersetzen zu lassen. Eine solche Übersetzung macht Parteien oft verwundbar und würde erst gar nicht vorgenommen, wenn eine Partei unter moralischem Rechtfertigungsdruck steht.
- Moralisierung verkleistert Verstöße gegen die Argumentationsregeln und vertuscht mangelnde Evidenz für Behauptungen oder Forderungen. Wer moralisiert,

kommt meist ohne Sachwissen aus. Wer etwa behauptet, Unternehmer seien profitsüchtige Hazardeure, denen ein Menschenleben nichts wert sei, braucht erst gar nicht nachzuweisen, daß eine konkrete Aktivität dieser Gruppe wirklich zu unzumutbaren Risiken führt. Es ist selbstevident. Wer behauptet, Umweltschützer seien verkappte Kommunisten, die den Staat stürzen wollen, braucht sich auf die Diskussion um wirkliche Umweltbelastungen gar nicht erst einzulassen, weil es den Umweltschützern ja angeblich darum gar nicht gehe, sondern um die Zerstörung des Staatswesens. Beide Beispiele zeigen, daß die integrative Kraft der Aussagenbewertung verloren geht, wenn Positionen oder Parteien mit moralischen Urteilen oder sogar „Verurteilungen" verknüpft werden.

Moralische Verurteilung ist eine attraktive Strategie in der öffentlichen Auseinandersetzung und führt oft zu politischen Erfolgen. Da aber jede Partei über ein Arsenal möglicher Moralisierungen verfügt und damit potentiell dem Verhandlungsgegner Schaden zufügen kann, liegt eine Einigung vor Beginn des Diskurses meist im Interesse aller Parteien und erleichtert eine verständigungsorientierte Atmospäre. Dies gelingt eher in einem geschlossenen Diskurs, während etwa bei Wahlkämpfen jede Seite glaubt, die unbeteiligte Bevölkerung, zumindest aber die eigene Klientel durch Moralisierung für die eigenen Belange mobilisieren zu können. Der Verzicht auf Moralisierung bedeutet aber keineswegs, daß man Argumente nicht nach moralischen Kategorien bewerten dürfe oder man ethische Argumente aus dem Diskurs verbannen müsse. Im Gegenteil, ohne ethische Bewertung von Optionen würde eine wichtige Komponente der Evaluation fehlen. Was vermieden werden soll, ist vielmehr die moralische Verurteilung von Parteien und deren Positionen im Diskurs.

4. Konfliktschlichtung in verständigungsorientierten Diskursen

Die Konsensfähigkeit von Themen in Diskursen ist an drei Bedingungen gebunden: erstens müssen genügend Lösungen zwischen den Extremen (ja oder nein) vorhanden sein bzw. geschaffen werden, zweitens muß es gemeinsam anerkannte Regeln geben, um die Geltungsansprüche von Aussagen zu überprüfen und drittens müssen alle Parteien das Gebot der Fairneß anerkennen. Die Anforderungen an einen Konsens sind hoch: Im Gegensatz zum Kompromiß beschreibt der Konsens eine Problemlösung, die alle Parteien aus innerer Einsicht und Eigenverpflichtung zur Fairneß freiwillig akzeptieren und die sie selbst ihrer ursprünglichen Forderung vorziehen. Um dies zu bewerkstelligen, erscheint es angebracht, die unterschiedlichen Konflikttypen (Vorgehensweise, Werte, Fakten, Interpretationen und Gewichtungen) getrennt zu behandeln und nacheinander abzuarbeiten. In Tabelle 3 sind diese verschiedenen Konflikttypen zusammengefaßt und Bearbeitungs- und Lösungsstrategien für jeden Konflikttyp aufgeführt (vgl. Raiffa 1982).

Tabelle 3: Unterschiedliche Konflikttypen und dskursive Strategien zu ihrer schrittweisen Bearbeitung

Konfliktypus	Erklärung des Typus	Beispiel(e)	Inhalte des Konfliktes	Bearbeitungsverfahren
Einigung über Verfahren und Vorgehensweise	Struktur der Entscheidungsfindung	Mehrheitswahlrecht, Tagesordnung	Prozedurale Gerechtigkeit	Konsens
Beurteilung der Angemessenheit von Werten	Kriterienwahl zur Bewertung von Optionen	Ziele wie: Wirtschaftlichkeit, Umweltverträglichkeit	Legitimität von Werten und Normen	Übernahme aller authentisch vertretenen Werte
Beurteilung der faktischen Evidenz	Kriterien zur Beurteilung von Sachwissen	Physische Messung, Expertenurteil	Dissens unter Experten	Methodische Festlegung, Expertenauswahl, Delphiverfahren
Beurteilung der Wertrelevanz von Aussagen	Subjektive Interpretation aller Konsequenzen	Festlegung eines zumutbaren Risikos	Variabilität von Präferenzen	Einigung über Regeln zur Begründung von Urteilen
Gewichtungen von Werten	relative Priorität von Werten	relatives Gewicht von Umwelt versus Wirtschaftlichkeit	Relative Wichtigkeit von Werten	Übergeordnete Normen, Gemeinwohl, Kompensation

Zunächst geht es bei einem Schlichtungsversuch um die Festlegung eines Verfahrens, das den Dialog strukturiert und die Rechte bzw. Pflichten aller Teilnehmer festlegt. Dabei ist es Aufgabe des Moderators, die impliziten Regeln des Diskurses den Teilnehmern vorzustellen und zu begründen. Die Grundregeln der kommunikativen Rationalität dürfen nicht zur Disposition stehen, müssen aber für jeden nachprüfbar legitimiert werden. Darüber hinaus müssen die Teilnehmer gemeinsame Entscheidungsregeln, die Tagesordnung, die Rolle des Moderators (etwa als Schlichter), die Reihenfolge der Anhörungen, u.a.m. festlegen. Dies sollte immer nach dem Konsens-Prinzip erfolgen. Alle Parteien müssen dem Verfahrensablauf zustimmen können. In diesen Bereich fällt auch die Festlegung kommunikativer Konventionen. Einvernehmlich sollte man sich auf Definitionen, mögliche Klassifikationen oder andere Sprach- und Verständigungsmittel einigen.

Sobald alle Verfahrensfragen einvernehmlich beantwortet sind, ist es zweckmäßig sein, die Bandbreite normativer Aussagen festzulegen. Damit ist eine Einengung auf die Werte und Normen gemeint, die für das anstehende Problem relevant sind. Verschiedene Verfahren, wie etwa die Wertbaum-Analyse sind dazu prinzipiell geeignet (Keeney u.a. 1984). Auf der einen Seite ist es erforderlich, nur die normativen Aussagen zuzulassen, die in einem inneren Zusammenhang mit der Thematik liegen, andererseits erfordert es das Gebot der Fairneß, alle Werte und Normen, die von den jeweiligen Parteien vorgetragen werden, so weit wie möglich zu berücksichtigen. In diesem Konflikt zeigt unsere Erfahrung, daß man sich im Rahmen der Konfliktschlichtung vorranging um eine möglichst vollständige Erfassung aller Werte bemühen sollte, selbst wenn das Wertetableau dabei erheblich an Umfang gewinnt. Beschränkt man die Diskussion dagegen auf die offenkundig relevanten Werte oder begrenzt man die Wahlmöglichkeiten der Teilnehmer, dann werden sich einige Parteien immer benachteiligt fühlen und an späterer Stelle eine neue „Grundsatzdiskussion" vom Zaune brechen.

Sind die zur Beurteilung notwendigen Werte, Normen und Ziele einmal festgelegt, dann erfolgt der Austausch von kognitiven, normativen und expressiven Aussagen. Diese lassen sich jedoch in einer Diskussion nicht eindeutig voneinander trennen. Die Überprüfung dieser Aussagen läßt sich analog zur analytischen Entscheidungslogik in vier Teilschritten vornehmen:

1. In einem ersten Schritt werden die von den Diskursteilnehmern akzeptierten Werte und Normen zunächst in Kriterien und dann in Indikatoren (Meßanweisungen) überführt. Diese Überführung bedarf der konsensualen Zustimmung aller Teilnehmer.
2. Aufgrund dieser Indikatoren werden sachkundige Personen oder Institutionen gebeten, die zur Wahl stehenden Optionen nach bestem Wissensstand zu beurteilen (kognitive Richtigkeit). Dabei ist es sinnvoller, eine gemeinsame methodische

Vorgehensweise oder einen Konsens über die zu befragenden Experten festzulegen als jeder Gruppe die Freiheit zu überlassen, die Indikatoren durch eigene Experten bearbeiten zu lassen. Als Resultat dieses Prozesses bleiben viele potentielle Konsequenzen umstritten, vor allem wenn sie mit Un-sicherheit verbunden sind. Jedoch wird die Bandbreite der möglichen Meinungen je nach Stand des Wissens mehr oder weniger verengt. Auch der Konsens über den Dissens hilft weiter, strittige von unstrittigen Tatsachenbehauptungen zu trennen.
3. Die Bandbreiten zu erwartender Auswirkungen müssen dann von den Parteien interpretiert werden. Interpretation bedeutet Verknüpfung von kognitiven, normativen und expressiven Aussagen zu einem Gesamturteil. Dieses Urteil kann und sollte für jeden Indikator getrennt vorgenommen werden. Auf diese Weise lassen sich die jeweiligen Ursachenketten für Urteile besser nachvollziehen und im Diskurs kritisieren. Zum Beispiel kann bei der Interpretation eines Grenzwertes die Frage der Vertrauenswürdigkeit der Überwachungsbehörden eine wichtige Rolle spielen. Dann obliegt es den Teilnehmern, die bisherige Bilanz der jeweiligen Behörde unter die Lupe zu nehmen und gegebenenfalls institutionelle Veränderungen vorzuschlagen.
4. Selbst wenn für jeden Indikator eine einvernehmliche Beurteilung und Interpretation vorliegen würde, bedeutet das noch lange nicht, daß es zu einer Einigung kommen muß. Vielmehr können unterschiedliche Präferenzen der Teilnehmer auf unterschiedliche Gewichte der den Indikatoren zugrundeliegenden Werte und Normen zurückzuführen sein. Ein engagierter Umweltschützer mag etwa den Indikatoren der Umwelterhaltung eine wesentlich höhere Gewichte beimessen als den Indikatoren der Wirtschaftlichkeit von Maßnahmen. In der spieltheoretischen und ökonomischen Literatur gilt dieser Konflikt als unlösbar, es sei denn einer der Teilnehmer kann den anderen durch Kompensationszahlungen (etwa in Form von öffentlichen Investitionen oder direkten Zahlungen), Transferleistungen (etwa eine besondere Dienstleistung) oder Tauschgeschäfte (Do, ut des) von seiner Präferenz abbringen. In der Realität zeigt sich aber, daß Teilnehmer an Diskursen durchaus den Argumenten anderer Teilnehmer zugänglich sind (also auf ihre erste Präferenz verzichten), wenn der Nutzenverlust für sie noch tolerierbar ist und gleichzeitig der Lösungsvorschlag als „gemeinwohlträchtig", d.h. in der öffentlichen Perzeption als sozial erwünscht, angesehen wird. Wenn es zu keinem Konsens kommt, kann und darf es auch zu einer Kompromißlösung kommen, bei der um eine „faire" Verteilung von Lasten und Gewinnen verhandelt wird.

Im Rahmen eines Diskurses müssen die unterschiedlichen Aussagetypen und ihre jeweiligen Geltungsansprüche gezielt durch interaktive Verfahren abgearbeitet werden. Dabei ist nicht an eine starre Abfolge zu denken, sondern an aufeinander bezogene Arbeitspakete, bei deren Bearbeitung immer wieder Rückkopplungsschleifen eingebaut werden. Auf diese Weise können die verschiedenen Aussagetypen untereinander angepaßt werden. Im Diskursmodell von Habermas erfolgt dieser Prozeß der Einlösung von Geltungsansprüchen in einer Sequenz von vier Schritten (Habermas 1981). Im ersten Schritt stellt ein Sprecher eine Argumentationskette vor. In einem zweiten Schritt entscheiden die anderen Teilnehmer, welche Typen von Aussagen in dieser Argumentationskette enthalten sind und welche Formen der kritischen Überprüfung angebracht sind. In einem dritten Schritt wird diese Kritik vorgebracht und möglicherweise mit Gegenargumenten untermauert. Im vierten und letzten Schritt werden Aussagen und Gegenaussagen gegenübergestellt und nach den Kriterien der Validität von Aussagen bewertet. Aufgrund dieser vier Schritte werden dann die Aussagen gesammelt, die den Bewertungskriterien standhalten.

Es ist wichtig darauf hinzuweisen, daß eine solche Selektion nicht so mechanisch abläuft wie hier beschrieben und selbst im Idealfall keine eindeutige Lösung des Konfliktes verspricht. Auch wenn alle Sachaussagen geklärt sind, die Wahrhaftigkeit von Aussagen überprüft ist und die Angemessenheit von Normen sichergestellt ist, kann es immer noch zu unüberbrückbaren Gegensätzen zwischen den Diskursteilnehmern kommen. Konsens ist nicht die einzige Möglichkeit der Verständigung (Markowitz 1991; Geser 1986). Unterschiedliche Strategien in der Behandlung von unsicheren Folgen, unterschiedliche Erfahrungen mit Institutionen in Bezug auf Vertrauenswürdigkeit und unterschiedliche, wenn auch in sich konsistente Systeme von Werten und Präferenzen können im Einzelfall sogar Konflikte im Verlauf eines Diskurses verstärken und einen Konsens, ja selbst einfache Kompromisse erschweren. Ein verständigungsorientierter Diskurs ist kein Garant, nicht einmal eine notwendige Bedingung für eine Konfliktlösung. Oft können Mißverständnisse, Doppeldeutigkeiten und strategische Vorgehensweisen Kompromißlösungen eher fördern als die schonungslose Offenlegung von Interessen und Präferenzen. Allerdings bietet nach meiner Überzeugung nur der verständigungsorientierte Diskurs die Gewähr für eine *faire und kompetente* Problemlösung (Renn et al. 1991). Die Kriterien für erfolgreiche Diskursführung sind Fairneß und Kompetenz, nicht Konfliktlösung um jeden Preis.

5. Die Umsetzung diskursiver Verfahren in der Umweltpolitik

Die bisherigen Überlegungen zu verständigungsorientierten Diskursen reichen aus, ein Anforderungsprofil für die strukturellen Bedingungen zur Organisation von Diskursen zu entwickeln. Diskursive Verfahren müssen so strukturiert sein, daß sie zwei Zielen gerecht werden: Auf der einen Seite sollen sie sicherstellen, daß eine kompetente Problemerfassung und Problemlösung erfolgt, auf der anderen Seite sollen sie jedem potentiell Betroffenen die gleiche Chance einräumen, seine Werte und Interessen in den Entscheidungsprozeß gleichwertig einzubringen. Die Struktur des Verhandlungsprozesses muß so beschaffen sein, daß das notwendige Sachwissen eingeht, geltende Normen und Gesetze beachtet werden, soziale Werte und Interessen in fairer und repräsentativer Weise eingebunden werden und eine Integration sachlicher, emotionaler und normativer Aussagen zustandekommen kann (Zilleßen 1993, S. 18ff). Nur so können die strukturellen Probleme bei der Lösung von Umweltkonflikten sinnvoll angegangen werden. Verteilungsungerechtigkeiten, Unsicherheiten über Wirkungen von Umweltschadstoffen, mangelnde Transparenz des Entscheidungsverfahrens, Dissens unter Fachleuten und Perzeptionsdifferenzen zwischen Laien und Fachleuten können nur dadurch überwunden werden, daß die von diesen Problemen betroffenen Menschen in fairer Weise zu einem gemeinsamen Ausgleich der Interessen und Wertvorstellungen kommen und sie gleichzeitig sicher sein können, daß die sachliche Basis der gefundenen Lösungen den bestmöglichen Sachstand des Wissens widerspiegelt.

Welche organisatorischen Vorschläge für die Verwirklichung von Diskursen gibt es in der Literatur und welche haben sich davon in der Praxis bewährt? Wie sollte ein Diskurs gestaltet sein, daß er eine verständigungsorientierte Lösung von Umweltkonflikten ermöglicht?

Dazu gibt es eine Reihe von Vorschlägen, die von Mediation über Zukunftswerkstätten bis zu Planungszellen und Bürgerforen reichen (Überblicke in: Folberg and Taylor 1984; Hoffmann-Riem 1990; Claus und Wiedemann 1994; Renn und Oppermann, im Druck). In der amerikanischen Literatur zur Konfliktschlichtung hat sich weitgehend der spieltheoretische Ansatz durchgesetzt (Bacow und Wheeler 1984; Raiffa 1982). Nach dem Motto „Without win-win, no go-go" sind Diskurse dann erfolgversprechend, wenn alle beteiligten Parteien einen Gewinn aus den Verhandlungen ziehen können (Fisher und Ury 1988). Die aus der Spieltheorie bekannten Nash-Gleichgewichte stellen pareto-optimale Gleichgewichtszustände dar, bei denen keine der Parteien weitere Gewinne erzielen kann, ohne überproportional andere zu schädigen. Da nicht alle ihre maximalen Forderungen durchsetzen können, muß es zur Erzielung einer Win-Win-Situation eine Referenzgröße (default option) geben, die dann zum Tragen kommt, wenn sich die beteiligten Parteien innerhalb einer festgelegten Zeit nicht einigen können (beispielsweise der Status Quo oder eine Gleichverteilung der Umweltbelastungen auf alle). Die in Verhandlungen vorgeschlagenen Lösungen werden jeweils mit dem Referenzfall verglichen. Nur die Lösungen werden weiter verhandelt, die jeden der Beteiligten besser stellen würden als der Referenzfall. Den Beteiligten ist es dann unbenommen, in einen „bargaining" Prozeß des Außenhandelns von Lösungen einzutreten, bei dem die möglichen Nutznießer bestimmter Lösungen denjenigen Entschädigung anbieten, die weniger oder gar nicht davon profitieren.

Die spieltheoretische Sichtweise von Diskursen beruht auf der Voraussetzung, daß die Parteien ihre Positionen zugunsten einer Interessenperspektive aufgeben. Positionen sind in diesem Rahmen nicht vermittlungsfähig, sondern nur noch Interessen. Die teilnehmenden Parteien sollen dazu gebracht werden, die hinter den Positionen liegenden Interessen zu verdeutlichen und diese zum Gegenstand der Verhandlungen zu machen. Zum Beispiel müßte in einem Diskurs zur Energiepolitik die Stoßrichtung folgendermaßen lauten: Meine Partei ist nicht für oder gegen Kernenergie, sondern unser vorrangiges Interesse ist es, die Gesundheit der Bevölkerung zu erhalten, gleichgültig welches Energiesystem dieses Interesse garantiert. Die Umwandlung von Positionen in Interessen verhilft den Diskursteilnehmern zu einer neuen Ausgangslage, in der aus einer ja-nein Frage eine Frage des mehr oder weniger wird. Nur Fragen, die differenzierte Antworten ermöglichen, sind letztlich verhandlungsfähig.

Der spieltheoretische Ansatz ist bis über die USA hinaus der dominierende Ansatz in der Literatur zur Mediation und Konfliktaustragung geblieben (Raiffa 1982; Bacow und Wheeler 1984). Obgleich er theoretisch elegant und in bestimmten Fragen auch nützlich ist (vor allem die Überführung von Positionen in Interessen), ist er nach meiner Ansicht, vor allem aber aus meiner praktischen Erfahrung mit Diskursen, blutleer und realitätsfern. Eine win-win Situation ist extrem selten. Das, was viele Autoren als win-win Situation bezeichnen oder interpretieren, ist sehr häufig ein Nachgeben der einen oder anderen Seite, sei es aus Einsicht, aus Schwäche gegenüber dem Druck von innen und außen oder aus freiwilliger Unterordnung unter ein übergeordnetes Prinzip. Jeder Diskurs entwickelt eine eigene Dynamik, durch die bestimmte Positionen in Rechtfertigungszwang geraten und andere sich nahezu naturwüchsig durchsetzen. Die Teilnahme an einem Diskurs mag noch davon abhängen, ob sich die jeweilige Partei einen Gewinn verspricht, der Diskurs selber kennt aber immer Verlierer und Gewinner gemessen an den jeweiligen Interessen.

Oft besteht die Kunst des Moderators gerade darin, dem Verlierer zu helfen, ein für ihn ungünstiges Ergebnis offen vertreten zu können, ohne sein Gesicht zu verlieren oder seine Anhängerschaft zu vergraulen. Daneben sind es nicht nur Interessen, auf denen unterschiedliche Auffassungen und Positionen beruhen. Vor allem die Umweltschützer begründen ihre Positionen mit Wertvorstellungen und Weltbildern, die ebenso legitime Elemente einer politischen Entscheidung darstellen wie materielle Interessen. Gleichzeitig spielen kognitive Differenzen eine wesentliche Rolle. Parteien mögen durchaus gleiche Interessen haben, sie besitzen aber unterschiedliche Vorstellungen über die faktische Verbindung zwischen bestimmten Maßnahmen bzw. Technologien und den tatsächlich zu erwartenden Auswirkungen. Nicht zuletzt bleiben bei diesem Verfahren die Emotionen und Affekte ausgespart, die zwar in jedem Diskurs zu kommunikativen Problemen werden (weil sie so schwer vor anderen begründbar sind), deren Legitimität als Ausdruck von Unbehagen oder Begeisterung jedoch nicht infrage stehen darf.

Vor allem aber verkennt die spieltheoretische Perspektive die wohl wichtigste Leistung des Diskurses, Leitlinien einer sozialen Rationalität zu entwickeln, die über das Interesse der einzelnen Parteien hinausgehen. Ein Diskurs kann nämlich ein Instrument einer auf Verständigung beruhenden Normengenerierung sein (vgl. Etzioni 1993; Renn und Webler 1994). Erst in dem Zusammenspiel aller Interessen, Werte und Vorstellungen können neue gemeinsame Orientierungen entstehen, die die Elemente der individuellen Rationalität zugunsten einer neuen Sichtweise von sozialer Rationalität transzendieren. Häufig einigen sich die Beteiligten auf gemeinsame neue kommunale Werte, deren Anerkennung und Geltungskraft eine Neuformulierung und ein Überdenken der eigenen Interessenlage bedingen. Eine solche Diskursleistung ist natürlich nur dort zu erwarten, wo sich die Teilnehmer aktiv für die Erarbeitung gemeinsamer Normen und Werte einsetzen und wo die Diskursstruktur eine Diskussion über Geltungsansprüche von normativen Aussagen zuläßt. Gerade dies geschieht aber in den auf spieltheoretisch aufgebauten Diskursen des Interessenausgleich so gut wie nie. Das Interessenmodell ist auf eine materialistische Perspektive von Umweltkonflikten fixiert.

6. Das Modell des kooperativen Diskurses

In der Literatur gibt es eine ganze Reihe von Vorschlägen, wie man verständigungsorientierte Diskurse organisieren und strukturieren kann (vgl. die umfangreiche Materialsammlung in Renn u.a. 1995; Burns und Überhorst 1988; Gaßner u.a.

1992). Im vorliegenden Beitrag möchte ich mich auf ein Organisationsmodell beschränken, mit dem ich in der Vergangenheit intensiv gearbeitet habe. Aus der Erfahrung der normengenerierenden Kraft von Diskursen haben mein Kollege Thomas Webler und ich dieses Modell entwickelt und ihm den Namen „kooperativer Diskurs" gegeben (Renn u.a. 1993; Renn und Webler 1994; vgl. auch Seiler und Webler 1995). Der kooperative Diskurs beruht auf einer akteursbezogenen Organisation des Planungsablaufs in drei Schritten: Kriterienfindung durch Mediation mit Interessengruppen, Klärung von kognitiven Konflikten durch Experten-Delphi und Abwägung von Handlungsoptionen durch Planungszellen (Renn u.a..1991; Dienel 1992). Dieses idealtypisch verfaßte Konzept spiegelt natürlich nicht die Wirklichkeit der von uns praktisch durchgeführten Diskurse wider. Vom Ideal zur Konzeption und von der Konzeption zur Umsetzung sind stets Abstriche zu machen. Das Modell ist jedoch in seinen Grundzügen in zahlreichen Anwendungsbeispielen von uns in der Abfallplanung, in der Umwelt- und Raumplanung sowie in Fragen der Energiepolitik erprobt worden (Renn et al. 1989; Renn 1994; Webler 1994). In weiteren Forschungsprojekten, die allerdings erst in der Phase der Antragstellung sind, soll dieses Modell im Bereich der städtischen Verkehrsplanung und der Landschaftsplanung eingesetzt werden.

Das Modell folgt einem Aufbau in drei Phasen oder Schritten, wobei die Vor- und Nachteile der Verfahrensbestandteile im positiven Sinn miteinander verknüpft werden. In den Schritten wird zwischen Werterhebung, Faktenermittlung und Abwägung unterschieden. Diese drei Aufgaben werden vorrangig von den Akteuren vorgenommen, von denen wir annehmen, daß sie für diese Aufgabenstellung besonders geeignet seien. Die Verknüpfung dieser drei Aufgaben geschieht in den folgenden Schritten:

1. Alle in einer Arena vorhandenen Parteien werden gebeten, ihre Werte und Kriterien für die Beurteilung unterschiedlicher Handlungsoptionen (etwa Ein-führung einer Umweltmaßnahme; Modifikation oder Ablehnung) offenzulegen. Dies geschieht in Interviews zwischen den Diskurs-Organisatoren und den Repräsentanten der jeweiligen Parteien. Als methodisches Werkzeug dient dabei die Wertbaum-Analyse, ein in den USA entwickeltes interaktives Verfahren zur Bewußtmachung und Strukturierung von Werten und Kriterien zu deren Überprüfung (Keeney u.a. 1984). Alle Parteien haben das Recht, ihren Wertbaum solange zu modifizieren, bis sie mit dem Produkt einverstanden sind. Die Wertbäume aller Parteien werden dann additiv zu einem logischen Gesamtbaum verschmolzen, wobei alle nicht-redundanten Eingaben übernommen und in eine hierarchische Struktur überführt werden. Dieser Gesamtwertbaum spiegelt folglich die Wertdimensionen aller beteiligten Parteien wider. Die Überführung aller relevanten Werte in einen logisch kohärenten Bezugsrahmen hilft, potentielle Konflikte über

die Angemessenheit von Werten und Berurteilungskriterien zu entschärfen und allen Parteien die Sicherheit vermitteln, daß ihre Bedenken in den Entscheidungsprozeß eingebunden werden.

2. Die Wertdimensionen werden in einem zweiten Schritt durch ein Forschungsteam, das möglichst von allen Parteien als neutral und sachkompetent angesehen wird, in Indikatoren transformiert. Dies ist der erste Schritt zur Lösung von Konflikten über Sachverhalte. Unter Indikatoren verstehen wir gezielte Meßanweisungen, um die möglichen Folgen einer jeden Handlungsoption zu bestimmen (Evidenz-Nachweise). Da viele der Folgen nicht physisch meßbar und manche auch wissenschaftlich umstritten sind, ist es nicht möglich, einen einzigen Wert für jeden Indikator anzugeben. Dies gilt vor allem für unsichere Folgen. Das heißt aber nicht, die Abschätzung von Folgen sei beliebig, sie ergeben sich vielmehr als logische Folgerung aus dem jeweiligen Wissen und der Anwendung methodischer Regeln innerhalb verschiedener wissenschaftlicher Konventionen. Für den Diskurs ist es entscheidend, die Spannweite wissenschaftlich legitimer Abschätzungen so genau wie möglich zu bestimmen. Wir schlagen dazu eine Modifikation des klassischen Delphi-Verfahrens vor, bei dem Gruppen von Experten gemeinsam Abschätzungen vornehmen und Diskrepanzen zwischen den jeweiligen Schätzwerten in direkter Konfrontation ausdiskutieren (Webler u.a. 1991). Dieses Verfahren zur kognitiven Konsensfindung bezeichnen wir als Gruppen-Delphi. Als Ergebnis dieses Verfahrens verfügt man über ein Folgeprofil von jeder Handlungsoption auf all den Kriterien, die von den beteiligten Parteien vorgeschlagen wurden. Aufgrund der Expertendiskussionen kann man auch die verbalen Begründungen für unterschiedliche Abschätzungen in das Profil einbeziehen.

3. Sind die Wertdimensionen bestimmt und die Folgen der jeweiligen Handlungsoptionen abgeschätzt, folgt der schwierige Prozeß der Abwägung. Dabei steht die Lösung von normativen Konflikten im Vordergrund. Normative Konflikte basieren nicht auf unterschiedlichen Vorstellungen über die möglichen Folgen von Optionen, sondern beziehen sich auf die Wünschbarkeit dieser Folgen im Hinblick auf soziale Normen, Werte und Lebensstile. Normative Konflikte lassen sich gemäß den oben genannten Bedingungen grundsätzlich in einem Diskurs zwischen den organisierten Parteien klären. Häufig sind organisierte Parteien jedoch in ihren Meinungen weitgehend polarisiert und nicht mehr offen für einen Kompromiß, geschweige denn einen Konsens. Gleichzeitig repräsentieren sie nur in eingeschränktem Maß die betroffene Bevölkerung. Aus diesem Grund hat P. Dienel vorgeschlagen, die Bevölkerung als „Schöffen" zu gewinnen und es – ähnlich wie bei einem Gerichtsverfahren – einigen, nach dem Zufallsverfahren ausgesuchten Bürgern zu überlassen, stellvertretend für alle diese Abwägung

vorzunehmen (Dienel 1978; Dienel 1989)[3]. Dieses Verfahren setzt voraus, daß die am Konflikt beteiligten Parteien einer solchen Lösung zustimmen. Dies wird um so eher geschehen, je mehr die Parteien selber keine Chance mehr wahrnehmen, den Konflikt aus eigenen Kräften zu überwinden und sie gleichzeitig davon ausgehen, daß sie ihren Standpunkt dem Schiedsgericht überzeugend nahebringen können. Alle Parteien sind daher eingeladen, als Zeugen vor den Bürgern auszusagen und ihre Empfehlungen vorzutragen. Die ausgesuchten Bürger haben mehrere Tage Zeit, die Profile der jeweiligen Handlungsoptionen zu studieren, Experten zu befragen, Zeugen anzuhören, Besichtigungen vorzunehmen und sich eingehend zu beraten. Am Ende stellen sie eine Handlungsempfehlung aus, die sie eingehend in einem Bürgergutachten begründen müssen. Dafür erhalten sie eine Vergütung. Dieser Gruppe von zufällig ausgewählten Bürgern hat P. Dienel den etwas problematischen Namen „Planungszelle" gegeben. Wir bevorzugen dagegen den Namen „Bürgerforum". Bürgerforen haben sich auf kommunaler wie auf regionaler Ebene bereits bewährt und wurden erstmals für einen nationalen Konflikt zu Beginn der 80er Jahre eingesetzt.

Neben der Aufteilung in drei Verfahrensschritte ist das Modell des kooperativen Diskurses durch eine verständigungsorientierte Vorgehensweise innerhalb der Beratungen der verschiedenen Gruppen (sei es Mediation oder Bürgerforum) charakterisiert. Der Diskurs ist nach den Grundbedingungen der kommunikativen Rationalität strukturiert, wie ich sie weiter oben erörtert habe. Zu diesen Bedingungen gehören: eine streng egalitäre Position aller Teilnehmer (keine Privilegien für einzelne Beteiligte), die Toleranz aller Aussagetypen im Rahmen des Kategoriensystems von Habermas (kognitiv, expressiv, normativ) und die Einigung auf gemeinsame Regeln der Einlösung von Geltungsansprüchen.

Das hier beschriebene Verfahren hat den Vorteil, daß es die verschiedenen Konflikttypen getrennt angeht und geeignete Schlichtungsinstrumente für jede am Konflikt beteiligte Gruppe vorsieht. Dadurch werden unterschiedliche Prozesse der Trennung von Ideologie und Wissen wirksam, die sich in einem allumfassenden Diskurs oft vermischen. Innerhalb der Bürgerforen lassen sich darüber hinaus die

---

3 Parallel zu den Arbeiten von Peter Dienel zur Planungszelle hat auch N. Crosby ein Verfahren eines Schiedsgerichtes (Citizen Juries) entwickelt, das ebenfalls auf der Idee von Laiengutachtern, die nach dem Losverfahren ausgewählt werden, beruht (Crosby u.a. 1986; Crosby 1987). Laien als Planer werden in den USA in verschiedenen Kontexten eingesetzt (als Beispiel vgl. Kathlene und Martin 1991)

Regeln des verständigungsorientierten Diskurses wesentlich effektiver durchsetzen als in einer Verhandlung zwischen Parteien. Das sequentielle Vorgehen und die Einbeziehung von Akteuren und Instrumenten ist in Bild 3 illustriert.

Dem Modell des kooperativen Diskurses liegt ein Planungsverständnis zugrunde, bei dem die Beteiligungsmaßnahme im Vorfeld der politischen Entscheidung stattfinden soll und nicht, wie bei den rechtlich vorgeschriebenen Anhörungen, im Anschluß an die politische Entscheidungsfindung. Sind nämlich Entscheidungen einmal politisch getroffen, dann sind nachträgliche Korrekturen meist teuer und politisch unerwünscht. In ähnlicher Weise, wie Verwaltungen und politische Entscheidungsträger im Vorfeld der Entscheidung Sachgutachten von Experten einholen, um die Entscheidungsgrundlage zu verbessern, so soll die Beteiligung von Interessengruppen und betroffenen Bürgern dazu dienen, sachlich kompetente und ethisch reflektierte Wertgutachten einzuholen, durch die politische Urteile der demokratisch legitimierten Entscheidungsträger im Hinblick auf die Wünschbarkeit der vermuteten Entscheidungsfolgen verbessert werden können.

Vor jeder Beteiligungsmaßnahme ist daher die Einbindung der Ergebnisse in den politischen Entscheidungsprozeß zu klären. Die Politiker müssen zwar keine formale Entscheidungsmacht abgeben, faktisch sind sie aber vor und während der Beteiligungsmaßnahme an die Offenhaltung mehrerer Problemlösungen gebunden. Im Anschluß an die Beteiligungsmaßnahme sind sie zumindest angehalten, die Ergebnisse intensiv zu kommentieren und eventuelle Abweichungen von den Empfehlungen eingehend zu begründen. Sie müssen das Ergebnis nicht unbedingt übernehmen, aber ohne eine überzeugende Begründung abweichender politischer Entscheidungen wird das Verfahren unglaubwürdig. Partizipation kann nur dann funktionieren, wenn die Beteiligten das Mandat erhalten, Dinge zu bewerten, die ihnen von den Entscheidungsträgern auch zugetraut werden.

7. Fallbeispiele: Aargau und Nordschwarzwald

Das Modell des kooperativen Diskurses kann nicht im Maßstab 1:1 in die Praxis übernommen werden. Die Beteiligungsmaßnahme ist den jeweils speziellen Fragestellungen anzupassen und auch im Verlauf der Prozesse immer wieder neu zu konzipieren. Dazu zwei Beispiele: Im ersten Fall geht es um eine Standortsuche für eine Deponie im Kanton Aargau, im zweiten Fall um ein Abfallwirtschaftskonzept für die

Bild 3: Das Drei-Stufenmodell des Kooperativen Diskurses

AKTEURE	1. STUFE	2. STUFE	3. STUFE
	Kriterien zur Bewertung	Folgenabschätzung der Optionen	Bewertung der Optionen
Interessengruppen	**Erstellung von Wertbäumen für jede Gruppe**	Vorschläge & gruppenspezifische Abschätzungen	Zeugenaussagen für Bürgerberatungen
Experten	Beifügung von Werten & (Suche nach Optionen)	**Gruppendelphi: Expertenurteile**	Teilnahme an Podiumsdiskussion oder Videostatement
Bürger	Beifügung und Modifikation von Werten & Optionen	Übertragung der Expertenurteile in Nutzenkategorien	**Bewertung und Empfehlung von Optionen**
Antragsteller	Beifügung von Werten & (Suche nach Optionen)	Einbindung des institutionellen Wissens	Zeugenaussagen für Bürgerberatungen
Forschungsteam	Übersetzung der Werte in Indikatoren	Verifikation der Expertenurteile (Literaturstudie, Review Prozeß)	Erstellung des Bürgergutachtens
Produkte	**Integrierter Wertebaum**	**Auswirkungsprofil für jede Option**	**Rangordnung der Optionen und politische Empfehlungen**

Region Nordschwarzwald. Der Schweizer Fall wurde von O. Renn und T. Webler betreut (Renn 1994, Webler 1994), der zweite von Mitarbeitern der Akademie für Technikfolgenabschätzung in Baden-Württemberg (Stuttgart).

(1) Deponiesuche im Aargau

Für die Standortfestlegung einer Reststoffdeponie im Kanton Aargau wurden in einem ersten Schritt 13 Gemeinden ausgewählt, die als mögliche Deponie-Standorte infrage kamen. Aus jeder der 13 Gemeinden wurden acht Einwohner ausgewählt, die so auf vier Kommissionen verteilt wurden, daß gleich viele Repräsentanten aus jeder möglichen Standortgemeinde in jeder Kommission vertreten waren. Die Aufgabe dieser Kommissionen bestand darin, Kriterien für die Bewertung der möglichen Standorte auszuarbeiten, die Standorte nach diesen Kriterien zu beurteilen und mittels einer Gewichtung der Kriterien eine Rangordnung der möglichen Standorte festzulegen.

Zu diesem Zweck erhielten die Kommissionsmitglieder technische Informationen, sie konnten sich in Vorträgen und Anhörungen über Risiken und Probleme von Deponien informieren, sie besichtigten die potentiellen Standorte und führten eine systematische Bewertung dieser Standorte durch. Dazu erstellten sie zunächst einen hierarchisch geordneten Wertbaum, in dem alle Werte und Auswirkungsdimensionen, die für die Kommissionsmitglieder von Bedeutung waren, zusammengefaßt waren. Aus diesem Wertbaum wurden dann deduktiv Kriterien und Indikatoren erarbeitet, mit deren Hilfe jeder Standort auf einer Skala von +2 bis -2 beurteilt werden konnte. Um die Beurteilung zu erleichtern, erhielten die Teilnehmer die Ergebnisse eines im Frühjahr 1993 durchgeführten Experten-Workshops nach dem Gruppendelphi Verfahren. Daran nahmen sieben Deponie-Experten teil, deren Aufgabe es war, für jeden Standort ein Eignungsprofil nach den von den Kommissionen erarbeiteten Kriterien zu erstellen. Dabei bearbeiten die Experten nur die Kriterien, die technisches Expertenwissen verlangten. Die Gewichtung der Kriterien blieb weiterhin den Kommissionsmitgliedern überlassen.

In einem abschließenden Workshop bewerteten alle vier Kommissionen getrennt voneinander die einzelnen Standorte, einigten sich innerhalb der Kommission auf die Kriteriengewichte und führten mit diesen Vorgaben eine Nutzwertanalyse durch. Diese Analyse erbrachte für alle Kommissionen eine Rangfolge der möglichen Standorte. Dabei wurden in allen vier Kommissionen einstimmige Ergebnisse sowohl hinsichtlich der Rangfolge der Standorte als auch der weiteren Empfehlungen erzielt. Obwohl die vier Kommissionen unabhängig voneinander tagten und jeweils ihre eigenen Kriterien für die Bewertung entwickelten, lagen die Ergebnisse der

Empfehlungen kaum auseinander. Um die verbleibenden Differenzen auszugleichen und die vier Kommissionsvoten in eine Form zu integrieren, wurde aus den vier Kommissionen ein Kommissionsausschuß (Superkommission) gebildet, der in einer eintägigen Veranstaltung eine gemeinsame Empfehlung erarbeitete. Diese Empfehlung umfaßte zunächst die Rangordnung der weiter zu untersuchenden Standorte, darüber hinaus aber auch konkrete Handlungsempfehlungen für die technische Umsetzung des Deponiekonzeptes.

Die Arbeit der Kommissionen wurde durch eine Behördendelegation begleitet, die sich aus jeweils einem Vertreter der potentiellen Standortgemeinden und dem Leiter des Baudepartements zusammensetzte. Aufgabe der Behördendelegation war es, die Arbeiten der Kommissionen kritisch zu begleiten und deren Empfehlungen entgegenzunehmen, intensiv zu diskutieren und eine eigene Empfehlung für die weitere Bearbeitung der Deponiesuche zu formulieren. Im November 1993 hat sich die Behördendelegation dem Votum des Kommissionsausschusses angeschlossen. Allerdings wurde im weiteren Verlauf der Standortsuche die ursprüngliche Reihenfolge der drei besten Standorte zugunsten einer gleichwertigen und simultanen Untersuchung dieser Standorte auf ihre Eignungsfähigkeit aufgegeben.

(2) Abfallplanung im Nordschwarzwald

Im Projekt Abfallplanung im Nordschwarzwald sind nicht nur Standortfragen, sondern auch konzeptionelle Überlegungen zur Abfallplanung in die Beteiligungsmaßnahme einbezogen. Bis zum Jahr 2005 müssen alle Landkreise ein funktionierendes Abfallwirtschafts- und Abfallbehandlungskonzept umgesetzt haben. Ab diesem Zeitpunkt muß der gesamte Hausmüll, der nicht über das Duale System Deutschland entsorgt wird, vor der Deponierung zuerst technisch vorbehandelt werden. Die Behandlung des Restabfalls bereitet den Planungsträgern erhebliche Schwierigkeiten, da die Öffentlichkeit in diesen Fragen besonders sensibilisiert ist. In dem Verfahren müssen die Bürger beispielsweise auch ihren eigenen Wohnort als möglichen Standort für eine Abfallanlage zur Diskussion stellen. Hieran kann ermessen werden, daß die Ansprüche des gewählten Vorgehens bezüglich der fachlichen wie auch der sozialen Kompetenz aller Beteiligten sehr hoch sind.

Das Projekt ist in drei Phasen gegliedert: In der ersten Phase ging es um die Bestimmung der zu erwartenden Abfallmengen. In der zweiten Phase stand die Wahl des technischen Behandlungskonzeptes für den Restabfall im Vordergrund. Als Optionen wurden biologisch-mechanische Verfahren, die thermische Behandlung oder verschiedene Kombinationsmöglichkeiten diskutiert. In beiden Phasen wurden die

Empfehlungen an die Politiker durch Verhandlungen am „Runden Tisch" mit insgesamt 16 in Abfallfragen erfahrenen Interessengruppen erarbeitet (Ergebnisse in Akademie 1994). In der dritten Phase steht nunmehr die Standortsuche für die ausgewählten technischen Anlagen im Vordergrund. Diese Aufgabe soll nach dem Verfahren der Bürgerforen durchgeführt werden. Während der ersten beiden Phasen wurden Fachleute als Auskunftspersonen zu den Mediationssitzungen eingeladen und spezielle Gutachten vergeben. In der dritten Phase ist zusätzlich ein Gruppen-Delphi zum Thema „heiße versus kalte Verfahren" vorgesehen. Die Ergebnisse dieses Delphis sollen den in den Bürgerforen versammelten Bürgern bei ihren Beratungen helfen.

8. Möglichkeiten und Grenzen des kooperativen Diskurses

Das Verfahren des kooperativen Diskurses hat den Vorteil, daß es zwischen Werterhebung, Faktenermittlung und Abwägung trennt und dafür verschiedene Verfahrensschritte vorschlägt. Darüber hinaus lassen sich die im dritten Schritt eingesetzten Bürgerforen beliebig vervielfachen. Mehrere parallel arbeitende Bürgerforen mit identischer Aufgabe bieten den besonderen Vorteil, daß zufällige gruppendynamische Entwicklungen oder Rückfälle in erfolgsorientierte Verhaltensweisen durch die anderen Gruppen kompensiert werden können. Gleichzeitig wächst die legitimatorische Kraft der Empfehlungen, wenn mehrere unabhängig voneinander arbeitende Gruppen zu ähnlichen oder sogar identischen Empfehlungen kommen[4]. Allerdings beruht das Verfahren der Bürgerforen auf der expliziten Zustimmung der politischen Entscheidungsträger und der relevanten Parteien, die Empfehlung der Bürger zumindest zu berücksichtigen, wenn nicht sogar für einen selbst als verbindlich anzuerkennen. Gleichzeitig müssen die Profile und faktischen Analysen so aufbereitet sein, daß ein Nichtfachmann mit ihnen umgehen kann. Die Praxis hat jedoch gezeigt, daß Wissenschaftler und Interessengruppen die Urteilskraft des Bürgers meist unterschätzen. Sofern die faktischen Zusammenhänge eingehend erläutert und die Inter

---

4 Entgegen aller intuitiven Vermutung ist dieser Fall relativ häufig. Die Erfahrungen mit Planungszellen als auch mit den von uns organisierten Bürgerforen haben gezeigt, daß die Urteile der Büger in den parallelen Gruppen meist eng beieinander liegen. Gelegentlich kommen Ausreißer vor, die aber dann durch besondere Ereignisse erklärt werden können.

essen und Werte der beteiligten Parteien transparent gemacht werden, sind Bürger durchaus in der Lage, sachlich richtige und politisch faire Empfehlungen vorzuschlagen.

Um dieses Ziel zu erreichen, ist das unmittelbare und verständigungsorientierte Gespräch zwischen Personen an einem Tisch Voraussetzung. Die Personenanzahl ist dabei grundsätzlich beschränkt. So positiv diese Beschränkung sich auf die Diskursführung auswirkt, so problematisch ist sie für die Legitimationskraft der Empfehlungen nach außen. Denn die geringe Zahl der Teilnehmer engt den Grad der kollektiven Verbindlichkeit der erarbeiteten Empfehlungen ein. Auch die Forderung, daß Delegierte von Interessengruppen ihre Erkenntnisse in ihre Gruppen zurücktragen sollen, ist noch keine Garantie dafür, daß das Verfahren für eine breite Öffentlichkeit transparent und nachvollziehbar gestaltet werden kann. Mediationsgruppen, Runde Tische oder Bürgerforen sind keine Verfahren mit großer Breitenwirkung. Diese Verfahren sind deshalb auf zusätzliche Maßnahmen der Öffentlichkeitsarbeit und der Kommunikation mit außenstehenden Gruppen angewiesen. Inwieweit damit die Legitimation von Ergebnissen aus der Beteiligung gegenüber Nichtbeteiligten verbessert werden kann, läßt sich aufgrund der geringen Erfahrungen, die bislang mit diesen Instrumenten gesammelt worden sind, noch nicht abschließend beurteilen. Allerdings deuten Befragungen nach Planungszellenverfahren und die ersten Auswertungen der Mediationsverfahren auf eine erhöhte Legitimation der Verhandlungsergebnisse für Außenstehende hin (vgl. Dienel 1989; Wiedemann u.a. 1994; und Renn 1994).

Ein weiterer Kritikpunkt an der Ausweitung von mediativen Verfahren ist die Gefahr einer Substitution von vorsorgeorientierter Umweltpolitik durch eine Politik nach dem Zustimmungsprinzip. Umweltpolitische Maßnahmen sind im Rahmen der Diskurslogik dann gerechtfertigt, wenn sie von allen Beteiligten als akzeptabel angesehen werden. Im Sinne einer vorsorgeorientierten Umweltpolitik darf es aber nicht bei der Feuerlöschfunktion von Mediationsverfahren bleiben. Der besondere informelle Charakter des Instrumentariums kann im Extremfall zu einer Reduktion vorsorgeorientierter Umweltplanung führen. Eine Flexibilisierung der Planung durch Einbezug der Interessengruppen sollte die vom Vorsorgeprinzip getragenen Umweltschutzziele nicht infrage stellen, selbst wenn eine temporäre Koalition von gesellschaftlich wirksamen Kräften eine solche Aufweichung empfiehlt. Bemühungen um eine stetige Erfolgskontrolle von Umweltplanungsinstrumenten und die Bilanzierung der Umweltzustände sind deshalb Ziele, die unabhängig vom Votum der an Beteiligungsmaßnahmen mitwirkenden Gruppen und Bürgern Bestand haben müssen.

Schließlich ist jede Beteiligung an einen Auftrag und ein Mandat gebunden. Die Festlegung dieses Mandats untersteht in den meisten Fällen der auftraggebenden Behörde. Ein zu enges Mandat kann dazu führen, daß sich die Beteiligung auf eine Akzeptanzbeschaffungsmaßnahme für die Durchsetzung unpopulärer Entscheidungen beschränkt. Ein zu weites Mandat kann die Entscheidungsfähigkeit des Beratungsgremiums außer Kraft setzen oder auch endlose Grundsatzdiskussionen vom Zaun reißen. Hier den richtigen Mittelweg zu finden, ist nicht einfach, vor allem bei komplexen und vernetzten Problembereichen. Je komplexer die behandelten Themen werden, desto mehr Wert muß auf die jeweilige Eingrenzung und Beschneidung der Fragestellung gelegt werden.

9. Schluß

Die Notwendigkeit partizipativer Diskurse im Bereich der Umweltpolitik ergibt sich aus der Problematik, daß kollektive Entscheidungen in immer stärkerem Maße zeitlich und räumlich weitreichende Konsequenzen haben, unser Wissen über diese Wirkungszusammenhänge immer komplexer und spezialisierter wird und gleichzeitig die von Entscheidungen Betroffenen Mitspracherechte an der Gestaltung ihrer Lebenswelt einfordern (Beck 1986; Fiorino 1989). Wissen ohne Partizipation verletzt das Grundrecht eines fairen Interessenausgleichs zwischen den verschiedenen Parteien; Partizipation ohne Wissen führt zum Dilettantismus und damit zu Handlungsfolgen, die sich niemand wünschen kann. Eine rationale und strukturierte Beteiligung der betroffenen Bürger versucht, beiden Anforderungen in gleicher Weise gerecht zu werden: die Handlungsfolgen müssen rational durchdacht und die damit verbundenen Interessen fair ausgehandelt werden.

So sehr diskursive Verfahren Umweltpoltik bereichern und möglicherweise die in allen Umfragen zur Umweltpolitik zum Ausdruck kommende Politikverdrossenheit konstruktiv in Mitverantwortung überführen können, so sind Diskurse keine magischen Instrumente zur Akzeptanzbeschaffung oder zur Systemintegration. Sie können ihr Ziel der Rückgewinnung lebensweltlicher Autonomie nur dann erreichen, wenn die politisch Verantwortlichen den Diskursteilnehmern einen Vertrauensvorschuß gewähren und neue Handlungsspielräume eröffnen. Wenn es um nachträgliche Absegnung bereits getroffener Entscheidungen geht, versagt nicht nur das Instrument des Diskurses (und zwar zu Recht), es wirkt dann auch noch zusätzlich kontraproduktiv: Auch der Rest der noch verbliebenen politischen Glaubwürdigkeit wird verspielt. Aus diesem Grunde sollten diskursive Verfahren nur dann in Erwägung gezogen werden, wenn folgende Bedingungen erfüllt sind (vgl. auch Karger und Wiedemann 1994):

- *Klares Mandat und Zeitraster für die am Diskurs beteiligten Parteien oder Individuen:* Allen Beteiligten muß vor dem Diskurs klar sein, welche Aufgabe ihnen anvertraut wurde und welche Handlungsspielräume sie besitzen. Jede Entscheidung ist immer in einen Kontext eingeordnet, der durch vergangene Entscheidungen vorbestimmt wurde. Inwieweit diese vorangegangenen Entscheidungen noch revidierbar sind, bedarf der eingehenden Klärung vor Beginn des Diskurses. Alle beteiligten Personen müssen die Grenzen des Mandats genau kennen und diese auch annehmen, sofern sie am Diskurs teilnehmen wollen. Ebenfalls muß deutlich werden, zu welchem Zeitpunkt Empfehlungen benötigt werden, damit sie noch in den politischen Entscheidungsprozeß einfließen können. Der Diskurs sollte aber nicht unter Zeitdruck geraten.
- *Faire Auswahl der Diskursteilnehmer:* Je nach Fragestellung sind organisierte Gruppen, Anwohner oder nach dem Zufallsprinzip ausgewählte Personen auszuwählen. Die Wahl muß plausibel begründbar sein. Im Zweifelsfalle ist es besser, die Zahl der Beteiligten zu erweitern als eine Gruppe auszuschließen.
- *Einhaltung der verständigungsorientierten Vorgehensweise innerhalb des Diskurses:* Viele Verfahren beginnen häufig mit der besten Absicht, die Regeln des Diskurses einzuhalten. Bei der ersten Belastungsprobe läuft aber alles wieder nach strategischen Verhaltensmustern ab. Statusunterschiede werden ausgespielt und Argumente durch Rhetorik und Unterstellungen ersetzt. Um diese „Entgleisung" in die Maschen erfolgsorientierter Verhandlungsführung zu vermeiden, ist es notwendig, die Regeln der Gesprächsführung von vornehereim mit den Beteiligten zu diskutieren und einstimmig zu verabschieden. Dies ermächtigt den Moderator, auf die Einhaltung der von allen akzeptierten Regeln zu achten.
- *Rückkopplung der Diskursergebnisse an die engere und weitere Öffentlichkeit:* Im Rahmen von Mediationsverhandlungen mit Interessengruppen ist es wichtig, die in jeder Verhandlung erreichten Teilergebnisse von den Klienten oder Gruppenmitgliedern der jeweiligen Diskursteilnehmer bestätigen zu lassen. Wartet man bis zum Endergebnis, ist eine Zustimmung der jeweiligen Gruppe selten zu erreichen, weil die anderen Gruppenmitglieder am Prozeß der Konsensfindung nicht beteiligt waren und die gefundene Lösung dann auch nicht mehr schrittweise nachvollziehen können. Eine explizite Rückkopplung aller Teilergebnisse ermöglicht es den Gruppen, in jedem Teilschritt zustimmende oder ablehnende Voten abzugeben, Nachverhandlungen zu fordern oder neue Gesichtspunkte einzubringen. Dieser Abstimmungsprozeß hilft den Diskursteilnehmern, ihr Gesicht

vor ihren eigenen Gruppenmitgliedern zu wahren und den möglichen Konsens auf eine breitere Basis zu stellen. In gleicher Weise ist es notwendig, die nicht am runden Tisch versammelte breite Öffentlichkeit über den Prozeß und die jeweiligen Ergebnisse zu informieren, um der Gefahr der Abkapslung des Prozesses vom Alltag der Bürger entgegenzuwirken. Die Glaubwürdigkeit des Verfahrensergebnisses ist weitgehend an die Transparenz des Verfahrens selbst gebunden.

- *Einbindung der Ergebnisse in die politisch legitimierten Entscheidungsverfahren:* Die meisten diskursiven Verfahren, einschließlich des kooperativen Diskurses, sind informelle Prozesse der Erarbeitung von Empfehlungen in der Phase der Entscheidungsvorbereitung. Solche Empfehlungen können nach unserer Verfassung keine bindende Kraft haben (und sollten es auch nicht). Dennoch muß sichergestelllt sein, daß die Adressaten der Empfehlungen im voraus erklären, in welcher Weise sie mit den Empfehlungen umgehen werden. Zum Beispiel können spezielle Anhörungen organisiert werden, in denen die Entscheidungsträger sich ausgiebig von den Diskursteilnehmern über die Empfehlungen unterrichten lassen. Ebenso sollte eine schriftliche Stellungnahme zu den Empfehlungen erfolgen. Ziel ist es letztlich, die Methode der verständigungsorientierten Konsensfindung auch ein Stück weit in den politischen Prozeß der Entscheidungsfindung hineinzutragen, um damit die politische Kultur von den vorherrschenden strategie- und positionsbezogenen Entscheidungsverfahren zu entlasten und durch argumentative Begründungsverfahren zu bereichern.

Der hier vorgestellte kooperative Diskurs ist dabei eine von vielen Möglichkeiten, zu einer sinnvollen Konfliktaustragung und vorausschauenden Umweltpolitik zu kommen. Die Forderung nach einem kooperativen Diskurs ist daher nicht nur ein Anliegen zur rationalen Bewältigung der Umweltprobleme, sondern auch ein Instrument zur Gestaltung einer lebendigen und dynamischen politischen Kultur in Deutschland.

Literatur

Akademie für Technikfolgenabschätzung, *Bürgergutachten, Bürgerbeteiligung an der Abfallplanung für die Region Nordschwarzwald*. Bürgergutachten Teil I: Restabfallmengenprognose, Band 1: Empfehlungen; Band 2: Dokumentation; Bürgergutachten Teil II: Technik der Restabfallbehandlung, Band 1: Empfehlungen (Akademie: Stuttgart 1994)

Amy, D.J.: *The Politics of Environmental Mediation*, Cambridge University Press, Cambridge und New York 1987.

Austin, J.: *How to Do Things with Words*, Harvard University Press, Cambridge 1969.

Bacow, L.S. und Wheeler, M.: *Environmental Dispute Resolution*, Plenum, New York 1984.

Barber, B.R.: *Strong Democracy: Participatory Politics for a New Age*, University of California Press, Berkeley 1984.

Beck, U.: *Die Risikogesellschaft. Auf dem Weg in eine andere Moderne*, Suhrkamp, Frankfurt/Main 1986.

Burns, T.R. und Überhorst, R.: *Creative Democracy: Systematic Conflict Resolution and Policymaking in a World of High Science and Technology*, Praeger, New York 1988.

Claus, F. und Wiedemann, P. (Hrsg.): *Umweltkonflikte. Vermittlungsverfahren zu ihrer Lösung*, Blottner, Taunusstein 1994.

Crosby, N.: *Citizen Panels: A New Democratic Process for Risk Management*, Paper presented at the National Conference, American Society for Public Administration, Boston, MA. 1987.

Crosby, N., Kelly, J. M. und Schaefer, P.: „Citizen Panels: A New Approach to Citizen Participation," *Public Administration Review*, 46, 1986, 170-178.

Dienel, P.C.: *Die Planungszelle*, Westdeutscher Verlag, Opladen 1978, 3. erweiterte Auflage 1992.

Dienel, P.C.: „Contributing to Social Decision Methodology: Citizen Reports on Technological Projects," in: C. Vlek und G. Cvetkowich (Hrsg.), *Social Decision Methodology for Technologial Projects*, Kluwer Academic Press, Dordrecht 1989, S. 133-150.

Etzioni, A.: *The Spirit of Community. Rights, Responsibilities and the Communitarian Agenda*, Crown, New York 1993.

Fisher, R. und Ury, W.: *Das Harvard-Prinzip*. Zweite Auflage, Campus, Frankfurt/Main 1988.

Fietkau, H.-J.: *Mediationsverfahren im Umweltschutz – Psychologische Ansätze für Forschung und Praxis*, Schriftenreihe des Wissenschaftszentrums Berlin, WZB, Berlin 1991.

Fiorino, D. J.: „Citizen Participation and Environmental Risk: A Survey of Institutional Mechanisms", *Science, Technology, & Human Values*, 15, Nr. 2 (1990), 226-243.

Fiorino, D. J.: „Technical and Democratic Values in Risk Analysis", *Risk Analysis*, 9, Nr. 3 (1989), 293-299.

Folberg, J. und Taylor, A.: *Mediation: A Comprehensive Guide to Resolving Conflicts Without Litigation*, Jossey-Bass, San Francisco 1984.

Functowitz, S. O. und Ravetz, J. R.: „Three Types of Risk Assessment: A Methodological Analysis," in: C. Whipple and V. Covello (Hrsg.), *Risk Analysis in the Private Sector*, Plenum, New York 1985.

Geser, H.: „Elemente einer soziologischen Theorie des Unterlassens," *Kölner Zeitschrift für Soziologie und Sozialpsychologie*, 4 (1986), 643-669.

Gaßner, H., Holznagel, B. und Lahl, U.: *Mediation, Verhandlungen als Mittel der Konsensfindung bei Umweltstreitigkeiten*. Reihe Planung und Praxis im Umweltschutz, Economica Verlag, Bonn 1992.

Institut für praxisorientierte Sozialforschung (IPOS): *Einstellungen zu Fragen des Umweltschutzes 1992*, IPOS, Mannheim 1992.

Habermas, J.: „Vorbereitende Bemerkungen zu einer Theorie der kommunikativen Kompetenz," in: J. Habermas und N. Luhmann (Hrsg.), *Theorie der Gesellschaft oder Sozialtechnologie. Was leistet die Systemforschung ?*, Suhrkamp, Frankfurt/Main 1971, S. 101-141.

Habermas, J.: *Theorie des kommunikativen Handelns*. Vol. 1 & 2, Suhrkamp, Frankfurt/Main 1981.

Habermas, J.: *Der philosophische Diskurs der Moderne*, Suhrkamp, Frankfurt/Main 1985.

Habermas, J.: *Faktizität und Geltung. Beiträge zur Diskurstheorie des Rechts und des modernen Rechtsstaates*, Suhrkamp, Frankfurt/Main 1992.

Haller, M.: „Risiko-Management und Risiko-Dialog," in: M. Schüz (Hrsg.), *Risiko und Wagnis. Die Herausforderung der industriellen Welt*. Band 1, Neske, Pfullingen 1990, S. 229-236.

Hoffmann-Riem, W.: „Verhandlungslösungen und Mittlereinsatz im Bereich der Verwaltung: Eine vergleichende Einführung," in: W. Hoffmann-Riem and E. Schmidt-Assmann (Hrsg.), *Konfliktbewältigung durch Verhandlungen*. Vol.1, Nomos, Baden-Baden 1990, S. 13-41.

Holznagel, B.: *Konfliktlösung durch Verhandlungen*, Nomos, Baden-Baden 1990.

Karger, C. und Wiedemann, P.M.: „Fallstricke und Stoplersteine in Aushandlungsprozessen", in: F. Claus und P. Wiedemann (Hrsg.), *Umweltkonflikte. Vermittlungsverfahren zu ihrer Lösung*, Blottner, Taunusstein 1994, S. 195-214.

Kasperson, R. E.: „Six Propositions for Public Participation and Their Relevance for Risk Communication," *Risk Analysis*, 6, Nr. 3 1986, 275-28.

Kathlene, L. und Martin, J.: „Enhancing Citizen Participation: Panel Designs, Perspectives, and Policy Formation," *Policy Analysis and Management*, 10, No. 1, 1991 46-63.

Keeney, R. L., Renn, O., von Winterfeldt, D. und Kotte, U.: *Die Wertbaumanalyse*, HTV Edition, Technik und Sozialer Wandel, München 1984.

Kemp, R.: „Planning, Political Hearings, and the Politics of Discourse," in: J. Forester (Hrsg.), *Critical Theory and Public Life* , MIT Press, Cambridge 1985, S. 177-201.

Luhmann, N.: *Soziologische Aufklärung*, Band 2, Zweite Auflage, Westdeutscher Verlag, Opladen 1982.

Markowitz, J.: „Anmerkungen zum Projektantrag: Vorbeugendes Konfliktmanagment für risikobezogene Entscheidungen", *Manuskript*, Universität Essen, Essen 1991.

Münch, R.: *Basale Soziologie: Soziologie der Politik*, Westdeutscher Verlag, Opladen 1982.

Parsons, T.: *Sociological Theory and Modern Society*, Free Press, New York 1967.

Parsons, T. E.: *Zur Theorie sozialer Systeme*, hrsg. und kommentiert von S. Jensen, Westdeutscher Verlag, Opladen 1976.

Raiffa, H.: *The Art and Science of Negotiation*, Harvard University Press, Cambridge 1982.

Renn, O.: „Risikokommunikation: Bedingungen und Probleme eines rationalen Diskurses über die Akzeptabilität von Risiken," in: J. Schneider (Hrsg.), *Risiko und Sicherheit technischer Systeme. Auf der Suche nach neuen Ansätzen*, Birkhäuser, Basel 1991, S. 193-209.

Renn, O.: *Der kooperative Diskurs: Theorie und praktische Erfahrungen mit einem Deponieprojekt im Aargau*. Arbeitsbericht im Rahmen des Polyprojekts der Eidgenössischen Hochschule Zürich: Sicherheit und Risiko technischer Systeme, ETH, Zürich, November 1994.

Renn, O., Goble, R., Levine, D., Rakel, H. und Webler, T.: *Citizen Participation for Sludge Management*. Final Report to the New Jersey Department of Environmental Protection, CENTED, Clark University, Worcester 1989.

Renn, O., und Levine, D.: „Credibility and Trust in Risk Communication," in: R. Kasperson und P. J. Stallen (Hrsg.), *Communicating Risk to the Public*, Kluwer, Dordrecht 1991, S. 175-218.

Renn, O., Webler T. und Johnson, B. B.: „Public Participation in Hazard Management: The Use of Citizen Panels in the U.S.," *Risk: Issues in Health and Safety*, 197 (Summer 1991), 198-226.

Renn, O., Webler, T., Rakel. H., Dienel, P. C. und Johnson, B.: „Public Participation in Decision Making: A Three-Step-Procedure," *Policy Sciences*, 26 (1993), 189-214.

Renn, O. und Webler, T.: „Konfliktbewältigung durch Kooperation in der Umweltpolitik – Theoretische Grundlagen und Handlungsvorschläge," in: Umweltökonomische Studenteniniative OIKOS an der Hochschule St. Gallen (Hrsg.), *Kooperationen für die Umwelt. Im Dialog zum Handeln*, Ruegger Verlag, Zürich 1994, S. 11-52.

Renn, O., Webler, T. und Wiedemann, P. (Hrsg.): *Fairness and Competence in Citizen Participation*, Kluver, Dordrecht 1995.

Renn, O. und Oppermann, B.: „Bottom-up statt Top-down. Die Forderung nach Bürgermitwirkung als (altes und neues) Mittel zur Lösung von Konflikten in der räumlichen Planung," *Zeitschrift für Angewandte Umweltfragen*, im Druck.

Scheuch, E.K.: „Kontroverse um Energie – ein echter oder ein Stellvertreterstreit," in: H. Michaelis (Hrsg.), *Existenzfrage Energie*, Econ, Düsseldorf 1980, S. 279-293.

Webler, T.: *Experimenting with a New Democratic Instrument in Switzerland: Siting a Landfill in the Eastern Part of Canton Aargau.* Arbeitsbericht im Rahmen des Polyprojekts: Risiko und Sicherheit technischer Systeme an der Eidgenössischen Technischen Hochschule, ETH, Zürich 1994.

Webler, T., Levine, D., Rakel, H. und Renn, O.: „The Group Delphi: A Novel Attempt at Reducing Uncertainty," *Technological Forecasting and Social Change,* 39 (1991), 253-263.

Wiedemann, P., Femers, S. und Nothdurft, W.: „Kommunikatives Konfliktmanagement: Trainingsmöglichkeiten," in: F. Claus und P. Wiedemann (Hrsg.), *Umweltkonflikte. Vermittlungsverfahren zu ihrer Lösung,* Blottner, Taunusstein 1994, S. 215-227.

Zilleßen, H.: „Die Modernisierung der Demokratie im Zeichen der Umweltpolitik," in: H. Zilleßen, P. C. Dienel und W. Strubelt (Hrsg.), *Die Modernisierung der Demokratie,* Westdeutscher Verlag, Opladen 1993, S. 17-39.

Der Homo academicus zwischen strategischer und verständigungsorientierter Kritik

Ulrich Kazmierski

1. Problemstellung

„Kritik ist das Lebenselixier der Wissenschaft" (Peter Ulrich 1989, S. 165). In der Tat gehört das „kritische Geschäft" zu den Selbstverständlichkeiten des Wissenschaftsbetriebes, wenn wir Kolleginnen und Kollegen kritisieren, in Veröffentlichungen zustimmend oder ablehnend zitieren, Studienarbeiten, Forschungsanträge u.ä. begutachten usw.. Sofern „Kritik" oder die „kritische Einstellung" als Inbegriff wissenschaftlicher Methodik angesehen wird,[1] gilt sie als Garant für wissenschaftlichen Erkenntnisfortschritt. Damit ist Kritik für Wissenschaft konstitutiv. Angesichts einer derart überragenden Bedeutung mag eine Betrachtung von Interesse sein, wie wir als „Homo academicus" in Ausübung unserer Tätigkeit mit Kritik umgehen.

Kritik wird auf unterschiedliche Art geübt. Eine eher formal ausgerichtete Kritik zielt ab auf Inkonsistenzen bei der Argumentation oder auf Fehlverwendungen von Begriffen (Begriffskritik). Eine eher inhaltlich ausgerichtete Kritik konzentriert sich auf Vereinbarkeit bzw. Unvereinbarkeit mit anderen Erkenntnissen, auf Akzeptanz grundlegender Annahmen (Fundamentalkritik) oder auf Fortführung bzw. Vertiefung von Aspekten.[2] Wenn mit diesen Arten von Kritik Erkenntnisfortschritt angestrebt wird, dann gilt es als selbstverständlich, daß das zu Kritisierende den Kritikern auch bekannt ist. Ein Bemühen um das „Verstehen" im Sinne des Nachvollzugs der Bedeutung von Gedanken und Argumenten ist demnach unverzichtbar. Eine Kritik,

---

1 Dies gilt v.a. für den Kritischen Rationalismus, der innerhalb der ökonomischen Zunft eine beeindruckende Bekennerschaft besitzt: „Diese Methode der rechtzeitigen Fehlerkorrektur zu verfolgen ist nicht nur eine Weisheitsregel, sondern geradezu eine moralische Pflicht: es ist die Pflicht zur dauernden Selbstkritik, zum dauernden Lernen, zu dauernden kleinen Verbesserungen unserer Einstellung, unserer Urteile [...] und unserer Theorien. [...] Bewußtes Lernen aus unseren Fehlern, bewußtes Lernen durch dauernde Korrektur ist das Prinzip der Einstellung, die ich den kritischen Rationalismus nenne" (Karl R. Popper 1979, S. IX)

2 Matthias Rath entwickelt eine heuristische „Kritik-Typologie", die zunächst die „konstruktivalternative Kritik", die „formale Kritik", die „Fundamentalkritik", die „apologetische Kritik" und die „selbstexplikative Kritik" umfaßt (vgl. 1990, S. 202-204).

ob formal oder inhaltlich, die auf ein „Verstehen" des zu kritisierenden Gegenstandes aufbaut und auf eine „Verständigung" zwischen den Beteiligten abzielt, nenne ich „verständigungsorientiert".

Dieser verständigungsorientierten Kritik steht eine Art von Kritik gegenüber, die nicht am Erkenntnisfortschritt orientiert ist, sondern vielmehr am Austragen von „intellektuellen Kampfspielen".[3] Es geht dabei nicht um ein „Verstehen" und um eine darauf aufbauende „Verständigung", sondern primär um den Sieg der eigenen Position bzw. um die unbedingte Vermeidung von Niederlagen. Hierzu ist es erforderlich, möglichst viele Techniken und Tricks zu beherrschen, um entsprechende Anerkennungserfolge bei wissenschaftlichen Auseinandersetzungen erzielen zu können (vgl. Knut Borchardt 1986, S. 41). Diesen Umgang mit Kritik, der auf „Verstehen" und „Verständigung" verzichtet und in sehr vielfältigen Formen auftreten kann, bezeichne ich als „strategisch orientierte Kritik".

Die von mir vertretene These lautet, daß Erkenntnisfortschritte nur durch eine überwiegend verständigungsorientierte Kritik erreicht werden können. Um diese These zu entwickeln, werde ich zunächst Varianten strategischer Kritik vorführen, die in sozialwissenschaftlichen Zeitschriften dokumentiert sind. Dabei greife ich sowohl auf persönliche Erfahrungen als auch auf Erfahrungen und Einsichten anderer zurück. Ziel dieses Abschnitts ist es, strategisch orientierte Kritik als ein Problem des Wissenschaftsbetriebes und des Erkenntnisfortschritts zu thematisieren (2. Abschnitt). Im 3. Abschnitt werden wesentliche Aspekte der verständigungsorientierten Kritik betrachtet, die Überlegungen vorbereiten, wie der Homo academicus zu mehr Verständigungsorientierung bewegt werden könnte (4. Abschnitt). Da sich diese Betrachtungen auf das Kritikverhalten in sozialwissenschaftlichen Zeitschriften beschränkt, geht es im folgenden nicht um einen umfassenden Versuch, den Homo academicus in seiner Gesamtheit seinen eignen Wertungen zu unterwerfen (vgl. Pierre Bourdieu 1988).

---

3 Der Vergleich mit „Kampf" oder „Kampfspielen" wird bei wissenschaftlichen Auseinandersetzungen des öfteren verwendet. Nach Ansicht von Frank Bardelle werden Buchbesprechungen durch „Kampf" geprägt: „Jede Rezension ist ein Akt, in dem der Kritiker seine Kräfte gegen die des Autors hält. Es gibt eine Herausforderung und jemanden, der die Herausforderung annimmt (oder auch nicht). Jeder dieser Akte (auch einer der Mißachtung) hat etwas mit Kampf zu tun"(1989, S. 55 f.).

2. Strategischer Umgang mit Kritik in wissenschaftlichen Zeitschriften

In der Zeitschrift „Jahrbücher für Nationalökonomie und Statistik" widmet Adolf Wagner meiner Dissertation („Volkswirtschaftslehre und Analytische Handlungstheorie") eine im Vergleich zu üblichen Buchbesprechungen ausführliche „Literaturabhandlung" (vgl. 1991). Diese „Literaturabhandlung" wird geprägt durch Formulierungen wie: „Der geduldige Leser traut seinen Augen kaum, wenn er gelegentlich altbekannte Trivialität und Suggestivfragen gedruckt sieht" (S. 658); es ist die Rede von „zählebigen Irrtümern" (S. 658), vom „mathematischen Analphabet" (S. 659), vom „unausrottbaren Unsinn" (S. 658) u.a.m. Dem Leser dieser „Literaturabhandlung" wird mittels ironischer, polemischer und persönlich-herabsetzender Urteile vorgeführt, wie unzulänglich die Argumentation meiner Dissertation doch sein muß. Unterzieht man sich jedoch der Mühe, Wagners „Literaturabhandlung" mit den Ausführungen meiner Arbeit zu vergleichen, dann läßt sich feststellen, daß diese krassen Urteile in den meisten Fällen auf Entstellungen meiner Ausführungen beruhen. Insbesondere lassen sich drei Entstellungsformen ausmachen:

1. Aussagen meiner Arbeit werden aus ihrem Zusammenhang gerissen und einseitig interpretiert;
2. mehrere Aussagen werden aus ihren Zusammenhängen gerissen und zu neuen Aussagen zusammengestellt, die ich nachweislich nicht intendiert habe;
3. Aussagen werden willkürlich konstruiert und mir „untergeschoben".[4]

In einer weiteren Veröffentlichung wirft Wagner mir vor, in meiner Dissertation bestimmte einschlägige Arbeiten nicht beachtet zu haben.[5] Dieser Vorwurf ist für mich nur vor dem Hintergrund eines allzu selektiven Lesestils des Rezensenten Wagner verständlich, denn die „einschlägige Arbeit von Schmidt" ist durchaus in mein „Blickfeld" geraten. Ein Blick in das Literaturverzeichnis meiner Arbeit hätte Wagner einen ersten Hinweis hierzu geben können.

Diese persönliche Erfahrung mit einer einzelnen Buchbesprechung ist möglicherweise nicht weiter erwähnenswert. Dann nämlich, wenn es sich um einen Einzelfall handeln würde. Bei dem Versuch herauszufinden, ob ich nun ein solcher Einzelfall bin, stieß ich auf Studien über das Rezensionswesen. Eine davon stammt von Heinz Hartmann und Eva Dübbers (1984), in der Buchbesprechungen und ihre Auswirkungen unter die Lupe genommen werden. Buchautoren, deren Neuerscheinungen 1980 in der „Soziologischen Revue" besprochen wurden, hat man u.a. danach be-

---

4 In (Ulrich Kazmierski 1993a) werden diese Entstellungsformen mit Beispielen aus meiner Dissertation eingehender erläutert.
5 "Warum kommt in einer Doktorarbeit über von Wright die einschlägige Arbeit von Schmid (1979) gar nicht ins Blickfeld?" (Adolf Wagner 1993, S. 336).

fragt, wie sie generell zur Kritik als wissenschaftlicher Wertvorstellung stehen und wie sie auf Anerkennung oder Ablehnung ihrer Bücher reagieren. Ziel dieser Befragung ist es, Aussagen über das Kritikverhalten von Rezensenten und Buchautoren zu gewinnen (vgl. 1984, S. 44-46).[6]

Beim Verhalten der Rezensenten stellen Hartmann/Dübbers zwei kritikleitende Strategien heraus. Da ist zunächst die „offen proklamierte Vorgehensweise", die ihr Bewertungsergebnis aus einer „direkten Gegenüberstellung von Soll und Haben einer neuen Veröffentlichung" gewinnt (S. 150). Die zweite Strategie ist eine „nicht offizielle Strategie der Urteilsfindung", die indirekt, uneingestanden, versteckt zum Ziel führt. Diese Strategie bedient sich der „Manipulation des Eindrucks mit Hilfe von Ironie, Übertreibung, Personalisierung und ähnlicher Hilfsmittel" (S. 150). Diese zweite Strategie tritt nach Ansicht von Hartmann/Dübbers in mehreren Varianten auf. Vier dieser Strategievarianten sind:

1. Strategie der Selektivität: Mit ihr werden Auswahlgesichtspunkte unterschlagen, oder zwischen jeweils nützlich erscheinenden Bestandteilen der Argumentation wird opportunistisch gewechselt, oder es wird unbedenklich verallgemeinert.
2. Strategie der manipulativen Gliederung: Hier wird das Meinungsbild durch eine geschickte Anordnung von Zitaten manipuliert. Der große Vorteil dieser Strategie bestehe darin, daß der Rezensent sich selbst nicht übermäßig exponieren muß, sondern das Buch in seiner (offensichtlichen) Unzulänglichkeit für sich selbst sprechen läßt.
3. Strategie der Ironisierung, deren Verwendung insgesamt am deutlichsten und beliebtesten sei.
4. Strategie der subjektiven Vorabbewertung: Hierbei handelt es sich um den Einsatz von Wertungen, die an die Leser gebracht werden sollen, ohne diese Wertungen explizit auszusprechen (vgl. 1984, S. 154-158).[7] Diese „nicht-offizielle Strategie" mit ihren Varianten besitzt nach Ansicht von Hartmann/Dübbers einen „merkwürdigen Status": Kommt diese Strategie ausdrücklich zur Sprache, findet sie Mißbilligung und weckt den Ruf nach Sanktionen. Andererseits sei es durchaus möglich, daß ihr Einsatz nicht nur hingenommen wird, sondern „je nach Kunstfertigkeit und Erfolg sogar Bewunderung hervorruft" (S. 150). Trotz gro

---

6 Insgesamt antworteten 363 Autorinnen und Autoren, die 65% der insgesamt Angesprochenen darstellten.
7 Als drastische Beispiele werden von Hartmann/Dübbers aufgeführt: „Wozu wird Druckerschwärze für Sätze wie etwa den folgenden aufgewendet" oder „Das alles wäre noch zu ertragen; vollends inakzeptabel wird das Buch durch seine peinliche moralisierende Tonart" oder „Die Schrift verbleibt auf dem Niveau von Stammtischgesprächen. Man muß sich fragen, wen der Autor mit derartigen Veröffentlichungen zu beeindrucken hofft" (1984, S. 157).

ßer Verbreitung werde diese „nicht-offizielle Strategie" erstaunlich selten thematisiert. Stattdessen liefere ihr Einsatz „Stoff für Anekdoten", der zum Gegenstand von „kollegialem Klatsch" absinkt (vgl. S. 150 f.).

Vergleicht man die Ergebnisse dieser Studie mit dem Kritikverhalten von Wagner in seiner „Literaturabhandlung", dann lassen sich seine Entstellungen meiner Aussagen in den Varianten der „nicht-offiziellen Strategie" wiederfinden. Dies ist m.E. ein Anhaltspunkt dafür, daß Wagners strategisches Kritikverhalten bzw. meine Erfahrung mit seiner „Literaturabhandlung" kein Einzelfall ist.

Eine weitere Studie über das Rezensionswesen von Frank Bardelle (1989) belegt den Stellenwert der strategisch orientierten Kritik. Anhand ausgewählter Rezensionen erläutert Bardelle seine Rezensions-Typen wie „Hase und Igel"[8], „Katz und Maus"[9], „Dolch im Gewande"[10], „Knock-out"[11], „Kampf der Giganten"[12] u.a.m.. Da es sich bei diesen Gestalten eher um Gesamtstrategien handelt, in denen eine oder mehrere Varianten der o.g. „nicht-offiziellen Strategie" enthalten sind bzw. neue Varianten hinzutreten, ist eine eindeutige Zuordnung zu anderen Rezensionen (z.B. zu Wagners Kritikverhalten) nur schwer möglich.[13][14]

---

8 "Der Rezensent spielt die Rolle des Igels und dessen Frau in einer Person. Wo immer der kritisierte Autor auch hinzugelangen versuchte oder tatsächlich hinzugelangen vermochte, der Kritiker ist schon (längst) da und lächelt ihm mal wohlwollend freundlich, mal herablassend zynisch, immer aber ausgeruht entgegen" (Frank Bardelle 1989, S. 56).

9 "Der Rezensent ist dem Autor eindeutig überlegen, läßt daran nicht den geringsten Zweifel und verspeist Werk und Verfasser mit Haut und Haaren. Dies jedoch geschieht nicht kurz und schmerzlos. Die kritisierte Arbeit wird zum Objekt eines unbarmherzigen Spiels, das sich beträchtlich hinziehen kann" (Frank Bardelle 1989, S. 56 f.).

10 "Der Rezensent spart (zunächst) nicht mit Lob. Großzügig verteilt er ein Kompliment nach dem anderen und baut den Autor und dessen Werk systematisch auf. Die Serie der Huldigungen scheint nicht abreißen zu wollen, doch spürt man schnell: Zwischen den Zeilen wird das Messer schon gewetzt" (Frank Bardelle 1989, S. 58 f.).

11 "Ein schneller, harter Schlag, der das absolute 'Aus' bedeutet. Das rezensierte Werk scheint selbst dieser kurzen Prozedur kaum wert, und der vernichtete Herausforderer wird keines weiteren Blickes gewürdigt" (Frank Bardelle 1989, S. 58).

12 "Der Rezensent, selbst ausgestattet mit den höchsten Weihen, trifft auf einen anderen Meister seines Faches, den er offensichtlich aufrichtig respektiert, dessen Ansichten er aber ganz und gar nicht teilen kann. Die Einleitung der Besprechung beschwört Bilder herauf, die an die Eröffnungsrituale fernöstlicher Kampfsportarten denken lassen, wo die Kontrahenten einander mit ausgesuchter Höflichkeit über ihre jeweilige Schule und ihren jeweiligen Rang, d.h. über die Provenienz und Grad ihrer Fähigkeiten in Kenntnis setzen" (Frank Bardelle 1989, S. 61).

13 Bardelles Erfahrung ist, daß man häufig auf Mischformen treffe, „in denen sich Elemente und Momente verschiedener Typen mehr oder weniger verbinden. Eindeutige Identifikationen und Zuordnungen gestalten sich so mitunter schwierig" (1989, S. 63).

14 Allerdings ist der Fall eines allzu forsch vorpreschenden Rezensenten nicht unbekannt: Sich auf S. Sudhof stützend, beschreibt Bardelle, „wie peinlich es werden kann, wenn ein Rezensent [...] einem Autor angebliche Versäumnisse zuweist, die sich dann als Defizite in der Belesenheit und der Kompetenz des Kritikers herausstellen" (1989, S. 55).

Die Zeitschrift „Ethik und Sozialwissenschaften" (EuS) ist hinsichtlich ihrer Gestaltung einzigartig im deutschsprachigen Raum. Als „Streitforum für Erwägungskultur"[15] ist EuS ein „Forum der Auseinandersetzung zwischen verschiedenen Schulen, Strömungen, Richtungen", dessen Aufgabe darin besteht, „mittels Repräsentation der Vielfalt die Einschränkungen durch die Interessen jeweiliger Richtungen aufzuheben, um hierdurch zu besseren Begründungen und möglicherweise höherer Verantwortbarkeit gelangen zu können".[16] Konkret wird diese Aufgabe mit zwei Elementen angegangen: der „Diskussionseinheit" und der „Metakritik". Die „Diskussionseinheit" besteht wiederum aus drei Elementen: einem „Hauptartikel", „Kritiken" zu diesem Hauptartikel und einer „Replik" vom Verfasser des Hauptartikels, in der er seinen Kritikerinnen und Kritikern antwortet. Bei der „Metakritik" sollte es „nicht um eine Weiterführung der inhaltlichen Diskussionen gehen", sondern darum, „Auseinandersetzungsformen in den Diskussionseinheiten [zu] reflektieren" sowie die „repäsentierte Spannbreite der Vielfalt zu ordnen versuchen". Ein „richterliches Entscheiden" ist nicht Aufgabe der „Metakritik".[17] Insgesamt läßt sich EuS als eine Institution verstehen, die das „kritische Geschäft" als „Erwägungskultur" nicht nur fördern, sondern auch transparent machen will.

Inwiefern beeinflußt diese besondere Gestaltung von EuS strategisch orientierte Kritik? Wie bereits bei den Buchbesprechungen beginne ich mit persönlichen Erfahrungen, die dann durch Erfahrungen der Herausgeber sowie Erfahrungen anderer Autoren ergänzt werden. Zu meinem Hauptartikel „Grundlagenkrise in der Volkswirtschaftslehre"[18] wurden insgesamt 22 Kritiken verfaßt. Sofern strategisch orientierte Kritik festgestellt werden kann, wird sie überwiegend von Gegnern, aber mitunter auch von Befürwortern meiner „Diagnose" von einer Grundlagenkrise eingesetzt. Im folgenden beschränke ich mich auf die Darstellung von vier Varianten der strategischen Orientierung, wie sie in den Kritiken zu meinem Hauptartikel zu finden sind:

1. Nutzung der Kritik zur Selbstdarstellung: Bei dieser Variante geht es weniger um die Auseinandersetzung mit den Inhalten des Hauptartikels, als vielmehr um die Darlegung eigener Vorstellungen. So nutzt z.B. Walter Ötsch die Kritik als Gelegenheit, seine eigenen Vorstellungen von einer „Grundlagenkrise der formalen Volkswirtschaftslehre" zu präsentieren, ohne erkennbar auf den zu kritisierenden

---

15 So der Untertitel von EuS.
16 Zitiert aus dem „Eus-Programm", das am Ende jeder Eus-Ausgabe abgedruckt ist.
17 Vgl. „Eus-Programm".
18 In: EuS 4 (1993) Heft 2.

Hauptartikel einzugehen (vgl. 1993). Peter Weise ist ein weiterer Kritiker, der sich dieser Variante bedient, indem er es ablehnt, sich mit anderen Ansätzen als dem „Alternativkosten-Ansatz" zu beschäftigen.[19]

2. Ausweichmanöver: In der ersten Kritikrunde legt Birger P. Priddat dar, daß ein von mir geforderter „fairer Grundlagenstreit" deswegen zwecklos sei, weil aufgrund der Wittgensteinschen Sprachspielinterpretation „die Grundlagen differenter Sprachspiele differente sind" (1993a, S. 318). Demnach sei eine Beurteilung konkurrierender Sprachspiele nach „besser"/ „schlechter" gar nicht möglich, weil jedes Sprachspiel seine eigene und legitime Wahrheit besitzt. In der ersten Replik habe ich dieses Problem aufgenommen und zu zeigen versucht, daß eine Berufung auf Wittgensteins Spätphilosophie keinerlei Nachweise für die „Zwecklosigkeit" eines Grundlagenstreits zu liefern vermag. In der zweiten Kritikrunde weicht Priddat dieser Gegenargumentation aus: Gegenstand seiner zweiten Kritik ist meine gesamte erste Replik mit Ausnahme der Punkte, die die „Zwecklosigkeit" eines fairen Grundlagenstreits betreffen. Ein begonnener Dialog über ein fundamentales Problem ist auf diese Weise nicht weitergeführt worden.

3. Ironische, polemische, zynische Zumutungen. Hierzu Beispiele, die für sich selbst sprechen: „Vorsätzliche, zumindest jedoch grob fahrlässige Reflexionsverweigerung in den Ausprägungen offen und verdeckt, fortgesetzter Positivismus (Pfui Deibel!), psychopathologische Vorurteilsbeladenheit sowie neurotische Verleumdungs-, Rationalisierungs- und Diffamierungspraktiken" (Guido Henkel 1993a, S. 303). Oder Hans G. Nutzinger: Meine Ausführungen seien „garniert mit einem Paderborner Allerlei wissenschaftsphilosophischer Zutaten" (1993a, S. 314), damit würde „ein generelles Unbehagen vorgetragen und gelegentlich zur Bußpredigt gesteigert" (S. 316).

4. Argumentation mit Unterstellungen und Manipulationen: Als Beispiel hierfür ist Wagners Kritik zu nennen, die damit gewissermaßen eine Fortsetzung seiner „Literaturabhandlung" darstellt. Wenn Wagner fragt: „Wie kann man nur – wie Kazmierski – auf den Gedanken verfallen, daß diese so definierte Grundlagenkrise überhaupt und dann ein für allemal lösbar wäre?!" (1993, S. 336), dann zeigt sich auch hier eine gewisse Unkenntnis, zumindest aber eine ziemlich oberflächliche Kenntnisnahme meiner Ausführungen. Ähnliches gilt für Wagners Urteil: „Von Politikberatung durch Wirtschaftswissenschaftler hat Kazmierski keine Ahnung" (1993, S. 336). Diese Kritik beinhaltet Unterstellungen, die aus der Luft gegriffen sind und mit denen Wagner offensichtlich ein bestimmtes Meinungsbild erzeugen möchte.[20]

---

19 "Warum sollte der Ökonom sich [...] umorientieren und die dürre Gedankensteppe und den Trivialitätenverhau der anderen Sozialwissenschaften betreten?" (Peter Weise 1993, S. 340).
20 Vgl. hierzu meine Replik in (1993c), S. 352.

Auch diesen vier Varianten strategisch orientierter Kritik ist gemeinsam, daß es auf ein „Verstehen" meiner Ausführungen nicht anzukommen scheint und eine verständigungsorientierte Auseinandersetzung nicht gesucht wird. Beim Einsatz von Ironie, Polemik u. ä. ist allerdings zu berücksichtigen, daß eine strategische Orientierung nicht in jedem Fall vorliegen muß, allerdings als entsprechendes Stilmittel für diese Orientierung häufig Verwendung findet. Auch an diesem Punkt stellt sich die Frage, ob diese Erfahrungen mit EuS-Kritiken ein Einzelfall ist.

Die Herausgeber von EuS gehen davon aus, daß es in Ethik und Sozialwissenschaften eine Vielfalt an Positionen gibt, die sich abschotten, einander bekämpfen, sich ignorieren, in Gegnerschaften aufschaukeln usw. Sie sprechen von „latenten und manifesten Grundlagenkrisen [...], die sich in wiederkehrenden Grundlagenstreiten äußern" (Frank Benseler/Bettina Blanck/Rainer Greshoff/Werner Loh 1992, S. 650). Es ist daher nicht verwunderlich, daß sich diese Situation in EuS-Diskussionseinheiten widerspiegelt. Die Hoffnung, daß in EuS nicht nur kritisiert wird, sondern daß vor allem auch die Kriterien für Kritik und deren Einschätzungen erörtert werden, habe sich bisher jedoch nicht erfüllt. Dies zeige sich:

> „auch darin, daß sich bisher in Beiträgen zu etlichen Hauptartikeln eine Spannbreite von voller Zustimmung bis hin zu gänzlicher Ablehnung äußert. Dies wird besonders in Korrespondenzen deutlich, in denen einerseits für einen Hauptartikel eine Kritik abgelehnt wird, weil dieser noch nicht einmal Minimalanforderungen eines wissenschaftlichen Beitrages erfülle und den man nicht noch durch eine Kritik aufwerten wolle, und andererseits einige eine Kritik zu demselben Hauptartikel deshalb ablehnen, weil es nichts zu kritisieren gebe und man dem Autor bzw. der Autorin nur zustimmen könne" (Frank Benseler/Bettina Blanck/Rainer Greshoff/Werner Loh 1990, S. 6).[21]

Wie strittig wissenschaftliche Standards sind, kann auch an den Vorwürfen und Anerkennungen an die Adresse der Herausgeber abgelesen werden, die beispielsweise im Anschluß an die veröffentlichte Diskussionseinheit von Hannelore Schröder (1992) erhoben bzw. ausgesprochen worden sind.[22]

---

21 Dies wird nochmals in (1992, S. 650) bestätigt.
22 Vorwurf von Liselotte Steinbrügge, Ulla Bock und Marion Klewitz: „Die Tatsache, daß von der Zeitschrift *Ethik und Sozialwissenschaften* der Artikel von Hannelore Schröder als 'Hauptartikel' zur Diskussionsgrundlage gemacht wurde, ist ein neuerlicher Beweis für die hierzulande noch immer vorherrschende Arroganz und Ignoranz des etablierten Wissenschaftsbetriebs gegenüber feministischer Forschung. Wäre dieser Beitrag in einem anderen Bereich als dem der Frauenforschung angesiedelt, so hätten die Herausgeber und die Herausgeberin diese von der Autorin zusammengebraute Mischung aus Wut, Verzweiflung und Inkompetenz, angereichert mit Spurenelementen historischer Frauenforschung nicht als Grundlage für eine Diskussion serviert" (1992, S. 649).
Anerkennung von Gertrud Steege: „Es ist mir ein großes Bedürfnis, Ihnen meine Anerkennung dafür auszusprechen, daß Sie Dr. Schröders Hauptartikel unzensiert publiziert und damit ihr Menschenrecht auf Meinungsfreiheit respektiert haben. Das sollte im Jahre 1992 endlich

Seit ungefähr zwei Jahren diskutieren EuS-Autoren über das in EuS realisierte Diskussionsniveau. Anlaß ist das in EuS praktizierte Kritikverhalten. So beklagt Ulrich Druwe, daß oft weder Kritiker noch Autor des Hauptartikels wirklich miteinander diskutieren wollen. Kritiker gingen nicht wirklich auf die Ausführungen des Hauptartikels ein, andererseits setze sich auch der Autor des Hauptartikels nur unzureichend mit den Kritiken auseinander. Es sei das übliche „Aneinander-vorbei-Gerede" (vgl. 1992, S. 419). In ähnlicher Weise äußert sich Werner Patzelt: Anstatt Gedankengänge auseinanderzunehmen, würde pointensüchtig paraphrasiert. Er habe den Eindruck, daß bei nicht wenigen Kritikern das Interesse an einer Veröffentlichung größer sei, als an kritischen Diskursen teilzunehmen. Eine Kritik in EuS sei eine bequeme Publikationsmöglichkeit (vgl. 1993, S. 205). Diese Unzufriedenheit über das Kritikverhalten bildet eine gemeinsame Plattform, um über eine veränderte Vorgehensweise in EuS nachzudenken: Druwe schlägt vor, den bisherigen Ablauf der Auseinandersetzung so zu verändern, daß der Metakritiker Kritikpunkte sammelt und gewichtet und diese Auswahl dem Autor des Hauptartikels zukommen läßt, der daraufhin seine Replik verfaßt. Auf diese Weise erhofft sich Druwe eine „Steigerung des Diskussionsniveaus" (vgl. 1992, S. 419). Patzelt stimmt Druwes Vorschlag zur Reform des Organisationsablaufs grundsätzlich zu (vgl. 1993, S. 205). Zur „Optimierung der Zeitschrift" schlägt Lutz-Michael Alisch u.a. eine Erweiterung des Gutachterverfahrens von EuS vor, das „Kriterien zur Zulassung von Kritiken" als „unabdingbar" beinhaltet, um „nichtssagende oder platt mißverstehende Stellungnahmen" ebenso zurückweisen zu können, wie „Niemand-versteht-mich-Repliken" (vgl. 1994, S. 195). Einen weiteren Vorschlag zur Verbesserung der Streitkultur in EuS unterbreitet Erich Witte, indem er eine Sichtung der Kritiken und des Hauptartikels durch Metakritiker und Herausgeber für geeignet erachtet, um Verbesserungsvorschläge auszuarbeiten. Anhand dieser Verbesserungsvorschläge sollten Hauptartikel und Kritiken überarbeitet und auf eine Replik verzichtet werden (vgl. 1994, S. 195).

Dieter Bierlein sieht dagegen in Wittes Vorschlag eine deutliche Beeinträchtigung der Verantwortung der Verfasser und plädiert dafür, keine Änderungen vorzunehmen und alles beim alten zu belassen (vgl. 1994, S. 356). Diese Reformdiskussion in EuS dauert noch an.

Derartige Diskussionen, Erfahrungen sowie Ergebnisse von Studien zeigen einerseits, wie weitverbreitet der Einsatz strategisch orientierter Kritik in sozialwissenschaftlichen Zeitschriften ist, andererseits dokumentieren sie auch die Notwendig-

---

selbstverständlich sein, ist es aber leider noch immer nicht, wie ich selbst aus langer Erfahrung weiß: schlimmer noch, Mundtotmachen und öffentliches Verhöhnen von patriarchatskritischen Frauen ist die schamlose Rage auch in den wissenschaftlichen Medien landauf, landab" (1993, S. 371).

keit, diese strategische Orientierung als Problem zu thematisieren. Bevor nun Möglichkeiten zur Realisierung verständigungsorientierter Kritik zur Sprache kommen, sollen einige wesentliche Aspekte der verständigungsorientierten Kritik beleuchtet werden.

3. Was heißt verständigungsorientierte Kritik?

Für die scholastische Disputation im Mittelalter gab es feste Spielregeln: So war es niemandem gestattet, auf den Einwurf des Gesprächspartners unmittelbar zu antworten, sondern man mußte den gegnerischen Einwand mit eigenen Worten wiederholen und sich dabei vergewissern, daß der andere genau das gleiche meine. In einem Streitgespräch hatte man nicht nur das Recht, den anderen zu verstehen, sondern auch, ihn nachdrücklich auf wahr oder falsch hin zu befragen. Dabei war es jedoch verpönt, seinen Gesprächspartner zu bluffen, zu überreden, ihn zu „bearbeiten" oder ihn „fertig zu machen".[23] In diesen Disputationsregeln kommt eine Verständigungsbereitschaft zum Ausdruck, die heute im Sinne einer verständigungsorientierten Kritik als erstrebenswert erachtet wird. In seiner Abhandlung „Wie studiert man Volkswirtschaftslehre?" beschreibt Otmar Spann unter der Überschrift „Die Stellung zum Gegner" in sehr treffender Weise die Verständigungsorientierung:

> „Den Gegner mit dem Vorsatze, ihn zu widerlegen, anzuhören, ist falsch, eine solche Unterredung läuft auf Selbstbetrug hinaus. Man darf erst zum Kritiker werden, nachdem man Schüler gewesen ist. *Man muß den Gegner mit innerem Schweigen anhören*; man muß in sich seine Beweisgründe und sich in ihn selbst ganz hineinversetzen – denn nur so wird man die volle Wucht seiner Wahrheiten in sich aufnehmen können. Nur auf diesem Wege wird man sowohl der Wahrheit gerecht wie auch der Aufgabe der Kritik und der Selbstverteidigung. Dann erst, wenn ich ganz weiß und ermesse, was der andere zu sagen hat, kann ich seine Wahrheiten anerkennen, seine Fehler nachweisen und meine eigene Stellung verteidigen. Wer die Selbstverleugnung nicht aufbringt, den Gegner unter Ausschaltung allen eigenen Widerspruchs verlangend anzuhören, ist nicht von jener Art, welche die wissenschaftliche Forschung erfordert" (Othmar Spann 1949, S. 239; Hervorhebungen im Original).

---

23 Für Paul Feyerabend ist das von Römisch-Katholischen Kirche publizierte „Malleus Maleficarum" (1484) ein Dokument dieser Diskussionshaltung (vgl. 1981, S. 182).

Diese Auffassung von Verständigungsorientierung mit ihrer Gefahr („Selbstbetrug") und ihrer Voraussetzung („Selbstverleugnung") macht deutlich, daß der Homo academicus als Subjekt im Mittelpunkt des „kritischen Geschäfts" steht. Gemeint ist damit die Subjektgebundenheit der Erkenntnis bzw. der Kritik. Sie steht im Gegensatz zu einer strikten Trennung zwischen erkennendem Subjekt auf der einen Seite und objektiver (i.S. subjektunabhängiger) Erkenntnis auf der anderen Seite. Insbesondere der Kritische Rationalismus, für den Kritik gleichbedeutend mit wissenschaftlicher Methode ist, stützt sich auf diese strikte Subjekt-Objekt-Trennung. Indem Popper bei mehreren Gelegenheiten erklärt, „daß die wissenschaftliche Erkenntnis als subjektlos gelten darf" (1974, S. 57) und er eine „Erkenntnistheorie ohne ein erkennendes Subjekt" formuliert,[24] wird Kritik als vollkommen losgelöst von seinen sozialen Trägern betrachtet. Nicht das Verhältnis von Wissenschaft zum Homo academicus interessiert Popper, sondern das Verhältnis von Wissenschaft zur „Wahrheit". Nur vor diesem Hintergrund kann Popper fordern, „falsche Theorien" anstelle der sie vertretenden Wissenschaftler „sterben zu lassen".[25] Diese objektivistische Auffassung von Kritik vermag strategisch orientierte Kritik durchaus zu legitimieren: Die Erreichung des Ziels („objektive Erkenntnis") heiligt die Mittel (strategisch orientierte Kritik). Der Homo academicus als Person in der Rolle des Kritikers ist dabei ohne Bedeutung.

Von Seiten der Wissenschaftsgeschichte ist der Kritische Rationalismus Poppers nachhaltig kritisiert worden. So stellt Thomas Kuhn fest, daß „kein bisher durch das historische Studium der wissenschaftlichen Entwicklung aufgedeckter Prozeß [...] irgendeine Ähnlichkeit mit der methodologischen Schablone der Falsifikation" (1976, S. 90) hat. Folgte man Poppers Empfehlung, nur Theorien zu formulieren, die sich leicht falsifizieren lassen, dann „diskreditiert" dies im Falle einer Falsifikation „nur den Wissenschaftler und nicht die Theorie" (1976, S. 93).[26] Neben „objektiven Faktoren" für die Theorienwahl (z.B. „Tatsachenkonformität", „Widerspruchsfreiheit" oder „Einfachheit") spielen nach Ansicht Kuhns auch „subjektive Faktoren", „die von der Lebenserfahrung und Persönlichkeit des einzelnen abhängen" (1978, S. 432), eine Rolle. Das Werk des Homo academicus ist demnach ohne Berücksichtigung seiner Persönlichkeit und Lebenserfahrung nicht hinreichend begreifbar.[27] Der Ökonom und sein Werk bzw. die Ökonomin und ihr Werk sind un-

---

24 „Erkenntnis im objektiven Sinne ist *Erkenntnis ohne einen Erkennenden*: Es ist *Erkenntnis ohne erkennendes Subjekt*" (Karl R.Popper 1984b, S. 112; Hervorhebungen im Original).
25 "Die Wissenschaftler versuchen, ihre falschen Theorien zu eliminieren, sie versuchen, diese an ihrer Stelle sterben zu lassen" (Karl R. Popper 1984b, S. 126).
26 "Hier trifft sogar noch besser als oben das Sprichwort zu: Das ist ein schlechter Zimmermann, der seinem Werkzeug die Schuld gibt" (Thomas S. Kuhn 1976, S. 93).
27 "Warum Kepler und Galilei sich früh zum Kopernikanischen System bekehrten, das kann man nur anhand subjektiver Gegebenheiten erklären" (Thomas S. Kuhn 1978, S. 435).

trennbar miteinander verbunden. Diese „Subjektgebundenheit der Erkenntnis" führt zu der Einsicht, daß der Umgang mit Kritik nicht losgelöst von der Person bzw. der Persönlichkeit des Homo academicus gesehen werden kann. Auf diesen für die Verständigungsorientierung wichtigen Zusammenhang hat Spann hingewiesen:

> „Nichts ist irriger, als das Talent vom Charakter mechanisch abtrennen zu wollen. Ein [charakterlich; U.K.] kleiner Mensch, und hätte er viele Gaben, kann nur eine kleine Wahrheit finden. Ein haßerfüllter Mensch kann der Welt auch nur gehässige Halbwahrheiten geben. [...] Forschung ist zwar nicht eine Sache der bloßen Gesinnungs-tüchtigkeit, aber eine durch und durch sittliche Angelegenheit" (1949, S. 241).[28]

In seiner „Psychologie der Wissenschaft" beschreibt Abraham H. Maslow insgesamt 22 „angstmildernde Mechanismen in der Erkenntnis", wie z.B. das zwanghafte Bedürfnis nach Sicherheit, das Leugnen von Zweifeln oder seines Nichtwissens (Vgl. 1977, S. 45-53).[29] Auch diese „Mechanismen" sind ein nicht unwesentlicher Aspekt der Subjektgebundenhei der Erkenntnis.

Nimmt man die Subjektgebundenheit im Umgang mit Kritik ernst, dann wird es möglich, „negative externe Effekte" im Umgang mit Kritik ins Blickfeld zu bekommen. Dazu gehören zweifellos die Auswirkungen von Kritik auf das Gefühlsleben des Homo academicus, die sich in Angst und Abwehr äußern können, wenn man von anderen öffentlich in wissenschaftlichen Zeitschriften strategisch kritisiert wird. Wir fühlen uns als Homo academicus bedroht, wenn unsere tiefsten (wissenschaftlichen) Überzeugungen durch andere radikal und in negativer Form in Frage gestellt werden. Vermutlich bleibt kein Mensch davon unberührt, wenn alles, was er für gut und richtig hält, von anderen nicht nur verneint wird, sondern er dabei auch, je nach Variante der strategischen Kritik, als Person diskreditiert wird. In einer solchen Situation, aber auch in Erwartung einer solchen Situation, sind Abwehrreaktionen verständlich: Die eigene Überzeugung wird verteidigt, man ist bemüht, sich gegen Andersdenkende zu behaupten und durchzusetzen. Der gezielte Einsatz von sogenannten „Immunisierungsstrategien" (Hans Albert) ist vermutlich als Ausdruck einer solchen Situation zu begreifen, um sich jegliche Kritik (auch verständigungsorientierte) von vornherein vom Halse zu halten. Neben einer solchen Abwehr im Vorfeld der Kritik kann als Reaktion auf strategische Kritik ebenfalls strategisch vorgegangen werden, indem die Kritik ignoriert oder ihr ausgewichen wird. In diesem Fall dient der strategische Umgang mit Kritik dem emotionalen Selbstschutz,

---

28 Erich Fromm formuliert diesen Zusammenhang in ebenfalls prägnanter Weise: „Ich glaube, daß die Erkenntnis der Wahrheit nicht in erster Linie eine Sache der Intelligenz, sondern des Charakters ist" (1989, S. 155).

29 Bei diesen Mechanismen handelt es sich um angstbedingte, „klinisch beobachtbare Ausdrucksformen unseres Bedürfnisses zu wissen und zu verstehen bei Wissenschaftlern wie bei Laien" (Abraham H.Maslow 1977, S. 49).

damit der empfundenen Bedrohung durch strategische Kritik anderer standgehalten werden kann. Berücksichtigt man diesen letzten Aspekt, dann kann es also nicht darum gehen, strategische Kritik insgesamt zu verteufeln. So wenig wir Menschen nur „gut" oder nur „böse" sind, so wenig macht es Sinn, vom Homo academicus den vollkommenen Verzicht auf strategisch orientierte Kritik zu verlangen. Der strategische Umgang mit Kritik kann in bestimmten Grenzen als Abwehrreaktion dem persönlichen Selbstschutz dienen. Dominiert im Kritikverhalten allerdings die strategische Orientierung, dann geht es nicht mehr um den persönlichen Selbstschutz, sondern um den „Sieg" der eigenen Position – und dies zerstört in zunehmendem Maße die Dialogbereitschaft.

Aus dieser Subjektgebundenheit der Erkenntnis erschließen sich wesentliche Voraussetzungen für eine verständigungsorientierte Kritik,[30] von denen die „soziale Reversibilität" und das „Erwägen von Alternativen" vorgestellt werden:

1. Soziale Reversibilität: Kritik ist dann sozial reversibel, wenn wir akzeptieren, daß diejenigen, die wir kritisieren uns in gleicher Weise kritisieren dürfen (vgl. Reinhard Tausch/Annemarie Tausch 1991, S. 166-172). Soziale Reversibilität im Umgang mit Kritik charakterisiert die prinzipielle Gleichwertigkeit zwischen den Diskursteilnehmern und dürfte der sogenannten „goldenen Regel" entsprechen.[31] Diese Voraussetzung stellt keineswegs eine Selbstverständlichkeit dar: Oft wird es als angemessen empfunden, andere zu kritisieren, wobei dies als „konstruktive Kritik" bezeichnet wird. Wenn diese Kritiker jedoch in gleicher Weise von Studierenden, Mitarbeitern oder Kollegen kritisiert werden, dann empfinden sie es nicht mehr als sozial, sondern fühlen sich verletzt und sind beleidigt. In diesem Fall war die „konstruktive Kritik" sozial irreversibel. In ihrer Studie über das Rezensionswesen beschreiben Hartmann/Dübbers dieses Kritikverhalten mit „Doppelmoral":

> „Das Bekenntnis zur Kritik als Institution, das die von uns befragten Autoren ablegen, ist von Widersprüchlichkeiten zerrissen bis zum Anschein der Schizophrenie; und die gleichen Autoren, die sich den Anschein geben, zeigen eine automatische Tendenz, negative Urteile über das eigene Werk ihrerseits zu beanstanden, aber eine Benotung mit positivem Ausgang ihrerseits zu beklatschen" (1984, S. 162).

---

30 In allgemeinerer Form werden als Voraussetzungen für verständigungsorientiertes Handeln als „Koordinationsmedium der Wirtschaft" genannt: die Einbeziehung aller Betroffenen, die Gleichberechtigung aller und die gegenseitige Akzeptanz, die prinzipielle Revidierbarkeit von Positionen sowie der prinzipiell offene Ausgang des Verständigungsprozesses (vgl. Adelheid Biesecker 1994).

31 "Alles nun, was ihr wollt, daß euch die Leute tun sollen, das tut ihnen auch" (Matthäus 7.12). Oder als eine Formulierung des „kategorischen Imperativs": „Handle so, daß du die Menschheit, sowohl in deiner Person als auch in der Person eines jeden anderen, jederzeit zugleich als Zweck, niemals bloß als Mittel brauchst" (Immanuel Kant 1965, S. 52).

Strategische Kritik ist stets dann sozial irreversibel, wenn die Persönlichkeit und deren Überzeugungen herabgesetzt werden.

2. Erwägen von Alternativen: Sie charakterisiert die prinzipielle Offenheit von Lösungen im Verständigungsprozeß. Verständigungsorientierte Kritik hat Erkenntnisfortschritt zum Ziel, der darin bestehen kann, daß zu einem bestehenden Problem eine vorerst richtige oder beste Lösung bestimmt wird. Will man diesen Erkenntnisfortschritt realisieren, dann sind zuvor zu einem gegebenen Problem möglichst alle Lösungsalternativen zu erwägen, d.h. zu identifizieren, inhaltlich zu bestimmen und zu vergleichen. Auf diese Weise wird das Erwägen von Alternativen zur Geltungsbedingung für Lösungen, die „wissenschaftlich" genannt werden.[32] Diese Erwägungsorientierung steht im Gegensatz zur Lösungsorientierung, bei der das Erwägen von Alternativen (i.S. ihrer Identifikation, inhaltlichen Bestimmung und ihres Vergleichs) keine oder kaum Bedeutung hat, auch wenn dabei nicht selten der Anschein des Erwägens erweckt wird.[33] Vielmehr wird zu einem gegebenen Problem eine „Patentlösung" angeboten. Lösungsorientierte Argumentationen sind daran zu erkennen, daß sie sehr abgeklärt wirken und damit den Eindruck erwecken, als seien damit alle wichtigen Fragen zur Lösung des Problems hinreichend geklärt. Entscheidend ist, daß zu einem bestimmten Problem nur eine Problemlösung favorisiert und dargeboten wird, ohne andere Lösungsalternativen ernsthaft erwogen zu haben. Für die Realisierung dieser Lösungsorientierung bietet sich der Einsatz strategischer Kritik geradezu an. Dagegen hebt die Realisierung der Erwägungsorientierung die wissenschaftliche Kommunikationsfähigkeit auf ein Niveau, daß egalitäre Diskurse möglich werden (vgl. Frank Benseler/Bettina Blanck/Rainer Greshoff/Werner Loh 1992, S. 650). Mit der Realisierung der Erwägungsorientierung wäre die prinzipielle Offenheit der Lösung im Verständigungsprozeß gegeben.

---

32 Diese Erwägungsorientierung ist das wissenschaftliche Anliegen von EuS: „EuS strebt an, daß alternative Positionen sich nicht von den jeweiligen Lösungspositionen her bekämpfen, sondern daß die Alternativen zunächst erst einmal auf der Ebene von Erwägungen zusammengestellt und erörtert werden. Auf diese Weise soll ein Erwägungsforschungsstand hergestellt werden, der dann eine Geltungsbedingung für jeweilige Lösungen sein kann" (Werner Loh 1994, S. 31).
33 Ein Beispiel für eine scheinbar erwägungsorientierte, aber letztlich doch nur lösungsfixierte Argumentation ist Peter Weises Begründung des „Alternativkostenansatzes" (vgl. Ulrich Kazmierski 1993c, S. 353).

4. Wie kann der Homo academicus verständigungsorientierter werden?

Ob Veränderungen im „kritischen Geschäft" überhaupt notwendig sind, um mehr Verständigungsorientierung im Wissenschaftsbetrieb erreichen zu können, hängt in erster Linie davon ab, wie das strategische Kritikverhalten insgesamt beurteilt wird. Da ist auf der einen Seite die Einschätzung Bardelles, für den das Rezensionswesen „insgesamt eine Art autopoietisches System [darstellt], das sich selber erhalten, selber regulieren und auch selber erneuern kann und keinerlei pädagogischer Intervention bedarf" (1989, S. 64).[34] Auf der anderen Seite vertritt Rath die Auffassung, daß „persönlich-destruktive Kritik", die „den Menschen diskreditieren", es nicht verdiene, „Kritik genannt zu werden" (1990, S. 204).[35] Auch für Hartmann/Dübbers besteht ein nicht zu akzeptierender Gegensatz:

> „Dieses Bild von der Praxis der Kritik steht in fast totalem Gegensatz zu der Plakatierung derjenigen Vorschriften und Verfahren für die Ausübung von Kritik, die von der Fachöffentlichkeit anerkannt werden" (1984, S. 151).

Insbesondere der Einsatz „hintergründiger Strategien" schmälere „die Legitimität des kritischen Geschäfts um ein Entscheidendes: die Strategien untergraben die Chance intersubjektiver Prüfung" und man sei

> „weit davon entfernt, die Regelmäßigkeiten dieses strategischen Verhaltens zu durchschauen und noch weiter entfernt von Regelungen, mit denen dieser persönlichen Beliebigkeit des kritischen Verhaltens Fesseln angelegt werden könnten" (1984, S. 162).

Und auch die Diskussionen in EuS über erforderliche Veränderungen bei der Gestaltung von EuS verdanken sich ausschließlich der Unzufriedenheit über das erreichte Diskussionsniveau (vgl. Abschnitt 2). Demnach wird eine Änderung des Kritikverhaltens des Homo academicus in Richtung mehr Verständigungsorientierung überwiegend als notwendig angesehen. Wie kann eine Änderung im Kritikverhalten erreicht werden?

Eine Möglichkeit des Umgangs mit strategischer Kritik besteht darin, diese zu thematisieren, indem z.B. auf entsprechende Rezensionen eine Replik verfaßt und veröffentlicht wird. Diese Möglichkeit des Umgangs mit strategischer Kritik ist allerdings eher die Ausnahme als die Regel: Bei den von Hartmann/Dübbers befragten

---

34 Darunter versteht Bardelle „jeglich erzieherische Maßnahme", die „schnell als Versuch dirigistischer Einflußnahme oder dogmatischer Regulierung interpretiert werden [könnte] und so als asozialer Störfaktor wirkt, der mehr Unordnung anrichtet als er zu beheben verspricht" (1989, S. 64).
35 Rath verweist in diesem Zusammenhang auf die „Unappetitlichkeiten" der von Bardelle dargestellten Rezensions-Typen (vgl. 1990, S. 204).

363 Autoren verfaßten nur 2 Autoren eine Replik. Ein Ergebnis, das Hartmann/Dübbers mit „fast unglaublich" kommentieren (1984, S. 84).[36] Eine entsprechende institutionelle Veränderung könnte nun darin bestehen, daß Autoren, deren Bücher besprochen werden, grundsätzlich die Möglichkeit eingeräumt bekommen, eine Replik auf die Rezension zu publizieren. Eine solche institutionelle Verankerung von Repliken hätte für die Verständigungsorientierung folgende positive Auswirkungen:

- Der Monolog von Rezensionen wird durch Repliken aufgebrochen. Damit eröffnet sich, zunächst ansatzweise, die Möglichkeit zu einem Dialog, der der Meinungsbildung der Leser nur förderlich sein kann.
- Repliken werden auf diese Weise zu Selbstverständlichkeiten im Rezensionswesen und müssen nicht erst von Opfern strategisch orientierter Kritik erkämpft werden. Damit könnte der mitunter vertretenen Meinung über Repliken, sie seien „kleinliche Besserwisserei" (vgl. Frank Bardelle 1989, S. 55), wirksam entgegengetreten werden.
- Die prinzipielle Möglichkeit einer Replikveröffentlichung wird vermutlich allzu forsch lospreschende Rezensenten in mancherlei Hinsicht bremsen, was der Qualität von Rezensionen nur zugute kommen kann.
- Eine institutionelle Verankerung von Repliken stellt keine „pädagogische Intervention" dar und keinen „Versuch dirigistischer Einflußnahme oder dogmatischer Regulierung" (Bardelle).

Im Gegensatz zu Zeitschriften mit Buchbesprechungen ist eine institutionalisierte Dialogmöglichkeit in EuS angelegt. Die bisherigen Erfahrungen zeigen, daß durch die Gestaltung der Diskussionseinheiten in EuS eine Verständigungsorientierung institutionell ermöglicht wird. Dies bedeutet jedoch nicht, daß sich damit eine verständigungsorientierte Kritik auch automatisch einstellt. Insbesondere die Reformdiskussion in EuS macht deutlich, wie verbreitet das Unterlaufen der prinzipiell verständigungsorientierten Struktur von EuS durch strategisch orientierte Kritik möglich ist. Die Reformvorschläge konzentrieren sich daher auf die Frage, wie eine direktere Einflußnahme auf das Kritikverhalten durch institutionelle Umgestaltungen (z.B. durch Kontroll- und Disziplinierungsmaßnahmen) erzielt werden kann. Angesichts der Vorschläge, die sich von Einschränkungen der Autonomie der Autoren bis zur Beibehaltung des derzeitigen Verfahrens bewegen, läßt sich aber auch fragen, wo die Grenzen institutioneller Umgestaltungen liegen. Umfassende institutionelle

---

36 Meine Erfahrung bei der Veröffentlichung einer Replik (1993a) ist die, daß die betreffende Zeitschrift eine Veröffentlichung keineswegs als Selbstverständlichkeit angesehen hat; denn erst nach mehreren Anläufen und entsprechendem Nachhaken wurde mir die Möglichkeit zur Veröffentlichung gewährt.

Umgestaltungen von wissenschaftlichen Zeitschriften nach dem Vorbild von EuS bzw. durch Verankerungen von Replikmöglichkeiten würden allein zu keiner durchgängigen Verständigungsorientierung im Umgang mit Kritik führen, weil institutionelle Veränderungen ohne entsprechende verständigungsorientierte Haltung des einzelnen Homo academicus entweder scheitern werden oder nur mit Zwang und anderen Sanktionsmechanismen aufrechtzuerhalten sind. Institutionelle Umgestaltungen allein werden die Persönlichkeit von Menschen kaum oder nur an der Oberfläche ändern.

Hinsichtlich EuS ist für Loh

> „offensichtlich, daß dieses Forschungsunternehmen [...] von Wissenschaftler/innen getragen werden muß, die mit Leib und Seele über viele Hindernisse hinweg diesen kreativen Weg wagen" (1994, S. 31).

Damit wird neben den (äußeren) institutionellen Voraussetzungen als Handlungsumgebung der individuelle Einstellung des Homo academicus als personenbezogene Voraussetzung für verständigungsorientierte Kritik angesprochen. Wie läßt sich die individuelle Enstellung zur verständigungsorientierten Kritik fördern?

Die Verantwortlichkeit des einzelnen Wissenschaftlers vor Augen, schlug Popper vor, für Studierende eine den heutigen Erfordernissen angemessene Formel eines bindenden Versprechens (ähnlich dem hippokratischen Eid) einzuführen:

> „Es ist die Aufgabe jedes ernsthaft Studierenden, zum Wachstum unseres Wissens beizutragen, durch die Mitarbeit an der Suche nach der Wahrheit – oder an der Suche nach einer besseren Annäherung an die Wahrheit" (1975, S. 691).

Diese Vorstellung von einem bindenden Versprechen hat sich nicht durchgesetzt. Offen bleibt dabei, ob dieses „bindende Versprechen" nur auf Poppers Vorstellung von Wissenschaft und Wahrheit beschränkt bleibt und inwieweit strategische Kritik damit verbunden sein könnte (vgl. auch Abschnitt 2).

Stellen Appelle an die Fairneß und an den „guten" Willen brauchbare Möglichkeiten dar, Verständigungsorientierung zu fördern? Fairneß und „guter" Wille lassen sich weder institutionell erzwingen, noch kommunikativ erzeugen: Wer nur auf seinen strategischen Vorteil bedacht ist und nur dann Einbußen in Kauf nimmt, wenn diese wieder strategisch vorteilhaft zu Buche schlagen, der wird sich vermutlich auch durch eine argumentativ noch so stichhaltige Verständigungsorientierung nicht eines Besseren belehren lassen (vgl. Annemarie Pieper 1990, S. 99). Im übrigen wird Unfairneß durchaus akzeptiert. So ist z.B. Priddat der Meinung, daß auch unfair gestritten werden sollte, dies gehöre „zum Geschäft, über das zu trauern nicht lohnt, solange man nicht selber der ist, dessen neues Wissenschaftsangebot bestritten wird" (1993a, S. 319). Da Fairneß und „guter" Wille in der Verantwortlichkeit jedes einzelnen liegt, bleibt zweifelhaft, ob der Homo academicus seinen Umgang mit Kritik aufgrund moralischer Appelle nachhaltig verändern wird. Es wird sogar ausdrücklich auf einen demoralisierenden Effekt moralischer Appelle hingewiesen (vgl. Karl Homann 1993).

Wie also läßt sich verständigungsorientiertes Kritikverhalten fördern? Am Anfang steht die Einsicht, daß Kritik und Erkenntnisfortschritt keineswegs subjektlos (i.S. von objektiv), sondern stets subjektgebunden erfolgen. Mit dem Wissen um diese Subjektgebundenheit vermag der Homo academicus eigenverantwortlich zu entscheiden, welcher Kritikorientierung er den Vorzug geben möchte. Damit entscheidet er, ob er mit seinem Kritikverhalten Erkenntnisfortschritte anstrebt, bei dem sein bisher erworbenes Wissen stets hinterfragbar bleibt (Verständigungsorientierung) oder ob die Verteidigung seines bisher erworbenen Wissens im Vordergrung steht (strategische Orientierung). Verständigungsorientierung vollzieht sich zunächst in Personen und (noch) nicht in Institutionen. Verständigungsorientierte Persönlichkeiten werden allerdings ihre Handlungsumgebung so zu verändern suchen, daß sie und andere darin befriedigter, d.h. verständigungsorientierter leben können. Auf diese Weise entstehen institutionelle Inseln der Verständigungsorientierung (Netzwerke), die sich weiterentwickeln und in Beziehung zu anderen Netzwerken treten können.

In diesem Entstehungsprozeß besteht eine wechselseitige Abhängigkeit zwischen verständigungsorientierter Haltung des einzelnen und seiner verständigungsorientierten Handlungsumgebung. Dies bedeutet: Institutionelle Umgestaltungen von wissenschaftlichen Zeitschriften (s.o.) reichen allein nicht aus. Hier fehlen „Wissenschaftler/innen [...] die mit Leib und Seele" (Loh) den verständigungsorientierten Weg wagen. Umgekehrt sind individuelle Entscheidungen für Verständigungsorientierung sowie Appelle an Fairneß und „guten" Willen nicht sehr wirkungsvoll, wenn sie nicht institutionell abgestützt werden. Die Erträge für Bemühungen, verständigungsorientiertes Kritikverhalten zu institutionalisieren, sind wohl erst auf längere Sicht realisierbar.[37] Als kurzfristige Reaktion auf strategische Kritik empfiehlt sich, dieses Kritikverhalten offen und sachlich zu thematisieren. Es gibt zwar keine Garantie für ein verständigungsorientiertes Echo, aber eine Chance für einen entsprechenden Dialog ist es allemal.[38]

---

37 Pieper spricht in diesem Zusammenhang von „Einübung in eine veränderte Einstellung", die schon sehr viel früher beginnen müsse, „bei der Erziehung der Kinder nämlich, die in Anerkennungsprozessen daran gewöhnt werden sollen, daß es gut ist, sich darüber zu verständigen, was man will und welche Strategien zur Erreichung des Gewollten von den anderen, wenn schon nicht gefördert, so doch wenigstens gebilligt werden" ((1990), S. 99 f.).
38 Hierzu ein positives Resultat in EuS: „Bitte, bitte lesen Sie meine Übertreibungen und Entstellungen nicht als Ihren Hauptartikel referierende, sondern als nach besten Wissen und Gewissen referierte, d.h. als Wiedergabe meiner Wahrnehmung Ihres Vorgehens. Den verbleibenden Zynismus werde ich auf meine Kappe nehmen" (Guido Henkel (1993b), S. 357).

Literatur

Alisch, Lutz-Michael (1994): Hauptbeiträge pointieren, Kritiken selegieren, in: Ethik und Sozialwissenschaften 5 (1994), Heft 1, S. 195.

Bardelle, Frank (1989): Formen der kritischen Auseinandersetzung oder: Wie man Urteile über wissenschaftliche Neuerscheinungen verhängt, in: Zeitschrift für Soziologie, Jg. 18, Heft 1, 1989, S. 54 - 64.

Benseler, Frank/Blanck, Bettina/Greshoff, Rainer/Loh, Werner (1990): Editorial, in: Ethik und Sozialwissenschaften 1 (1990), Heft 1, S. 5 - 6.

Benseler, Frank/Blanck, Bettina/Greshoff, Rainer/Loh, Werner (1992): Umgang mit Vielfalt als Forschungsaufgabe. Zum Leserbrief von Lieselotte Steinbrügge, Ulla Bock und Marion Klewitz, in: Ethik und Sozialwissenschaften 3 (1992), Heft 4, S. 650.

Bierlein, Dieter (1994): Bedenken zu dem Vorschlag von Herrn Witte, in: Ethik und Sozialwissenschaften 5 (1994), Heft 2, S. 356.

Biesecker, Adelheid (1994): Zur Öffnung der Ökonomie für die „Eigenlogik" in der Lebenswelt: Kann verständigungsorientiertes Handeln zu einem Koordinationsmedium der Wirtschaft werden?, Vortrag zum 5. Kempfenhausener Gespräch (September 1994).

Borchardt, Knut (1986): Regeln für den Erfolg von Diskussionsrednern, in: Nationalökonomologie, 4. Auflage, Tübingen 1986, S. 40 - 47.

Bourdieu, Pierre (1988): Homo academicus, Frankfurt am Main 1988.

Druwe, Ulrich (1992): Das Diskussionsniveau in EuS, in: Ethik und Sozialwissenschaften 3 (1992), Heft 3, S. 419.

Feyerabend, Paul (1981): Erkenntnis für freie Menschen, 2. Auflage, Frankfurt am Main 1981.

Fromm, Erich (1989): Jenseits der Illusionen. Die Bedeutung von Marx und Freud, in: Erich-Fromm-Gesamtausgabe, Bd. IX, München 1989, S. 37 - 157.

Hartmann, Heinz/Dübbers, Eva (1984): Kritik in der Wissenschaftspraxis. Buchbesprechungen und ihr Echo, Frankfurt/New York 1984.

Henkel, Guido (1993a): Wer im Fliegenglas sitzt, ..., in: Ethik und Sozialwissenschaften 4 (1993), Heft 2, S. 302 - 305.

Henkel, Guido (1993b): ..., der Fliege das Fliegenglas zu zeigen, in: Ethik und Sozialwissenschaften 4 (1993), Heft 2, S. 356 - 357.

Homann, Karl (1993): Wider die Erosion der Moral durch Moralisieren, in: Beaufort, Jan (Hrsg.), Moral und Gesellschaft, Dettelbach 1993, S. 47-68.

Kant, Immanuel (1965): Grundlegung der Metaphysik der Sitten, 3. Auflage, Hamburg 1965.

Kazmierski, Ulrich (1990): Volkswirtschaftslehre und Analytische Handlungstheorie. Zur Diagnose, Ätiologie und Therapie einer Wissenschaftskrise, Berlin 1990.

Kazmierski, Ulrich (1993a): „Economics is what Economists do". Eine Replik auf Adolf Wagners „Economics for the Economists?", in: Jahrbücher für Nationalökonomie und Statistik, Bd. 211, S. 359 - 362.

Kazmierski, Ulrich (1993b): Grundlagenkrise in der Volkswirtschaftslehre, in: Ethik und Sozialwissenschaften 4 (1993), Heft 2, S. 283 - 295.

Kazmierski, Ulrich (1993c): Streit über Grundlagenkrise und Grundlagenstreit, in: Ethik und Sozialwissenschaften 4 (1993), Heft 2, S. 342 - 355.

Kazmierski, Ulrich (1993d): Zur Grundlagenkrise und zum Umgang mit der Grundlagenkrise, in: Ethik und Sozialwissenschaften 4 (1993), Heft 2, S. 363 - 368.

Kuhn, Thomas S. (1976): Die Struktur wissenschaftlicher Revolutionen, 2. revidierte Auflage, Frankfurt am Main 1976.

Kuhn, Thomas S. (1978): Objektivität, Werturteil und Theoriewahl, in: Ders., Die Entstehung des Neuen. Studien zur Struktur der Wissenschaftsgeschichte, Frankfurt am Main 1978, S. 421 - 445.

Loh, Werner (1994): Was soll Erwägungskultur? Wissenschaftliche Alternativen im klärenden Zusammenspiel, in: Paderborner Universitäts-Zeitschrift, 1/1994, S. 30 - 31.

Maslow, Abraham H. (1977): Die Psychologie der Wissenschaft. Neue Wege der Wahrnehmung und des Denkens, München 1977.

Nutzinger, Hans G. (1993): Grundlagenkrise der Volkswirtschaftslehre oder ihrer Kritiker?, in: Ethik und Sozialwissenschaften 4 (1993), Heft 2, S. 314 - 316.

Ötsch, Walter (1993): Die Grundlagenkrise der formalen Volkswirtschaftslehre, in: Ethik und Sozialwissenschaften 4 (1993), heft 2, S. 316 - 318.

Patzelt, Werner J. (1993): Vorschläge zur Erwägungskultur, in: Ethik und Sozialwissenschaften 4 (1993), Heft1, S. 205.

Pieper, Annemarie (1990): Ethik und Ökonomie: Historische und systematische Aspekte ihrer Beziehung, in: Biervert, Bernd/Held, Klaus/Wieland, Josef (Hrsg.), Sozialphilosophische Grundlagen ökonomischen Handelns, Frankfurt am Main 1990, S. 86 - 101.

Popper, Karl R. (1974): Die Normalwissenschaft und ihre Gefahren, in: Lakatos, Imre/Musgrave, Alan (Hrsg.), Kritik und Erkenntnisfortschritt, Braunschweig 1974, S. 51 - 57.

Popper, Karl R. (1975): Die moralische Verantwortlichkeit des Wissenschaftlers, in: Universitas. Zeitschrift für Wissenschaft, Kunst und Literatur, 30. Jg. Bd. 2, S. 689 - 699.

Popper, Karl R. (1984a): Logik der Forschung, 8., weiter verbesserte und vermehrte Auflage, Tübingen 1984.

Popper, Karl R. (1984b): Objektive Erkenntnis. Ein evolutionärer Entwurf, 4., verbesserte und ergänzte Auflage, Hamburg 1984.

Priddat, Birger P. (1993a): Grundlagenkrisenkrise?, in: Ethik und Sozialwissenschaften 4 (1993), Heft 2, S. 318 - 320.

Priddat, Birger P. (1993b): Herr Kazmierski als Verkehrspolizist, in: Ethik und Sozialwissenschaften 4 (1993), Heft 2, S. 360.

Spann, Othmar (1949): Wie studiert man Volkswirtschaftslehre?, in: Ders., Die Haupttheorien der Volkswirtschaftslehre auf lehrgeschichtlicher Grundlage (Anhang II), 25., durchgesehene Auflage, Heidelberg 1949, S. 217 - 242.

Steege, Gertrud (1993): „Backslash Women" (1). Zum Brief von Lieselotte Steinbrügge, Ulla Bock und Marion Klewitz, in EuS 3 (1992), Heft 4 bezüglich des Hauptartikels von Hannelore Schröder in EuS 3 (1992), Heft 2, in: Ethik und Sozialwissenschaften 4 (1993), Heft 2, S. 371.

Steinbrügge, Liselotte/Bock, Ulla/Klewitz, Marion (1992): Leserinnenbrief. Zum Hauptartikel von Hannelore Schröder und der anschließenden Diskussion in EuS 3 (1992), Heft 2, S. 201 - 263, in: Ethik und Sozialwissenschaften 3 (1992), Heft 4, S. 649 - 650.

Tausch, Reinhard/Tausch Anne-Marie (1991): Erziehungspsychologie. Begegnung von Person zu Person, 10., ergänzte und überarbeitete Auflage, Göttingen, Toronto, Zürich 1991.

Ulrich, Peter (1989): Rückfragen zur Geschichte von der ethischen Katze und dem heissen ökonomischen Brei, in: Seifert, Eberhard K./Pfriem, Reinhard (Hrsg.): Wirtschaftsethik und ökologische Wirtschaftsforschung, Bern u. Stuttgart 1989, S. 165 - 172.

Wagner, Adolf (1991): Economics for the Economists?, in: Jahrbücher für Nationalökonomie und Statistik, Bd. 208, S. 657 - 662.

Wagner, Adolf (1993): Aus Lebenserfahrung zur Verbesserung einer stets unbefriedigenden Volkswirtschaftstheorie lernen?, in: Ethik und Sozialwissenschaften 4 (1993), Heft 2, S. 335 - 337.

Weise, Peter (1993): Der ökonomische Ansatz und die Grundlagenkrise in der Volkswirtschaftslehre, in: Ethik und Sozialwissenschaften 4 (1993), Heft 2, S. 339 - 341.

Witte, Erich H. (1994): Ein Vorschlag zur Streitkultur, in: Ethik und Sozialwissenschaften 5 (1994), Heft 1, S. 195.

AUTORINNEN

BIESECKER, Adelheid: Geb. 1942, Dr. rer. pol., Professorin am Fachbereich Wirtschaftswissenschaft der Universität Bremen, Institut „Ökonomie und Soziales Handeln". Arbeitsgebiete: Geschichte der Wirtschaftstheorie, Feministische Ökonomie, Ökonomische Handlungstheorie, Sozialökonomische Analysen des Familienhaushalts.

BUSCH-LÜTY, Christiane: Geb. 1931, Dr. rer. pol., Professorin für Wirtschaftspolitik, insbesondere politische und ökologische Ökonomie, an der Universität der Bundeswehr München. Arbeitsgebiete: Verteilungs- und Lohnpolitik, Systemvergleich, Kibbuzforschung, angepaßte Technologien, ökologische Ökonomie/Nachhaltigkeit.

BÜSCHER, Martin: Geb. 1957, Dr. rer. pol., langjähriger Mitarbeiter des Instituts für Wirtschaftsethik und Privatdozent an der Hochschule St. Gallen. Seit Sommer 1995 berufen als Leiter der Industrie- und Sozialarbeit der evangelischen Kirche von Westfalen, Haus Villigst (Ruhrgebiet). Arbeitsgebiete: Lebens-, Arbeits- und Wirtschaftsformen in der Industriegesellschaft, Wirtschafts- und Ordnungspolitik, praktisch-politische Umsetzung integrativer Wirtschaftsethik.

EVERS, Adalbert: Geb. 1948, Dr. rer. pol., Professor für Vergleichende Gesundheits- und Sozialpolitik an der Universität Gießen. Arbeitsgebiete: Soziale Bewegungen und Organisationen im 3. Sektor, soziale Dienste, insbesondere Dienste und Politiken im Pflegebereich.

GRENZDÖRFFER, Klaus: Geb. 1937, Dr. rer. pol., Professor am Fachbereich Wirtschaftswissenschaft der Universität Bremen, Institut „Ökonomie und soziales Handeln". Arbeitsgebiete: Arbeitsökonomie, neue Bildungsökonomie mit dem Schwerpunkt Weiterbildungs-/Erwachsenenbildungsökonomie, statistische Methoden in der Ökonomie.

GRUNOW, Dieter: Geb. 1944, Dr. soz. wiss., Professor für Politik- und Verwaltungswissenschaft im Fb1 der Gerhard-Mercator-Universität-GH-Duisburg; zugleich Direktoriumsmitglied im Rhein-Ruhr-Institut für Sozialforschung und Politikberatung (RISP), Arbeitsgebiete: Policy- und Implementationsanalyse, Kommunalpolitik und Verwaltung; Sozial- und Gesundheitspolitik.

KAZMIERSKI, Ulrich: Geb. 1958, Dr. rer. pol., wissenschaftlicher Assistent am Fachbereich Wirtschaftswissenschaften der Universität-Gesamthochschule Paderborn. Arbeitsgebiete: Wirtschaftsethik, Wissenschaftstheorie, Ökonomische Handlungstheorie.

PFRIEM, Reinhard: Geb. 1949, Dr. rer. oec., Professor für Allgemeine Betriebswirtschaftslehre, Unternehmensführung und betriebliche Umweltpolitik an der Carl-von-Ossietzky-Universität Oldenburg. Arbeitsgebiete: Ökologische Unternehmenspolitik, Unternehmenstheorie, Unternehmensethik.

RENN, Ortwin: Geb. 1951, Dr. rer. pol., Professor für Technik- und Umweltsoziologie an der Universität Stuttgart und Mitglied des Vorstandes der Akademie für Technikfolgenabschätzung in Baden-Württemberg, zuständig dort für den Forschungsbereich „Technik, Gesellschaft und Umweltökonomie". Arbeitsgebiete: Risikoanalyse, Kommunikationsforschung, Diskurstheorie, Umweltökonomie, Entscheidungstheorie, Politische Soziologie, Technikfolgenabschätzung und Partizipationsforschung.

SCURRELL, Babette: Geb. 1959, Dr. phil., wissenschaftliche Mitarbeiterin an der Akademie der Stiftung Bauhaus Dessau, Arbeitsgebiete: Sozialökonomische Institutionen und soziokulturelle Formen nachhaltiger Regionalentwicklung.

WIDMAIER, Hans Peter: Geb. 1934, Professor für Volkswirtschaftslehre an der Universität Regensburg, Institut für Volkswirtschaftslehre einschließlich Ökonometrie. Arbeitsgebiete: Wirtschafts- und Sozialpolitik

MIX
Papier aus verantwortungsvollen Quellen
Paper from responsible sources
FSC® C105338

If you have any concerns about our products,
you can contact us on
ProductSafety@springernature.com

In case Publisher is established outside the EU,
the EU authorized representative is:
**Springer Nature Customer Service Center GmbH
Europaplatz 3, 69115 Heidelberg, Germany**

Printed by Libri Plureos GmbH
in Hamburg, Germany